Varda Hasselmann
Frank Schmolke
Wege der Seele

Franz von Assisi,
Niklaus von Flüe, Hildegard von Bingen,
Therese von Konnersreuth, Osho

Durchsagen aus der kausalen Welt V

GOLDMANN

Die Originalausgabe dieses Buches erschien 2002
als Arkana-Paperback im Wilhelm Goldmann Verlag, München.

Die für dieses Buch verwendeten
Papiere sind FSC®-zertifiziert.

2. Auflage
Neuveröffentlichung September 2013
© 2002 Wilhelm Goldmann Verlag, München,
in der Verlagsgruppe Random House GmbH
Umschlaggestaltung: Design Team München
Umschlagabbildung: Photonica
Redaktion: Christine Stecher
Satz: Barbara Rabus
WL · Herstellung: WM/BoD
Printed in Germany
ISBN 978-3-442-22077-9

www.goldmann-verlag.de

Inhalt

Einleitung 7

Franz von Assisi 39

Bruder Klaus von Flüe 95

Hildegard von Bingen 127

Therese von Konnersreuth 165

Osho 193

Moses und der Monotheismus 269

Zur Übermittlung dieser Seelenlehre 276

ANHANG

Die sieben universellen Grundenergien 280

Archetypen der Seele 282

Die Entfaltungsaufgaben der Reifen und
Alten Seele und Motto der jeweiligen Stufe ... 284

Einleitung

In diesem Buch stellen wir unseren Lesern eine gänzlich neue Betrachtungsweise der seelischen Entwicklung des Menschen vor. Sie ist in dieser Präzision und Klarheit revolutionär. Wir haben fünf Persönlichkeiten ausgewählt, die auf unterschiedlichste Weise das spirituelle Empfinden unserer Kultur geprägt haben: Franz von Assisi, Bruder Klaus von Flüe, Therese von Konnersreuth, Hildegard von Bingen und Osho (Rajneesh Chandra Mohan, »Bhagwan«). Alle werden mit ihren seelischen Archetypen, ihrer Seelenfamilie und ihrer Entfaltungsaufgabe vorgestellt. Die Archetypen werden exemplarisch erläutert und mit Charakter, Lebensweg und Wirkung der historisch überlieferten Persönlichkeit in Beziehung gesetzt. Mit diesem Vorgehen ergänzen wir erstmals das in unserem Buch *Archetypen der Seele*[1] vorgestellte theoretische Lehrgebäude mit anschaulichen, nachvollziehbaren Erläuterungen. Darüber hinaus war es uns wichtig, mehrere Vorleben dieser Persönlichkeiten, die der Bewältigung der jeweiligen seelischen Entfaltungsaufgabe dienten, ausführlich vorzustellen.

Die Auswahl dieser fünf Menschen, die das religiös-spirituelle Erleben unseres Kulturkreises geprägt haben, geschah zunächst entsprechend unserem eigenen Interesse. Zum Beispiel legten zahlreiche Aufenthalte in Assisi uns nahe, nach der seeli-

---

[1] Varda Hasselmann/Frank Schmolke, *Archetypen der Seele*. Goldmann, München 1993.

schen Dimension des heiligen Franz zu fragen, so wie die Quelle es uns lehrt[2]. Darüber hinaus war es uns wichtig, dass für alle Persönlichkeiten genügend biografisches Material vorlag. Denn nur anhand der Überprüfbarkeit historisch gesicherter Fakten, die das äußere Wirken dieser bedeutenden Gestalten belegen, werden die hier zusätzlich ermittelten seelischen Aspekte ihres Daseins nachvollziehbar und plausibel. Hilfreich waren dabei gut recherchierte Fernseh-Dokumentationen, aber auch ausführliche Lektüre sowie im Fall von Osho unsere persönliche Erfahrung.

Seit 1982 erhalten wir Informationen von einer transpersonalen Wesenheit, die sich durch das Medium Varda mitteilt. Wir bezeichnen sie als die Quelle[3]. Die empfangenen Botschaften breiten eine neue, umfangreiche Seelenlehre vor dem Hintergrund einer in sich schlüssigen Kosmologie vor uns aus. Sie wurde bislang in vier Bänden vorgelegt. Das neue Buch, *Wege der Seele*, dient vor allem der Vertiefung jener Aspekte dieser Seelenlehre, die das Phänomen der Seelenalter und die Entfaltungsaufgaben der jeweiligen seelischen Entwicklungsstufen betreffen[4].

Nach Auffassung der Quelle wird der Mensch definiert als ein Zusammenspiel von Körper, Geist, Psyche und Seele. Diese vier Dimensionen erschaffen in jedem Leben ein neues Ich. Die

---

[2] Eine Darstellung der Seelenlehre finden Sie in: Hasselmann/Schmolke, *Die Seelenfamilie*. Goldmann, München 2001, S. 7–72, sowie in poetischer Form in dem Roman von Varda Hasselmann, *Die Seele der Papaya*. Goldmann, München 1999.

[3] Eine Selbstbeschreibung der Quelle finden Sie in: Hasselmann/Schmolke, *Welten der Seele*. Goldmann, München 1993, S. 200–225.

[4] Näheres über die Entfaltungsstufen der menschlichen Seele in: Hasselmann/Schmolke, *Weisheit der Seele*. Goldmann, München 1995, S. 40–49, sowie in: *Archetypen der Seele*, S. 446–472.

Kreation eines jeweils neuen Ichs ist eine höchst wertvolle Leistung eines jeden Menschen in jedem Leben und darüber hinaus ein bleibender Schatz in den Welten der Seele.

Menschliches Wissen ist notwendigerweise eingeschränkt. Von den vier genannten Dimensionen ist der Körper am besten erforscht. Unser Wissen über den Körper hat im Laufe der letzten Jahrzehnte stark zugenommen. Auch über den Geist und die Psyche des Menschen sind uns viele Erkenntnisse zugewachsen. Aber die Seele ist weithin ein vages, unbekanntes, ja sogar scheinbar okkultes Phänomen geblieben. Dadurch entsteht ein starkes Ungleichgewicht im Verständnis der Menschen von sich selbst. Die zeitlich überdauernde Dimension der Seele wird vielfach nicht wahrgenommen und ihre Realität nicht selten sogar geleugnet. Aber ohne die Wahrnehmung seelischer Realität sind eine wahre Ganzheitlichkeit und ein angemessenes Verstehen von Menschsein nicht erreichbar.

Wir trennen auf Geheiß der Quelle begrifflich zwischen Seele und Psyche. Psyche ist demnach ein vergängliches, nicht körperliches Organ, das uns in Stand setzt, Ängste zu verarbeiten. Eine gesunde Psyche kann Ängste relativ gut verarbeiten, eine weniger gesunde oder weniger gereifte hat damit Probleme. Seele hingegen ist unvergänglich; sie kennt keine Angst und kann daher Leben planen und durchführen, die nach menschlichen Maßstäben körperlich und psychisch sehr unangenehm sind, dennoch aber seelisches Wachstum fördern.

In der Dynamik zwischen dem Willen des Ichs und dem Wollen der Seele setzt sich die Seele letztlich immer durch. Daher ist Verlass darauf, dass ein Inkarnationszyklus immer und von jeder Seele erfolgreich abgeschlossen werden kann. Seele ist damit der Garant einer Sinn stiftenden Existenz jedes Menschen.

Das Phänomen, dass Geist, Körper und Psyche eine natürliche Entwicklung durchlaufen, die man beschreiben kann, ist uns vertraut. Der Körper eines Embryos macht von Tag zu Tag, von Woche zu Woche eine vorhersagbare präzise Entwicklung durch. Und jeder von uns wird mit jedem Geburtstag ein Jahr älter, egal ob er oder sie das mag oder nicht, das heißt, es handelt sich um ein Gesetz von Entwicklung, dem der Mensch folgen muss. Die Psyche reift mit jedem Erlebnis heran und entwickelt sich mit dem Älterwerden des Körpers. Ebenso entfaltet sich der Geist mit Hilfe von Erfahrung, Schulung, Begegnung.

Wir hören nun von der Quelle, dass auch die vierte Dimension des Menschen, eben seine Seele, einem genauen Entwicklungsplan unterliegt, den der lebendige Mensch erfüllen muss und erfüllen will. Nur entwickelt sich die Seele in etwa achtzig bis hundert Einzelinkarnationen über mehr als achttausend Jahre hinweg in immer neuen Körpern, neuen Psychen und neuen Dimensionen von Geist. Dies bedeutet, dass seelische Entwicklung erst wahrnehmbar wird, wenn mehrere Leben einer Seele ins kognitive Bewusstsein treten. Das ist in unserer heutigen westlichen Gesellschaft nicht leicht und ist auch bei weitem (noch) nicht selbstverständlich.

Dabei ist wichtig, dass psychische und seelische Entwicklung getrennt wahrgenommen und dann in ihrem Zusammenspiel verstanden werden. Wir begegnen immer wieder sehr alten Seelen, die eine ausgesprochen unreife Psyche besitzen, und wir kennen deutlich jüngere Seelen bei Menschen, deren Psyche bereits ein reifes Entwicklungsstadium erreicht hat. Nach unserer Erfahrung wird Menschsein gerade dadurch viel tiefer verstehbar, dass die Spannungen, die durch diese »Widersprüche« in einem Menschen entstehen, durch die Seelenlehre der Quelle ganz neu nachvollziehbar und akzeptierbar werden. Dies kann zu einer großen Erleichterung und einem völlig neuen Selbstverständnis führen, wie wir immer wieder zu unserer Freude beobachtet haben.

Der Entwicklungsweg einer jeden menschlichen Seele ist wie die körperliche Entwicklung in ihren Rahmenbedingungen präzise vorgegeben und im Einzelnen nahezu unendlich variabel erfüllbar. Durch unsere Arbeit ist uns deutlich geworden, dass jede Entwicklung duale Bedingungen benötigt: einerseits verlässliche, vorgegebene gesetzmäßige Abläufe im Allgemeinen und andererseits eine große Zahl möglicher frei zu gestaltender Abläufe im Detail – so wie man auch in der Erziehung von Kindern einerseits klare Maßstäbe setzen und andererseits Freiheit lassen muss und dies jeweils entsprechend dem Entwicklungsstand des Kindes neu einrichten sollte. Zu viel Freiheit schadet und zu wenig auch, das heißt, es gibt in der Mitte ein jeweiliges Optimum für die Entwicklung.

So sind die Rahmenbedingungen seelischer Entwicklung des Menschen vorgegeben durch die fünf Seelenalter[5]. Diese haben wir in Zusammenarbeit mit der Quelle analog zur körperlichen Entwicklung jeweils als Zyklus der Säugling-Seele, der Kind-Seele, der Jungen Seele, der Reifen Seele und der Alten Seele bezeichnet. Jeder dieser Zyklen hat sieben Entfaltungsstufen, sodass der Gesamtablauf des Entwicklungsweges der menschlichen Seele 35 einzelne Schritte kennt. Jede dieser Stufen wird von einer Entfaltungsaufgabe dominiert, die am Ende der Stufe bewältigt sein will. Jede Stufe kann zwei bis vier Leben in Anspruch nehmen. Keine der Stufen kann übersprungen werden. Wir betonen außerdem immer wieder, dass seelische Entwicklung nur in sehr geringem Umfang beschleunigt werden kann. Die Seele hat Zeit. Beschleunigung des Wachstums im üblichen Sinn bezieht sich nach unserer Erfahrung auf die schnellere Entwicklung psychischer Reife, wie sie in der Psychologie und in der therapeutischen Arbeitsweise verstanden wird. Zwei psy-

[5] Zu den Seelenaltern siehe: *Archetypen der Seele*, S. 372–445.

chisch reife Menschen können aber durchaus sehr unterschiedliche Seelenalter haben. Dies wird im Laufe der Lektüre der Beispiele deutlicher werden.

Was bis jetzt vielleicht ein wenig theoretisch klingt, ist für uns sehr konkrete Wirklichkeit dadurch geworden, dass wir im Verlauf von vielen Jahren Seminararbeit Tausende einzelner Seelenalterbestimmungen durchgeführt haben und an jedem Menschen neu überprüft haben, wie weit diese Theorie trägt. Und wir haben sie immer wieder als erstaunlich wahr und hilfreich erlebt.

Die Überprüfung besteht unter anderem darin, dass eine Person im Seminar ihr Seelenalter und die entsprechende Entfaltungsstufe erfährt, also etwa: »Du hast eine Alte Seele, die sich auf der ersten Stufe des Alten Zyklus bewegt.« Außerdem erfährt der Teilnehmer die damit verbundene Entfaltungsaufgabe, also in diesem Beispiel: »Aus innerer Überzeugung gegen die geltende Moral handeln«. Dann erfolgen Hinweise der Quelle, an welchem Punkt dieser individuelle Mensch mit seiner Entfaltungsaufgabe steht und was die nächsten Schritte der Erkenntnis sein können.

Die Bewältigung der Entfaltungsaufgabe Alt 1 zum Beispiel folgt einem präzisen inneren Ablauf. Zuerst denkt man daran, gegen geltende Moral zu handeln, dann redet man darüber, und irgendwann kommt man auch ins Handeln. Dadurch wird statt einer von außen gesellschaftlich bestimmten Moral eine eigene innere Ethik neu gebildet, die sich allein aus der individuellen Wahrnehmung speist. Und am Ende muss man auch diese eigene Ethik wieder infrage stellen lernen. Dies ist die Abschlussleistung der Stufe Alt 1. Sie gipfelt in einem »Kulminationserlebnis«. Der gesamte Prozess nimmt in der Regel drei bis vier Leben in Anspruch; manchmal sind es nur zwei. Es handelt sich um den Einstieg in den Alten Zyklus der Seele, der in seinem gesamten Entfaltungsverlauf auf immer stärkere Beachtung und immer stärkeren Ausdruck der inneren, subjektiven Wahrheit gerichtet ist.

Es folgen hier einige Beispiele für Durchsagen, die Varda für Seminarteilnehmer des Seelenalters Alt 1 gemacht hat. Die entsprechende Entfaltungsaufgabe lautet: »Aus innerer Überzeugung gegen die geltende Moral handeln«.

- *Eine seelische Entfaltungsaufgabe darf zu ihrer Bewältigung nicht nur ein ganzes langes Leben in Anspruch nehmen, sondern sogar mehrere Leben. Und du bist jetzt am Anfang. Das bedeutet, es geht für dich in allererster Linie darum herauszufinden: Was sind denn überhaupt meine inneren Überzeugungen, wo finde ich Festigkeit in mir, und wo muss ich Flexibilität zulassen? Was brauche ich an Stabilität, und was brauche ich an Variabilität? Welche Überzeugungen habe ich von einem Menschen, den ich achten kann, übernommen, und welche Überzeugungen habe ich in mir selbst herausgebildet, die ich erfüllen muss, um mir ins Gesicht blicken zu können? Diese Fragen werden dich noch einige Jahre begleiten, und du wirst mit Recht und weil es so ist, wie es sein soll, an deinen eigenen Vorstellungen und Überzeugungen von dir und der Welt immer wieder unsicher werden. Denn was gestern gut und richtig war, muss morgen nicht gültig sein. Eine innere Überzeugung, die authentisch ist, darf sich mit jedem Atemzug ändern, weil du dich änderst und weil die Situation sich ändert und weil die Menschen, auf die du diese Überzeugungen anwenden kannst, sich ändern. Und doch gibt es im Laufe der Zeit für dich etwas, das unverrückbar wird, das sich nicht ändert. Dies zu entdecken wird dir Freude machen; du wirst dadurch viel innere Sicherheit erlangen und auf der Basis dieser Sicherheit auch den Mut finden, wirklich ande-*

res zu tun als diejenigen, die Bestimmtes von dir erwarten, und nicht nur anderes zu denken und zu fühlen, sondern das innerlich als fest und unverrückbar Erfahrene in die Aktivität, in die Tat umzusetzen. Dein Seelenalter hat eine »Heiler«-Qualität (Energie 1). Deshalb wirst du in vielem, was du tust, hilfreich sein. Hilflosigkeit wird dich ansprechen, deine Impulse aktivieren. Und eines Tages wirst du einem Menschen helfen, ihn liebevoll schützen und unterstützen, der es angeblich überhaupt nicht verdient hat, und das wird dich tief befriedigen.

- So wie du geschaffen bist, so wie deine Seele dich will und wünscht, verstößt du allein schon durch dein Dasein gegen einige Normen der Gesellschaft, in der du dich inkarniert hast. Dies war dir lange Zeit ein Schmerz und führte zu einer unangenehmen Verwirrung. Wenn du jetzt beginnst, dieses Anderssein und dieses Anderesbrauchen positiv zu sehen als eine Besonderheit, die dir Freiräume schafft und dich aus den engen Grenzen von festen Anschauungen und moralischen Regeln befreit, wirst du umso mutiger auch dementsprechend handeln. Du wirst dich immer wieder bereit finden, dem, was du als richtig und gut und passend empfindest, auch durch deine Handlungen Ausdruck zu verleihen und sie nicht im Bereich des Denkens und Fühlens zu belassen. Aber setze dich nicht unter Druck, wenn du spürst, dass die Angst zu handeln zu groß ist; dann lasse es sein. In jeder Hinsicht wirst du deiner Entwicklung förderlich sein, wenn du immer wieder überprüfst: Ist das, was von mir erwartet wird, auch wirklich das, was ich selbst erfüllen möchte?

- Wir wissen, dass du bereits so viel neuen Mut gesammelt hast, dass mehr in deine Reisetasche nicht hineinpasst. Es ist *also genug damit, und du hast bereits angefangen zu handeln, so wie es die Aufgabe deiner Seelenstufe erforderlich macht. Du tust, was dir gemäß ist; du wehrst dich gegen das, was dir nicht gemäß ist. Es gibt dem nicht viel hinzuzufügen. Achte nur darauf, dass du nicht übertreibst; achte darauf, dass du dir nicht wehtust und nicht gegen Windmühlenflügel kämpfst, denn das wird dir keine Freude machen. Unterscheide falschen Mut von wahrem Mut. Lies noch einmal die Geschichte von dem Ritter, der überall Feinde sah, wo keine waren, nur um sich als Ritter spüren zu können. Das hast du jetzt nicht mehr nötig. Setze dir neue Ziele, die mehr auf ein Altseelen-Leben gerichtet sind, und lasse dich nicht an die Front schicken, nicht von den anderen und nicht von dir selbst. Es gehört zu den Erfordernissen deines Seelenalters und deiner Stufe, gerade nicht das zu tun, was man von dir erwartet, sondern das, was du von dir erwartest, wenn du ganz mit dir übereinstimmst. Das sei deine einzige Wahrheit.*

- *Du erfüllst deine Entfaltungsaufgabe auf vielerlei Weise und bist bewusst und unbewusst unablässig am Werk, gegen die geltende Moral zu denken, zu reden und zu handeln. Es wäre für deine Entwicklung wünschenswert und förderlich, wenn du nun auch mehr, als es bisher geschieht, andere ermuntern würdest, dasselbe zu tun. Du bist darin bereits sehr erfahren – so erfahren, dass es dir gar nicht mehr klar ist, wie vorbildlich du für andere auf andere wirken kannst. Wenn du also in Zukunft den Eindruck gewinnst, dass irgendjemand sich in Althergebrachtes, in Überholtes verstrickt, nicht loskommt von dem, was andere sagen könnten oder meinen könnten, nicht loskommt von Moden oder ideologischen Einstellungen, die nicht angemessen sind, dann erlaube dir einzugreifen. Deine pragmatische Mentalität wird dir ohne weiteres die Möglichkeiten aufzeigen, wann, wie und wo du solches tun kannst. Man wird dir und deiner inneren Autorität viel Gehör schenken. Es wird für dich stärkend und wärmend sein, wenn du merkst, dass du dem einen oder anderen Mitmenschen aus seiner unbewussten Moralitätsfalle herausgeholfen hast. Du hast viele Möglichkeiten, Alternativen aufzuzeigen; du hast viele Möglichkeiten, zurechtzurücken und klarzustellen, neue Wege zu weisen. Halte dich also nicht zurück. Du beobachtest scharf und nachhaltig und solltest mit den Ergebnissen deiner Beobachtungen nicht hinterm Berg halten.*

- *Deine Entfaltungsaufgabe verlangt von dir in diesem Leben in allererster Linie, dass du dir deiner Besonderheit und deiner abweichenden, oft fast provozierenden Einstellungen bewusst wirst. Es geht also für dich nicht in erster Linie darum, dass du diesen Einsichten entsprechend handelst, sondern dass du dir darüber klar wirst: Du bist anders, du fühlst anders, und du denkst anders – und dass dies für dich nicht nur ungefährlich ist, sondern eine befriedigende Aufgabe. Höre also auf deine inneren Stimmen, und höre auf, so zu tun, als seiest du ein freundlicher Konformist. Versuche, kreativ anzuecken; versuche, deine zärtliche, provokative Art ein wenig mehr herauszustreichen. Sei nicht so schüchtern, wenn es darum geht, auch Unerhörtes oder sogar Freches zu äußern. Verstehe dies als ein Experiment, als einen spielerischen Versuch herauszufinden, wie deine Mitmenschen reagieren, wenn du auf fröhliche Weise ganz du selbst bist.*

- *Du bist mutig, und du handelst immerzu gegen die geltenden Vorschriften, gegen alles, was du nicht anerkennst und was dir nicht einleuchtet, gegen alles, was dich stört und was dir*

nicht passt. Doch du tust dies sozusagen wie eine Schlaf-
wandlerin, wie ein Kind, das des Nachts auf dem Dachfirst
spazieren geht und am Morgen nichts mehr davon weiß. Wir
wollen damit sagen: Dein Verstoßen gegen die geltenden mo-
ralischen Regeln ist dir seit deiner Kindheit zur Gewohnheit
geworden, und wir wünschen dir, dass du in Zukunft das,
was du auch im Sinne deiner seelischen Entwicklung unab-
lässig tust, mit mehr Bewusstsein erfüllst, also nicht wie eine
Schlafwandlerin handelst, sondern wie ein Mensch, der weiß,
was er tut, und sich der Konsequenzen seines Tuns verant-
wortungsvoll bewusst ist. Dann wirst du erleben, dass es dir
noch tiefere Befriedigung verschafft, in voller Absicht so zu
sein, wie du bist, und dass du damit auch einige Mitmenschen
dazu anregen kannst, sich aus dem engen Korsett der Nor-
men zu befreien, um dafür neue Regeln, die individuell ge-
staltet werden, entwickeln zu können.

• *Es ist für dich von großer Wichtigkeit, dich in deinen Lebens-*
äußerungen insofern von den meisten deiner Mitmenschen zu
unterscheiden, als diese im Allgemeinen jenen Leuten mit
Skepsis und Unglauben begegnen, die keine Probleme haben.
Es gehört zu der Moralität deiner Gesellschaft und deiner
Zeit, dass Menschen angeblich nur dann authentisch und
wachstumsorientiert sind, wenn sie sich möglichst häufig mit
schwierigen Problemen auseinander setzen und sich selbst als
problematisch empfinden. Du verstößt also gegen die gelten-
de Moral, indem du einen anderen Weg gehst, und du wirst
dich bisweilen verteidigen oder gegen Neid oder Missgunst
abgrenzen müssen – Gefühle, die du auf dich ziehst, wenn du
dazu stehst, dass es dir gut geht. Und wisse, dass du dich
damit keineswegs von Wachstumsherausforderungen frei
hältst. Das Leben wird dir genügend andere Möglichkeiten

anbieten als das, was wir geschildert haben und was nicht deines ist.

- *Die geltende Moral ist dir einerseits wichtig und andererseits unwichtig. Du bewegst dich wie ein Weberschiffchen zwischen diesen beiden Möglichkeiten. Einerseits hast du ein großes Bedürfnis, dir selbst und anderen klar zu machen, was richtig und wichtig und sauber und gut ist, andererseits hat dir deine Lebenserfahrung gezeigt, dass die richtige, die wichtige, die saubere und gute Entscheidung nicht immer die beste ist. Und so lernst du nach und nach, dich nicht primär an den Vorschriften und äußeren Regeln der Moral zu orientieren, sondern deine inneren Regeln und deine ureigene Moralität zu entwickeln. Wir empfehlen dir nur, ein wenig häufiger von deinen inneren Einsichten zu erzählen, anderen Menschen davon zu berichten, wie du aufgrund bestimmter Vorkommnisse oder Einsichten deine Meinung zu diesem oder jenem, was du einst für richtig gehalten hattest, ändern musstest und wie es dir und deinem Reifeprozess gut getan hat, nicht immer auf den Grundregeln so genannter menschlicher Wohlanständigkeit zu beharren. Du hast da viel zu erzählen und anderen beizubringen. Für dich kann es interessant sein, dir im Detail verschiedene Moralauffassungen in deiner unmittelbaren Umgebung anzuschauen und diese Auffassungen daraufhin zu untersuchen, wie sie in Hinblick auf die Phänomene von Geburt, Erziehung, Ehe, Alter und Tod gestaltet sind. Und frage dich dann jeweils: Wie stehe ich dazu, wenn ich ganz und gar ehrlich mit mir bin? Und wage ich auch bisweilen – nicht immer, denn dein Modus ist ja »Zurückhaltung« –, dem einen oder anderen Menschen meine Auffassung anzuvertrauen, selbst wenn dieser Mensch anderer Meinung sein sollte als ich selbst? Wenn du dies bisweilen tust, wirst du deiner Entfaltungsaufgabe mehr als gerecht. Du musst dich dafür nicht besonders anstrengen.*

- *Du lebst das letzte Leben auf dieser Stufe und stehst dadurch vor einem Abschluss, der dir im Laufe dieses Lebens noch einen besonderen Akt des Mutes abverlangen wird. Deine Suche ist die nach einer besonderen und ureigenen moralischen Anschauung, die sich im Laufe dieses Lebens zu einer nur auf dich zugeschnittenen Ethik entwickeln wird. Du bist bereits aus einem moralinsauren Umfeld in eine menschlichere Gemeinschaft übergewechselt und fühlst dich jetzt schon wesentlich wohler, weil du gegen die Auffassungen jener Menschen gehandelt hast, unter denen du aufgewachsen bist. Nun wirst du im Laufe der kommenden Jahre entdecken, dass auch die moralischen Regeln und Gesetze, die deine Freiheit zu bedeuten schienen, nicht hundertprozentig mit dem übereinstimmen, was du für richtig, für gut und für ethisch vertretbar hältst. Dieser Prozess wird lange dauern und wird dich in eine neue Freiheit führen, ohne dass du unbedingt diese aktuelle Gemeinschaft spiritueller Sucher verlassen musst. Die Prüfung wird darin bestehen, dass du innerhalb eines Gemeinwesens – ganz gleich, wie es beschaffen ist – deinen eigenen Standpunkt findest und ihn auch vertrittst und dementsprechend handelst.*

An allen diesen Durchsagen fällt auf, dass trotz des gemeinsamen Rahmens der Entfaltungsaufgabe Alt 1, »Aus innerer Überzeugung gegen die geltende Moral handeln«, und trotz deutlich wiederkehrender Grundschritte dieses Erfahrungsweges jede Durchsage ganz individuell wirkt und auf einen konkreten Menschen bezogen ist. Weiter wird deutlich, dass es mehrere Leben dauert, diese Aufgabe zu erfüllen, und dass dem

Menschen immer nur kleine nächste Schritte innerhalb der Entfaltungsaufgabe möglich sind. Seelische Entfaltung ist nicht auf Jahrzehnte hin angelegt, sondern auf Jahrtausende.

Varda als Medium macht also für jeden Seminarteilnehmer eine Durchsage zum Seelenalter. Dann befragen wir den Angesprochenen, ob das von der Quelle Gesagte etwas mit seiner eigenen Lebenserfahrung zu tun hat. Immer wieder sind wir über die überaus präzisen, stimmigen Rückmeldungen erstaunt. Allerdings sind diese Durchsagen nicht nur mental sehr einleuchtend, sie berühren den Zuhörer auch auf tieferen Ebenen, und deshalb ist es sinnvoll, vor einer umfassenden Rückmeldung einige Zeit verstreichen zu lassen und erst dann mit dem Teilnehmer darüber zu reden. Das Gespräch findet auf einem anderen Niveau statt, wenn jemand zunächst Gelegenheit hatte, seinen Alltag und sein Leben auf die Wahrheit der Durchsage hin zu überprüfen.

Dieses Vorgehen hat einen großen Vorteil gegenüber den herkömmlichen moralischen oder spirituellen Norm- oder Idealvorstellungen. Die Seelenalterangaben der Quelle sind präzise auf den seelischen Entwicklungsstand eines Menschen abgestimmt und daher tatsächlich erfüllbar. Sie zu erfahren bedeutet eine konkrete Wachstumshilfe. Wenn man hingegen einem Menschen etwa einen religiös begründeten Anspruch vor Augen hält, wie zum Beispiel die Forderung, bedingungslos zu lieben, ist er überfordert, falls er sich nicht auf der abschließenden Entfaltungsstufe Alt 7 befindet. Nur sehr wenige Menschen stehen jetzt am Ende ihres Inkarnationszyklus, und gerade sie besuchen nach unserer Erfahrung keine Wachstumsgruppen mehr.

Nur eine durch das Seelenalter eingrenzbare Gruppe von Menschen kommt zu unseren Seminaren. Die seelisch jüngsten sind Reif 2 und die ältesten Alt 5. Das ist das Spektrum an seelischen Entfaltungsstufen, die an unserer Arbeit interessiert sind, mit denen wir zahlreiche konkrete Erfahrungen gesammelt haben und die wir auch sinnvoll beraten können.

Als uns die Idee kam, einem größeren Lesepublikum, das unsere Seminare nicht besucht hat, eine grundsätzliche Vorstellung von der Seelenalter-Theorie und den Entfaltungsstufen zu vermitteln, mussten wir auf Persönlichkeiten zurückgreifen, die allgemein vertraut sind und deren historische Biografie einigermaßen bekannt und überprüfbar ist. Dabei haben wir besonderen Wert darauf gelegt zu erforschen, wie sich die Entfaltungsaufgabe von Leben zu Leben entwickelt hat und wann sie aus welchem Grund zu einem für die Seele befriedigenden Abschluss kommt, den die Quelle ein Kulminationserlebnis nennt.

Obgleich wir bei der Auswahl der historischen Persönlichkeiten unserem eigenen Interesse und unserer Intuition gefolgt sind, haben wir im Laufe der Arbeit mit Erstaunen und Dankbarkeit bemerkt, dass wir tatsächlich Menschen mit lauter verschiedenen Seelenaltern ausgewählt hatten, was der Breite des dargestellten Materials zugute kam. Dadurch gelangten wir auf neuartige Weise auch mit Seelen der Entfaltungsstufe Alt 6 und Alt 7 in Berührung, denen wir in unserem Alltag nicht begegnen.

Es sollten Männer und Frauen unter den Beispielen sein. Allerdings ist es wichtig zu verstehen, dass Seele kein Geschlecht hat und die Wahl des Geschlechts vor der Inkarnation eng mit den vorgenommenen Entwicklungswünschen und inneren Notwendigkeiten einer Seele zu tun hat. Es mag auch wesentliches Verstehen unterstützen, wenn in den Durchsagen deutlich gemacht wird, dass eine männliche historische Figur weibliche Vorleben hatte und umgekehrt. Es ergab sich, dass mit einer Ausnahme alle ausgewählten Gestalten Alte Seelen

waren. Für diese interessante Ausnahme, Therese von Konnersreuth, sind wir besonders dankbar, denn gerade an ihrem Beispiel haben wir viel gelernt.

Um dem Leser, der noch nicht mit der Seelenlehre der Quelle
vertraut ist, eine Verständnishilfe zur Verfügung zu stellen, bieten wir im Folgenden einen kurzen Abriss an.

Die Archetypen der Seele

Die Seele des Menschen hat eine klare Struktur. Diese Struktur
ist in ihrer Klarheit und grundsätzlichen Einfachheit den Einsichten der neuesten naturwissenschaftlichen Erkenntnisse ähnlich wie etwa der Struktur der DNS oder den einfachsten Bausteinen der Materie, den Leptonen und Quarks.

Die Quelle legt großen Wert darauf, dass das intellektuell-ra-
tionale Verstehen unserer Welt, das wir uns in Jahrhunderten
mühsam erworben haben, beim Begreifen der Seele nicht aufgegeben werden muss, sondern vielmehr gerade hier auch mehr
und mehr zum Tragen kommen sollte. Ein geradezu atavisti-
sches Seelenverständnis passt nicht mehr in unsere moderne
Welt und kann das Bedürfnis des neuzeitlichen westlichen Menschen, auch seine nicht sichtbare Seite zu integrieren, nicht befriedigen.

Wir haben in unserem Buch *Archetypen der Seele* diese seelische Struktur ausführlich vorgestellt. Sie kann hier für den Leser, der damit noch unvertraut ist, nur kurz rekapituliert werden. Für genaueres Verstehen bitten wir, im genannten Werk
nachzulesen.

Die energetische Basis der seelischen Welten sind die **sieben
universellen Grundenergien.** Durch sie bilden sich, vereinfacht
gesprochen, in einer zweidimensionalen Projektion die 7 x 7 =

49 **Archetypen** (siehe die Übersichten im Anhang). Das heißt, es ergeben sich sieben Ebenen, und auf jeder Ebene sieben Archetypen. Diese 49 Archetypen sind die Grundbausteine der seelischen Struktur. Für jede neue Inkarnation wählt die Seele aus jeder Ebene einen Baustein. Daher hat die Seele eines jeden Menschen eine »Matrix« aus sieben Bausteinen, die in einem dynamischen Zusammenspiel seine Grundenergie von Geburt an bestimmen.

Alle Variablen der Matrix haben einen Pluspol (Liebe) und einen Minuspol (Angst). Das Pulsieren zwischen diesen beiden Polen macht die Lebendigkeit eines Menschen aus.

1. Die erste und grundsätzlichste Ebene der Matrix ist die der Seelenrolle. Sie ist grundsätzlich, weil sie im Gegensatz zu den anderen Archetypen in allen Inkarnationen gleich bleibt und also den Kern seelischer Identität darstellt. Für diese sieben Grundrollen wurden die Begriffe »Heiler« (Energie 1), »Künstler« (Energie 2), »Krieger« (Energie 3), »Gelehrter« (Energie 4), »Weiser« (Energie 5), »Priester« (Energie 6) und »König« (Energie 7) gefunden. Dabei ist wichtig, dass diese Wörter nur Hilfsgrößen der Bezeichnung darstellen. Das Reale ist die Energie dahinter. In unserer brasilianisch-portugiesischen Übersetzung der *Archetypen* stehen zum Beispiel ganz andere Wörter, aber es bleibt die gleiche Energie. Für die Überprüfung gilt es also, die Energieausstrahlung und das Verhalten einer Person zu befragen, um eine Bestimmung der Seelenrolle vornehmen zu können.

2. Die zweite Ebene der Matrix ist das **Hauptmerkmal der Angst.** Zur seelischen Grundausstattung gehört eine Grundangst, die als Lernhilfe zum Erreichen ihres Gegenteils, der Liebe, dient. Der Mensch lernt durch Kontraste. Und Angst

ist das Kontrastmittel zur Liebe. Von einem »Hauptmerkmal der Angst« wird gesprochen, da diese Form der Angst verdeckt auftritt und nur das äußere Hauptmerkmal offensichtlich ist. So ist zum Beispiel das Hauptmerkmal »Gier« leicht zu beobachten, aber dahinter versteckt sich eine tiefe, alte Angst, lebensbedrohlichen Mangel erleiden zu müssen, und hinter »Hochmut« verbirgt sich eine tief verletzte Sensibilität und so weiter. Die Grundängste bilden den Mangel an der entsprechenden Grundenergie ab: »Selbstverleugnung« (1/Angst vor Versagen), »Selbstsabotage« (2/Angst vor Freude), »Märtyrertum« (3/Angst vor Wertlosigkeit), »Starrsinn« (4/Angst vor Veränderung), »Gier« (5/Angst vor Mangel), »Hochmut« (6/Angst vor Verletzung) und »Ungeduld« (7/Angst vor Versäumnis).

Zum Hauptmerkmal tritt ein **Nebenmerkmal der Angst** in einem Verhältnis von etwa 70 : 30, zum Beispiel »Ungeduld« mit »Starrsinn«. Das Nebenmerkmal reguliert die engeren menschlichen Beziehungen, Nähe und Distanz im privaten Bereich.

3. Die dritte Ebene der Matrix betrifft die **Entwicklungsziele:** »Verzögern« (1), »Ablehnen« (2), »Unterordnen« (3), »Stillstehen« (4), »Akzeptieren« (5), »Beschleunigen« (6), »Herrschen« (7). Diese Ziele ergänzen einander in aufeinander folgenden Inkarnationen: zum Beispiel zuerst »Ablehnen« als Ziel, daraufhin »Akzeptieren«.

Die Entwicklungsziele entfalten eine selbsttätige Wirkung. Ihre Aspekte werden unter allen Umständen gelebt. So kann das Ziel »Akzeptieren« erfahren werden über Nicht-akzeptiert-Werden, Jasagerei, schädliches Akzeptierenwollen, Überfreundlichkeit, um akzeptiert zu werden, unkritisches Gewährenlassen, gütiges Verstehen und Verzeihen und so weiter.

4. Die vierte Ebene der Matrix betrifft den **Modus**, also die Art und Weise, wie das Energiemuster gelebt wird: »Zurückhaltung« (1), »Vorsicht« (2), »Ausdauer« (3), »Beobachtung« (4), »Macht« (5), »Leidenschaftlichkeit« (6) und »Aggressivität« (7).
Der Modus gibt dem Energiemuster die Farbe. Der Modus stellt die bestmögliche Art da, das Entwicklungsziel, aber auch die anderen Elemente des Seelenmusters zu fördern. Ein Mensch, dessen Seele den Modus »Leidenschaftlichkeit« gewählt hat, tut also nicht gut daran, sich um Zurückhaltung oder Vorsicht zu bemühen, weil das seinen Energieausdruck behindert.

5. Die fünfte Ebene betrifft eine seelisch geprägte geistige Grundeinstellung zu Welt, Wirklichkeit und Wahrheit: die **Mentalität**. Ein Mensch kann als »Stoiker« (1), »Skeptiker« (2), »Zyniker« (3), »Pragmatiker« (4), »Idealist« (5), »Spiritualist« (6) oder »Realist« (7) zur Welt kommen. Bei jeder Diskussion kann man beobachten, wie diese Grundeinstellung das Verhalten einem Problem gegenüber beeinflusst. Manche Mentalitäten stehen sich näher als andere: »Pragmatiker« können »Realisten« gut verstehen, »Spiritualisten« und »Idealisten« sind sich nahe. »Skeptiker« und »Idealisten« können sich in der Liebe mit ihren Sehweisen gut ergänzen, in ihrer Angst aber nur schwer verstehen.

6. Die sechste Ebene betrifft die **Körperzentren**: »emotional« (1), »intellektuell« (2), »sexuell« (3), »instinktiv« (4), »spirituell« (5), »ekstatisch« (6) und »motorisch« (7). Jeder Mensch verfügt über alle Zentren, aktiviert aber in bestimmten Situationen besonders zwei davon in einer festen Kombination. Das nennt die Quelle das **Reaktionsmuster**, also zum

25

Beispiel »motorisch-intellektuell« oder »emotional-intellektuell«. In einer Stresssituation kann man diese Reaktionsmuster besonders gut an sich und anderen beobachten. Die Zentren stehen mit dem indischen Chakra-System in Verbindung, haben jedoch eine andere, nicht hierarchische Reihenfolge.

7. Die siebte Ebene, die uns hier besonders interessiert, betrifft das **Seelenalter**. Es gibt fünf Zyklen des Seelenalters: Säugling-Seele, Kind-Seele, Junge Seele, Reife Seele und Alte Seele. Da das Seelenalter für das Verständnis des vorliegenden Buches besonders wichtig ist, soll es hier ausführlicher besprochen werden.

Die seelische Perspektive ergänzt die bei uns weithin übliche biologisch-körperliche Sichtweise in einem dualen Sinn. Um diese seelische Perspektive einnehmen zu können, ist Folgendes wichtig: Seele existiert grundsätzlich erst einmal ohne Körperlichkeit in liebevoll selbstverständlicher Verbindung mit ihrer Seelenfamilie in einer Existenzform ohne Zeit und Raum.

Seelen möchten sich inkarnieren aus einem tiefen, in der Seele bereits angelegten Bedürfnis nach Entwicklung. Dabei muss jede Seele sich sieben Bedingungen von Inkarniertsein aussetzen, die uns Menschen selbstverständlich erscheinen, die es aber für ein ursprünglich Körperloses überhaupt nicht sind. Es sind Erfahrungsmöglichkeiten, die nur im Körper gegeben sind. Die Quelle sagt dazu:

*Was den Menschen im seelischen Sinne ausmacht, ist zum einen die Bereitschaft zur **Vereinzelung** (Einsamkeit), zum zweiten die Bereitschaft, einen **verwundbaren Körper** zu bewohnen, zum dritten die Bereitschaft, mit **physischem Leben und physischem Tod** in Berührung zu kommen, zum vierten* *der Mut, sich in **Karma** als Prinzip von Ursache und Wirkung zu verstricken und sich wieder daraus zu lösen, fünftens, die **Begrenztheit von Raum- und Zeitempfinden** in Kauf zu nehmen, sechstens, die **Auseinandersetzung mit der Materie** aufzunehmen, und siebtens, **unablässig Entscheidungen zu treffen.***

Diese Bedingungen sind die Voraussetzungen für den Lernweg im Körper und energetisch wiederum rückbezogen auf die sieben Grundenergien. Nur wenn wir einmal den außerkörperlichen Standpunkt einnehmen, können wir unsere eigene spezifisch menschliche Leistung, einen Inkarnationszyklus trotz der damit verbundenen Ängste und Schmerzen zu bewältigen, angemessen würdigen und gleichzeitig eine neue Sinnhaftigkeit dieses Prozesses für uns in Anspruch nehmen.

Es dürfte deutlich geworden sein, dass »Entwicklung« eine zentrale Kategorie dieser Seelenlehre ist. Zum Verständnis dieses Systems ist also ein Verständnis von Entwicklungsprozessen notwendig. Auch hier ist wiederum ein duales Verständnis des Vorgangs von entscheidender Bedeutung.

Unsere Gesellschaft ist nach langen historischen Kämpfen zu der Einsicht gelangt, dass alle Menschen gleich sind. Dies ist richtig und falsch zugleich, denn es stimmt auch, dass alle Menschen verschieden sind. Die Wahrheit ist dual. Für das tiefere Verstehen ist wichtig zu unterscheiden, in Bezug worauf Menschen gleich sind und in Bezug worauf sie verschieden sind. Recht verstanden sind alle Menschen gleich an Wert und Würde ihres Menschseins. Und zugleich sind alle Menschen verschieden in Bezug auf ihre Fähigkeiten, Bedürfnisse, Sehnsüchte, Möglichkeiten usw. Wenn man den Menschen wirklich verstehen will, darf dies nicht durcheinander gebracht werden. Das heißt aber, dass ein Dreijähriger als Mensch nicht weniger wert ist als ein Dreißigjähriger, obwohl beide einen sehr unterschiedlichen Entwicklungsstand haben. Das bedeutet aber auch, dass Hitler und Jesus trotz sonstiger krasser Unterschiede einen gleichen Wert als Mensch haben. Das machen sich viele als Konsequenz unserer modernen Auffassung von existenzieller Gleichheit nicht klar.

Diese Überlegungen sind von zentraler Bedeutung für das Verständnis von den Seelenaltern. Eine Kind-Seelen-Kultur tut Dinge (zum Beispiel vollzieht sie Menschenopfer wie bei den Mayas, Etruskern, in der minoischen Kultur auf Kreta usw.), die einer Reifen Seele oder Alten Seele ganz entsetzlich vorkommen und von ihr spontan und selbstverständlich moralisch verurteilt werden. Auf moralischer Ebene ist das begreiflich, aber die alleinige moralische Bewertung verhindert das seelische Verstehen. Denn – und das ist für viele schwierig – die seelische Entwicklung folgt nicht menschlichen moralischen Festlegungen, die ja in jeder Kultur anders sind, sondern sie folgt allgemeingültigen Gesetzmäßigkeiten, die den Sinn haben, Liebe zu lernen. Und Liebe lernt sich nach dem Gesetz der Dualität über die Kontrastwirkung zu ihrem Gegenteil, der Angst und ihren Folgeerscheinungen.

Daher lehnt eine Reife Seele bestimmte Dinge ab, die sie in früheren Inkarnationen selbst betrieben hat, weil sie die existenzielle Erfahrung gemacht hat, dass diese Verhaltensweisen destruktiv sind. Daher kann man sich leicht über andere moralisch entrüsten, die diese Erfahrung noch nicht gemacht haben. Von der körperlichen Analogie her gesprochen ist das so, als ob ein reifer Erwachsener sich über seinen pubertierenden Sohn aufregen würde, der völlig unsinnige und destruktive Dinge tut. Dieser Sohn muss aber, um erwachsen zu werden, Erfahrungen dieser Art machen, und dies weiß der Vater auf einer Ebene auch, obwohl er das Verhalten des Jüngeren vielleicht nicht zu

Unrecht moralisch verurteilt. Pubertät kann man nicht abschaffen, auch mit den strengsten moralischen Regeln nicht, denn damit würde man Entwicklung zerstören, und das lässt die Existenz nicht zu. Denn das würde wirkliche Sinnlosigkeit kreieren. Wenn im Folgenden die Seelenalter vorgestellt werden, bitten wir also, nicht zu vergessen, dass alle Seelenalter Teil eines vorgegebenen seelischen Lernweges und daher »vor Gott gleich« sind, obwohl sie sich in ihren Verhaltensweisen und Anschauungen sehr unterscheiden.

Die Seelenalter sind also keinesfalls hierarchisch zu verstehen. Und ebenso gilt, dass unsere Quelle, eine wieder vereinigte Seelenfamilie, bestehend aus »Gelehrten« und »Weisen«, in der kausalen Welt der Seele zwar weiter entwickelt und daher liebevoller und kenntnisreicher, aber existenziell nicht »besser« ist als wir. Jedenfalls betont sie das immer wieder.

Eine Säugling-Seele lernt in ihren allerersten Inkarnationen als Mensch, was es überhaupt heißt, einen Säugetierkörper zu bewohnen. Um Missverständnissen vorzubeugen: Wir behaupten nicht wie manche Biologen, dass der Mensch ein Säugetier *sei*. Denn nach unserer Lehre haben Tiere Tierseelen, die grundsätzlich anders sind als menschliche Seelen mit der beschriebenen Matrixstruktur. Ursprünglich muss ein Menschenaffenweibchen einst ein Menschenjunges geboren haben. Das heißt, ein Tierwesen mit einer Tierseele hat zu einem bestimmten historischen Zeitpunkt ein Menschenwesen mit einer Menschenseele geboren, und dennoch waren diese beiden Wesen als Mutter und Kind biologisch sehr eng verwandt. Den Unterschied zwischen Menschenaffen und Menschen versteht man nicht wirklich ausschließlich über die biologische Entwicklung von Körpern.

Als **Säugling-Seele** (Energie 1, »Heiler«) also lernt ein Mensch, sich überhaupt erst einmal in der körperlichen Welt, die ihm ja völlig unvertraut ist, zurechtzufinden. Da hat man als Seele plötzlich diesen Körper, der Hunger kennt, sexuelle Bedürfnisse entwickelt, verletzbar ist und ganz besonders viel menschliche Nähe braucht, denn die bisherige selbstverständliche Verbindung zu den Seelengeschwistern ist abgebrochen und das Gefühl von Alleinsein und Ausgeliefertsein dadurch fast unerträglich. Man lebt somit in ganz engen Verwandtschaftsverbänden und will möglichst nie allein sein. Komplexe Gesellschaftsformen überfordern einen Menschen in diesem Entwicklungsstadium.

Die Verbindung zur unsichtbaren Welt wird über die Vorstellung von Geistern hergestellt. Animismus ist das angemessene Modell von Transzendenz. Mit den Geistern muss man sich vor allem gut stellen, denn sie machen Angst und sind gefährlich. Man ist ihnen ausgeliefert.

Als **Kind-Seele** (Energie 2, »Künstler«) hat der Mensch ein wenig mehr Selbstständigkeit und Zuversicht erworben. Sie ist ebenso wie ein Kind zwar noch unselbstständig, aber dennoch weiter entwickelt als ein Säugling. Ein Kind beherrscht bereits seine Körperfunktionen und teilweise seine Gefühle, und es ist ein Wesen, das unabhängig von den Eltern die Welt erkunden möchte, soweit es seine Angst erlaubt. Dabei ist es noch nicht fähig, sensibel und verantwortlich mit seinen Entdeckungen und Erkundungen umzugehen. Es findet einen schönen Käfer und reißt ihm ein Bein nach dem anderen aus, um herauszufinden, wie das ist. Das ist nicht bewusst böse gemeint. Kinder sind einfach oft liebevoll, ohne es zu wissen, und angstvoll, ohne es zu wissen.

Eine solche Grundstruktur findet sich analog auch bei der Kind-Seele. Dieses Seelenalter bildet kurzfristige Hochkulturen mit expressiven (Energie 2) künstlerischen Produkten, etwa reich verzierte Tempel, die allerdings die noch immer sehr starke Grundangst, die besänftigt werden muss, durch erschreckende Repräsentationen von Gottheiten und Geistern ausdrücken. Das zentrale Ritual dieser Seelenepoche ist das Opfer, zuerst Menschenopfer, später, bei sinkender kollektiver Angst, Tieropfer (Abraham). Westliche Forscher haben diese Kulturen oft idealisiert, in ihnen den Naturzustand des Menschen vermutet und waren schockiert, später Belege (zum Beispiel durch Schriftentzifferung bei den Mayas) für Menschenopfer und andere unerwartete Grausamkeiten zu finden.

Polytheismus ist die herrschende Religionsauffassung der Kind-Seelen. Diese als übermenschlich-menschlich vorgestellten Gottheiten sind deutlich abstrakter und entfernter als die Geister der Säugling-Seelen. Sie wohnen zum Beispiel auf dem Olymp, an der Schnittstelle zwischen Himmel und Erde und nicht mehr im Baum oder Fluss vor der Hütte.

Die Filmproduktion eines Landes spiegelt gut das kollektive Seelenalter. So produziert Bombay etwa mehr Filme als Hollywood, aber kaum jemand im Westen kennt sie, denn sie sind für ein indisches Kind-Seelen-Publikum gedrehte moderne Märchen. Sexualität ist dem Kindstatus entsprechend verpönt.

Im Stadium der **Jungen Seele** (Energie 3, »Krieger«) will ein Mensch über die Abhängigkeit und Hilflosigkeit des Kindalters der Seele hinauswachsen. Es geht jetzt um Ich-Stärke und Selbstbehauptung, um Durchsetzung des eigenen Willens, um Verfolgung langfristigerer Ziele, um Macht und Reichtum.

Die Analogie ist der junge Erwachsene etwa zwischen 18 und 35, in einer Zeit, da man sich vom Elternhaus löst, waghalsige Unternehmungen startet, sich eine Existenz aufbaut und mit anderen um die beste Position konkurriert. Auch hier sind Filme

31

und Fernsehserien wieder aufschlussreich. Die Vereinigten Staaten als typisches Land Junger Seelen produzieren entsprechende Serien wie »Dallas« und »Denver«, Erfolgsgeschichten skrupelloser, schöner und reicher Erfolgsmenschen. Vom Tellerwäscher zum Präsidenten, man muss es nur wollen – das ist die Idealvorstellung. Und da die Mehrheit auf unserem Planeten Junge Seelen sind, wird Nordamerika für viele entweder zum Vorbild oder zum Hauptgegner. In den Augen Reifer Seelen ist vieles zu verurteilen, was Junge Seelen tun, zum Beispiel die Ausbeutung und Zerstörung der Umwelt, und so ist die Beachtung ökologischer Werte stärker in jenen Ländern zu beobachten, die neben einem starken Anteil Junger Seelen auch einen beachtlichen Anteil Reifer Seelen beherbergen.

In ihrem Verhältnis zur Transzendenz kennt die Junge Seele drei verschiedene Haltungen: den Ahnenkult, den Monotheismus und den Agnostizismus oder Atheismus, das heißt die Leugnung einer Realität der Transzendenz. Ahnenkult und Monotheismus sind strukturell ähnlich. In beiden Fällen ist eine dominante Vaterfigur beherrschender Faktor der religiösen Anschauung. Im Sinne der Grundenergie 3 (»Krieger«) dieses Seelenzyklus geht es um bedingungslose Treue dieser vorgestellten Figur gegenüber, um vorgeblich göttliche Regeln, die exakt einzuhalten sind und dem Menschen eine Disziplinleistung abverlangen. Dies ist für Junge Seelen eine wichtige entwicklungsfördernde Neuerung gegenüber dem Kindalter der Seele. Außerdem sorgt Energie 3 dafür, dass diese Regeln kollektiv eingehalten und durchgesetzt werden. Die Junge Seele kann es von ihrer Angststruktur her noch nicht ertragen, dass es auch andere Wahrheiten als die eigene gibt. Deswegen ist sie strikt gegen Relativierung und Subjektivität in religiösen Anschauungen.

Gegen Ende des Zyklus der Jungen Seele ist die Ich-Stärke und Durchsetzungsfähigkeit der Welt gegenüber so gewachsen, dass auch diese göttliche Vaterfigur überflüssig erscheint und man gänzlich vom Ich bestimmt und ohne religiösen Hintergrund meint, leben zu können. Dies ist zum Beispiel die Einstellung einer großen Zahl später Junger Seelen in unserem Land. Es handelt sich um einen ersten Höhepunkt auf dem Entwicklungsweg der Seele. Man meint, schon angekommen zu sein.

Der Absturz in die Übergangszeit der frühen Reifen Seele (Energie 4) ist umso schmerzhafter. Eben war alles noch klar und einfach. Plötzlich wird alles zweifelhaft und unsicher. Die Quelle definiert Reife als die »Fähigkeit der Distanz zu sich selbst«. Die ersten drei Seelenalter sind in dem Sinne naiv, dass sie kaum Distanz zu sich selbst haben. Die neu erworbene Distanz führt dazu, dass nichts mehr so selbstverständlich ist wie noch in den kürzlich vergangenen Leben. Für die Reife Seele wird zur zentralen Frage: Und was stimmt für mich? Wie muss ich mich mir selbst und dem anderen gegenüber verhalten, dass es meinem jetzt weiterentwickelten Verständnis von Liebe und innerer Stimmigkeit entspricht?

Mit steigendem Seelenalter verfeinert sich die Energiestruktur eines Menschen. Er wird sensibler. Lieblosigkeit wird schwerer zu ertragen; sie fängt an, bewusster wehzutun. Im religiösen Bereich fängt der Mensch an, auch die Wahrheiten der anderen mit in seine Wahrnehmung hineinzunehmen. Toleranz wird ein neues Ideal. Menschliche Beziehungen werden auf ihre subjektive Stimmigkeit hin überprüft. Wenn die äußeren Umstände es erlauben, lebt man lieber allein als in einer Beziehung, in der keine Liebe mehr herrscht. Der Begriff der Verantwortung sich und anderen gegenüber wird immer wichtiger. Im religiösen Bereich wird ein durch die lange Jungseelen-Dominanz vorgegebener Monotheismus neu hinterfragt; man reibt sich an den vorgegebenen religiösen Traditionen und fängt an, sie möglichst umzugestalten. Das Bedürfnis nach einer direkten und persönlichen Beziehung zum Göttlichen in Dialog und Gebet nimmt zu. Der Mensch beginnt nach persönlicher Wahrheit zu suchen, die ihm in der unreflektierten Form abhanden gekommen war.

Zum Verständnis der **Alten Seele** (Energie 5) vergleichen Sie bitte die Entfaltungsaufgaben der Reifen Seele und der Alten Seele (siehe Anhang). Man wird feststellen, dass die Entfaltungsaufgaben der Reifen Seele grundsätzlich auf den Mitmenschen bezogen sind, diejenigen der Alten Seele aber auf die eigene innere Wahrheit. Dies geschieht meist allein oder in kleineren Gruppen von Gleichgesinnten, die neue und für sie stimmige Formen von Spiritualität entwickeln möchten. Subjektiv stimmige Spiritualität ersetzt die vorher als allgemein gültig erlebte Religiosität. Dazu ein Beispiel: Die Entfaltungsaufgabe Reif 3 lautet: »Einem schlechten Herrn treu dienen«. Die Seele sucht sich intuitiv in diesem Stadium jemanden, der ihr als »schlechter Herr« dient. Es entsteht nun eine Situation, in der ein Mensch ständig die »Befehle« des Herrn in Beziehung setzen muss zu den ethischen Forderungen der eigenen weit entwickelten Seelenstufe und nun zu entscheiden hat, welchen Befehlen zu gehorchen ist und welchen nicht. Hierin liegt das Wachstum der Stufe beschlossen. Es ist Wachstum, das aus der Beziehung zu einem anderen Menschen entsteht. Die entsprechende »Oktave« der Alten Seele, Alt 3, lautet: »Präzise Innenschau mit einer aktiven Außenwirkung verbinden«. An die Stelle des schlechten Herrn tritt nun die unbedingte Forderung der eigenen inneren Stimmen, die der Wachstumsstufe entsprechende Wahrheit wahrzunehmen und zudem noch angemessen nach außen zu tragen, was einigen Mut erfordert. Und es wird vielleicht auch verständlich, dass dafür zuvor die Entfaltungsaufgaben von

Alt 1, »Aus innerer Überzeugung gegen die geltende Moral handeln«, und von Alt 2, »Sich selbst aufrichtige Bewunderung zollen und dafür auf die Bewunderung anderer verzichten«, bewältigt werden mussten. Keine Entfaltungsstufe kann übersprungen werden.

Das Erleben der Alten Seele ist also gekennzeichnet von einer immer absoluter werdenden inneren Forderung nach Subjektivität und einer damit einhergehenden fast unerträglichen Einsamkeit, die zugleich auch wieder ersehnt wird, denn Einsamkeit ist Voraussetzung für einen immer intimeren Kontakt mit sich selbst und den immer deutlicher erlebten Kontakten mit den astralen und kausalen Seelenwelten. Aus diesen Kontakten bezieht die Alte Seele ihre eigentliche Stärke. Sein wird wichtiger als Tun. Energetische Ausstrahlung bewirkt mehr als bloßes äußeres Handeln. Das Leben im Körper wird zunehmend als belastend erlebt. Dabei ist die Gefahr groß, Körperlichkeit als wesentliche Voraussetzung für eigenes Lernen gering zu achten und vorzeitig den Inkarnationszyklus endgültig abgeschlossen haben zu wollen – ein Schwanken also zwischen dieser und jener Welt, das einerseits schmerzhaft und andererseits lustvoll erfahren wird.

Partnerschaften werden von Alten Seelen zwar ersehnt, bringen aber oft nicht die Befriedigungen wie in früheren Existenzen, da das Alleinsein und das Ausleben der eigenen Subjektivität immer wichtiger werden. Liebe wird nicht mehr nur in Bezug auf wenige Nahestehende geübt, sondern wird eine unabdingbare Forderung an die eigene Ausstrahlung. Ein schönes Beispiel für die Ausstrahlung, die Einsamkeit und die Unbedingtheit einer sehr Alten Seele ist der Jude Joshua aus Nazareth, den die griechisch und später lateinisch sprechende Organisation, die seinen Namen für sich in Anspruch nahm, Jesus nannte. Als junger Mensch Ende zwanzig spürte er nach dem

Tod seines Seelenbruders Johannes, der durch seine Taufen im Jordan berühmt geworden war, die innere Aufforderung, an eine weitere Öffentlichkeit zu gehen. Und so ist überliefert, dass er als erwachsener Jude in der Synagoge zu Kapernaum am Sabbat seine Stimme erhob und zu seinen Zeitgenossen sprach. Die Wirkung dieses Sprechens ist interessant. Markus überliefert uns: »Und die Menschen waren sehr betroffen von seiner Lehre; denn er lehrte wie einer, der göttliche Vollmacht hat, nicht wie die Schriftgelehrten« (Bibel-Einheitsübersetzung). In einer anderen Übersetzung[6] des griechischen Originals von Markus heißt es: »Und alle waren hoch erstaunt über seine Auslegung. Denn sie strahlte große Kraft aus, war nicht dürr wie die der Schriftgelehrten.« Die intensive subjektive Wahrheit des Joshua war den Kind-Seelen seiner Umgebung unverständlich und den kriegerischen Jungen Seelen ein großes Ärgernis. Die Erfahrung und die Bewältigung der Entfaltungsaufgaben der Alten Seele waren eine wesentliche Voraussetzung dafür, dass diese Seele Alt 7 ihre sehr spezielle Aufgabe durchführen konnte.

Die **sieben Wege der Seele**[7] bilden neben der Seelenrolle eine weitere Konstante, mit der sich die Variablen der jeweils von Leben zu Leben wechselnden Seelenmuster (den Matrices) verbinden. Die Seele von Bruder Klaus ist also in allen Inkarnationen die eines »Weisen« auf dem »Weg der Stille« (Energien 5 und 6), die von Franz von Assisi immer während die eines »Kriegers« auf dem »Weg der Kraft« (jeweils Energie 3). Die sieben Wege sind entsprechend ihrer Grundenergien bezeichnet als

---

[6] *Das Neue Testament und frühchristliche Schriften*. Übersetzt von K. Berger und C. Nord. Insel, Frankfurt am Main 1999.
[7] Zu den sieben Wegen der Seele siehe: *Die Seelenfamilie*, S. 258–276.

1. Weg der Berührung
2. Weg des Wissens
3. Weg der Kraft
4. Weg der Form
5. Weg der Sehnsucht
6. Weg der Stille
7. Weg der Suche

Varda zum Beispiel ist ein »Priester« auf dem »Weg der Berührung« (Energien 6 und 1), Frank ein »Künstler« auf dem »Weg des Wissens« (jeweils Energie 2).

———

Für jede historische Persönlichkeit, die wir hier untersuchen, wird zu Anfang eines jeden Kapitels die Seelenmatrix ermittelt. Dort finden Sie entsprechende Erläuterungen. Anschließend werden die jeweiligen Archetypen im Text selbst noch einmal erläutert, sodass man auch ohne weitere Kenntnis der Seelenlehre die Zusammenhänge verstehen kann. Wer darüber hinaus etwas über die 49 *Archetypen der Seele* erfahren möchte, sei auf das gleichnamige Buch verwiesen. Im fortlaufenden Text sind unsere eigenen Kommentare im Unterschied zu den Durchsagen der Quelle kursiv gedruckt. Die Fragen, die Frank stellt, sind durch eine kleinere Drucktype gekennzeichnet.

Die Durchsagen in diesem Buch sind über einen Zeitraum von sechs Jahren entstanden. Sie können daher in Fragestellung und Aufbau nicht vollkommen einheitlich sein. Die Zwiesprache mit der Quelle folgt energetischen, nicht wissenschaftlich-systematischen Impulsen. Dennoch möchten wir diese Arbeit als einen weiteren Forschungsbeitrag zur Erkundung der Welten der Seele verstanden wissen.

Das Ergebnis dieser Arbeit legen wir hiermit vor in der Hoffnung, jener seelischen Realität, aus der heraus wir alle existieren – ob wir es wissen und bejahen oder nicht –, wieder mehr Geltung zu verschaffen. Wir möchten auch dem modernen, aus gutem Grund kognitiv orientierten Menschen eine sowohl verstandesorientierte als auch verständliche Anschauung von dem vermitteln, was unser Tiefstes und Größtes ist: unsere Seele.

Ein Programm informiert Sie über unsere Veranstaltungen. Aktuelle Informationen darüber sowie eine Auswahl unveröffentlichter Texte der Quelle finden Sie auf unserer Website

www.septana.de

Franz von Assisi

Biografische Information: Francesco Giovanni, 1181–1226, Sohn eines reichen Tuchhändlers, wuchs in Assisi (Umbrien) in frohem Jugendtreiben mit Ritteridealen auf, geriet bei einem Kriegszug gegen die Nachbarstadt Perugia in einjährige Gefangenschaft, kehrte 1205 von neuer Kriegsfahrt nach Süditalien auf halbem Weg zurück und vollzog bald eine innere Wandlung zu Armut, Askese und Hilfe für die Armen und elend Erkrankten (Lepra). Er restaurierte baufällige Kirchlein in der Umgebung von Assisi (San Damiano, Portiuncula), stahl dem Vater Tuch, um dies zu finanzieren, und sagte sich nach folgendem Familienstreit öffentlich und unter Verzicht auf sein Erbe auf dem Marktplatz von Assisi mit Unterstützung des Bischofs vom Vater los. Im baufälligen Kirchlein San Damiano hatte er eine Vision, in der Jesus ihm befahl: »Baue meine Kirche wieder auf!« Er verstand dies zuerst wörtlich bezogen auf das alte Gebäude, später dann übertragen auf den Zustand der katholischen Kirche. Er folgte Jesu Aussendungsworten an die Jünger wörtlich und mit großer Strenge, wanderte in armseligstem Aufzug Umkehr predigend durch Umbrien und Umgebung und gewann mehr und mehr ihn begleitende Anhänger aus allen sozialen Schichten. (Aussendungsworte bei Matthäus 10,7–10: »Geht und verkündet: Das Himmelreich ist nahe. Heilt Kranke, weckt Tote auf, macht Aussätzige rein, treibt Dämonen aus! Umsonst habt ihr empfangen, umsonst sollt ihr geben. Steckt nicht Gold, Silber und Kupfermünzen in euren Gürtel. Nehmt

keine Vorratstasche mit auf den Weg, kein zweites Hemd, kei-
ne Schuhe, keinen Wanderstab; denn wer arbeitet, hat ein Recht
auf Unterhalt.«)

1209 gab Papst Innozenz III. ihm auf seine Bitten überra-
schenderweise und entgegen der bis dahin üblichen Kirchenpo-
litik eine von Franz selbst aus Bibelworten zusammengefügte
erste unklösterliche Ordensregel für die »Minderbrüder« (fra-
tres minores). Der neue Orden hatte bald ungeheuren Zulauf
und breitete sich ab 1217 auch außerhalb Italiens mit großer
Geschwindigkeit aus. 1219 kam Franz ins Kreuzfahrerlager in
Damiette, überschritt die Kampflinie zu den Moslems und ver-
suchte erfolglos, den ägyptischen Sultan für das Christentum zu
gewinnen. 1220 zog er sich krank und fast erblindet von der
Leitung des Ordens zurück. 1221 entstand eine zweite, viel um-
fangreichere und weniger rigorose Regel, die vom Papst später
gebilligt wurde. Franz zog sich in die Einsiedelei La Verna nörd-
lich von Assisi zurück und empfing dort die Wundmale Jesu.
Der Todkranke wurde unter weiträumiger Umgehung der ei-
fersüchtigen Stadtväter von Perugia nach Assisi gebracht, um
dort zu sterben.

Wir sind gern und freudig bereit, euch Auskunft zu geben über
eine wichtige historische Persönlichkeit, um anhand dieses Bei-
spiels die Möglichkeit zu schaffen, die Bedeutung der seelischen
Archetypen und der mit ihnen verbundenen Strukturen besser
begreiflich zu machen.

Das Seelenmuster des Menschen, der Franziskus genannt
wird, war folgendermaßen zusammengesetzt:

Seelenrolle **Krieger** (Energie 3), Hauptmerkmal der Angst
Selbstsabotage (Energie 2), Nebenmerkmal **Märtyrertum** (Energie 3), Entwicklungsziel **Ablehnen** (Energie 2), Modus **Leidenschaftlichkeit** (Energie 6), Mentalität **Spiritualist** (Energie 6),

Reaktionsmuster **motorisch-emotional** (Energien 7 und 1), See-
lenalter **Alt 6** (Energien 5 und 6).
Er beschritt den Weg 1: **Weg der Berührung.**
Die Seelenchiffre für dieses Leben lautet:
3 2/3 2 6 6 7/1 5/6 W 1.
Zusammensetzung der Seelenfamilie: **Priester** (6), **Weiser** (5),
Krieger (3).

Zum Verständnis des Seelenmusters von Franziskus:
Ein »Krieger« (Energie 3) ist vital, durchsetzungsfähig, über-
zeugend. Er sucht Herausforderungen für seine aktive, hand-
lungsorientierte Struktur, braucht fest definierte Ziele und
strebt sie mit großer Ausdauer an. Er liebt Siege, gibt nicht gern
auf und kann Niederlagen schwer verkraften. Er kämpft für die
Mitmenschen und schützt die Schwachen. Er ist ein guter Ka-
merad und schätzt Treue über alles.
»Selbstsabotage« (Energie 2) ist das Hauptmerkmal für eine
tief verankerte Angst vor Lebendigkeit und Lebensfreude. Ein
Mensch mit dieser Angststruktur kann das Leben nur selten aus
vollen Zügen genießen. Stets fürchtet er, vom Schicksal bestraft
zu werden, wenn er unbekümmert fröhlich ist. Er wirkt da-
durch oft übermäßig ernst und hat eine trauervolle Ausstrah-
lung, die ihm »sicherer« und ethisch höherwertig vorkommt als
das, was er bei leichtlebigeren Menschen als Albernheit und Fri-
volität empfindet. Eine andere Variante des Hauptmerkmals
»Selbstsabotage« ist Vergnügungssucht. – »Märtyrertum«
(Energie 3) setzt ein tief empfundenes Gefühl von Wertlosigkeit
voraus. Um dieses mit Schuldgefühlen beladene Unwert-Emp-
finden zu bekämpfen, gibt sich der Märtyrer besonders selbst-
los, opferbereit und edel. Er trägt das Leid der Welt auf seinen
Schultern und erhofft sich so einen Platz unter den Engeln.
Das Entwicklungsziel »Ablehnen« (Energie 2) prägt Men-

schen von großer Klarheit, Direktheit und innerer Konsequenz. Diese Menschen haben Abstand und brauchen Distanz, um zu klarer Urteilskraft zu gelangen. Sie können besser Nein sagen als die meisten anderen, wenn sie es auch nicht immer tun. Ihr Ja ist dann umso strahlender. Da sie ehrlich und geradeheraus wirken, machen sie sich nicht immer nur Freunde und gelten als kritisch. Sie befürchten, abgelehnt zu werden, und verleugnen deshalb nicht selten ihre aufrichtige Meinung.

Der Modus »Leidenschaftlichkeit« (Energie 6) kennzeichnet Menschen mit starker, mitreißender Ausstrahlung. Dieser Modus entzündet die Flammen der Leidenschaftlichkeit auch in den Mitmenschen. Der Leidenschaftliche leidet unter starken Stimmungsschwankungen. Er begeistert sich und andere, erkaltet jedoch oft ebenso schnell. Trotz brillanter Rednerkraft stößt er oft durch Fanatismus ab und macht so sein Anliegen zunichte.

Die Mentalität des »Spiritualisten« (Energie 6) bewirkt, dass ein Mensch sich verbunden, geleitet, geführt fühlt und er einen Sinnzusammenhang zwischen allen Erscheinungen des Weltlichen und des Göttlichen erkennt. Er ist oft leichtgläubig, man kann ihm alles Mögliche glauben machen, wenn man behauptet, es komme »von oben«. Aber ein »Spiritualist« hat auch bisweilen Visionen und Eingebungen, die sein Leben unwiderruflich prägen. Er verlässt sich ganz auf seine innere Stimme.

Das »motorisch-emotionale« Reaktionsmuster (Energien 7 und 1) verbindet das Sonnengeflecht mit dem Herz-Chakra. Es führt zu heftigen Bewegtheiten und vermag auch andere Menschen stark anzurühren und aufzuwühlen.

Das Seelenalter Alt 6 (Energien 5 und 6) verbindet die Kraft des »Weisen« mit der Durchlässigkeit des »Priesters«. Es handelt sich um die vorletzte Entfaltungsstufe im Verlauf eines acht- bis zehntausend Jahre währenden Inkarnationszyklus.

Der » Weg der Berührung« (Energie 1) bringt zärtliche, an-schmiegsame Menschen hervor, die mit einem Lächeln, einer zarten Berührung eine heilsame Wirkung erzielen können.

Wir stellen fest, dass zur **Seelenrolle des Kriegers** noch man-cherlei Missverständnisse vorliegen, und möchten diese Gele-genheit zum Anlass nehmen, über einen Alten »Krieger«, eine Alte »Krieger«-Seele etwas zu sagen.

»Krieger« sind grundsätzlich Seelen, denen in jedem einzel-nen Leben ein Ziel oder mehrere Ziele am Herzen liegen. Selten geschieht es, dass eine »Krieger«-Seele nicht schon vor dem Er-reichen des dreißigsten Lebensjahres bewusste Ziele entwickelt und genauso beharrlich unbewussten Zielen folgt.

Diese innere Zielsetzung erzeugt eine seelische Dynamik, die unwillkürlich nach Hindernissen sucht, um sie aus dem Weg zu räumen. Je älter nun die Seele eines »Kriegers« wird und je öf-ter sie in inkarniertem Zustand auf der Erde geweilt hat, umso erfahrener ist sie in der Bereitschaft, sich Ziele zu setzen, ihnen zu folgen und sich auch den Zielsetzungen, die ihr vom Leben angeboten werden, hinzugeben.

Die »Krieger«-Rolle vereinigt in sich die Befähigung, glei-chermaßen aktiv wie passiv ein Anliegen zu verfolgen. Sie han-delt, strebt und kämpft und gibt sich gleichzeitig vollkommen der Notwendigkeit hin, alles zu tun, was diesem Ziel dienlich sein kann. Je bewusster sich die inkarnierte Seele mit ihren sonst meist subkognitiven seelischen Zielen identifizieren kann, um-so größer werden ihre Wirkung und ihre Durchschlagskraft. Die Kräfte wirken gebündelt wie Laserstrahlen und können des-halb größere, wichtigere und höhere Ziele in Angriff nehmen. Und so kann auch eine sehr Alte »Krieger«-Seele wie diejenige, von der jetzt die Rede sein soll, trotz einer von vielen Leben be-reits fadenscheinig gewordenen Körperlichkeit noch eine Po-

tenz entwickeln, die dem Erreichen großer Wirkungen ange-
messen ist, und ihre ganze kämpferische Erfahrung auf eine
Veränderung richten, die, weil sie mit individuellen seelischen
Bedürfnissen vollkommen konform geht, von eindrucksvoller
Beispielhaftigkeit ist und dementsprechend auf die Umwelt
wirkt. Es geht also um die Bündelung von Veränderungen im
Weltlichen und von individuellen seelischen Bedürfnissen.

Nur eine »Krieger«-Seele ist in diesem hohen Seelenalter
noch in der Lage, sich all den Härten und Widrigkeiten körperlicher Art auszusetzen, wie Franziskus es unentwegt getan hat,
und daran noch eine lustvolle Befriedigung zu finden. Und nur
eine »Krieger«-Seele, die über viele Jahrtausende hinweg gelernt hat, zu verzichten, sich zu beugen, zu hungern, zu dürsten
und auf der nackten Erde zu schlafen, um einen Sieg zu erringen – der in den allerseltensten Fällen ein persönlicher ist, einen
Sieg also, der fast immer übergeordneten Interessen dient, die
nur ausnahmsweise auch die privaten Interessen des Kämpfen-
den berühren –, ist in der Lage, sich für eine ihr wertvoll erscheinende Angelegenheit so hingebungsvoll zu verausgaben,
wie Franziskus es getan hat und wie diejenigen, die ihm nachei-
fern, es immer noch anstreben.

Franziskus war klein, zäh, willensstark, unerschütterlich und
bot aufgrund seiner Erfahrung als Kämpfer der Welt gerade so
viel Angriffsfläche wie nötig, aber so wenig wie möglich. Er
wählte seine Waffen – wie es sich für eine uralte Seele geziemt –
so, dass sie weder zu verletzen, noch zu töten vermochten, denn
es ging ihm nicht um einen Sieg auf der Ebene der Materie. Seine ungeheure Überzeugungskraft schöpfte er ebenfalls aus den
Qualitäten seiner »Krieger«-Rolle.

Welches innere Ziel strebte Franz von Assisi als »Krieger« an? Welchen Sieg wollte er erringen?

Franziskus wollte einer Vision zum Sieg verhelfen, der Vision von einem gottgefälligen und Christi Leiden ebenbürtigen Leben. Seine als göttliche Aufträge interpretierten Visionen verliehen ihm die Kraft, aus sich selbst eine vorbildhafte Gestalt zu bilden, die aller Welt zeigen sollte: Ein solches Leben, wie ich es mir zum Ideal erkoren hatte, ist möglich. Es ist nicht nur dem menschengestaltigen Heiland gegeben, so zu sein, sondern auch all jenen, die diesen Heiland mehr lieben als sich selbst.

Als »Krieger« wusste Franziskus, dass nur ein authentisches Beispiel wirklich überzeugend wirkt. Doch auch seine Lebensspanne vor der schrittweisen inneren Bekehrung ist durchaus aus der Perspektive der kriegerischen Seelenrolle zu begreifen.

Der glühende Wunsch, ein Ritter zu werden und ein kriegerisches Leben zu führen, sich zu schlagen, zu kämpfen, zu siegen und sich in einer ebenso wilden wie ehrenvollen Männergesellschaft aufzuhalten, die Lust am Kampfgetümmel, die Sehnsucht nach den körperlichen Herausforderungen, die seit Menschengedenken jedem »Krieger« bereitet sind, bewogen ihn dazu, so bald als möglich auszufahren und die Gelegenheit zur körperlichen Auseinandersetzung mit dem Feind zu suchen. Dies geschah jedoch mehr aus einer starken und positiven Erinnerung an frühere Verkörperungen heraus als aus einem wirklichen seelischen Impuls, denn immer dann, wenn er sich aufmachte, um an einer Schlacht oder einem Scharmützel teilzunehmen, rief ihn seine Seele zurück oder brachte ihn in eine Situation, in der er innehalten und umkehren musste.

Franziskus suchte also bei seinen ersten Ausfahrten Anschluss an die Charakteristika seiner Seelenrolle. Um sich überhaupt fühlen zu können, musste er seiner kriegerischen Essenz wenigstens einigermaßen entsprechen. Lebensform und inneres Bild waren genötigt, sich zu berühren, damit Franziskus zu sich selbst finden konnte.

Wie alle »Krieger«, neigte auch Franziskus zu direkten Konfrontationen und offenen radikalen Lösungen. Er scheute nicht den Streit, sofern er ihn für notwendig erachtete. Doch je älter er wurde und je mehr er sich seiner Bestimmung fügte, umso seltener führte er seine Kämpfe mit den Mitteln der Radikalität aus. Seine Energie richtete sich mehr und mehr auf den Kampf gegen alles, was er an sich selbst für schädlich hielt, für unzuträglich, wenn es um das Erreichen seines Zieles ging. Er bekämpfte in sich jegliche Versuchung, jegliche Entmutigung, jegliche Schwäche.

Mich interessiert noch dieses Ziel. Ich nehme an, es war eine Art historischer Aufgabe? Es ist mir aber unklar. Es wurde auch gesagt, es ginge um das Ziel – ich sage es mal in meinen Worten – zu beweisen, dass ein Mensch genauso wie Jesus leben könnte. Jetzt hat Jesus aber, soweit wir wissen, völlig anders gelebt: Er war überhaupt nicht besonders entsagungsvoll. Jene Ideale, die Franziskus vertritt, sind doch gar nicht im Leben von Jesus sichtbar. Wie kommt das?

Wenn gesagt wurde »wie Jesus«, so ist im eigentlichen Sinne gemeint: so wie Franziskus gemeint hatte, dass Jesus den Menschen durch den Wortlaut im Neuen Testament befiehlt zu leben.

Franziskus hatte nichts anderes und wollte auch nichts anderes haben als diese Bibelstellen, diese für ihn lebendigen Worte aus dem Neuen Testament. Sie waren seine Richtschnur, seine Wahrheit, seine Inspiration. Es ging ihm nicht darum, zu fragen oder gar zu hinterfragen, ob Jesus selbst diese Auflagen erfüllt hatte. Deine Frage, Frank, kann erst aus deinem geistigen

Hintergrund und im Anschluss an die historische Bibelforschung und die Errungenschaften der Bibelkritik gestellt werden. Niemand hätte so fragen können in der Zeit, als Franziskus lebte.

Ja, das leuchtet ein. Dann war die Rede von überpersönlichen Zielen, die mit seinen persönlichen zusammenfallen. Wenn er also dieses Ideal der Jesusnachfolge hatte, was ist dann das überpersönliche Ziel, das er erfüllt hat? Wie hat er individuelle und überpersönliche Ziele vereinbart?

Für den jungen Francesco kam es darauf an, einen Weg zu finden, wie er auf seine Mitmenschen durch das Sein wirken konnte, ohne sich im Tun zu verlieren. Sein Seelenalter mit der entsprechenden Entfaltungsaufgabe gebot ihm, auf die eine oder andere Weise seine Umwelt zu beeindrucken, ihr ein Vorbild zu sein und sie durch seine Wirkung zu einer Nachahmung aufzurufen. In seiner Jugend erreichte Francesco dieses, indem er sich zum fröhlichen Anführer einer größeren Gemeinschaft von Gleichaltrigen machte. Sein Unternehmungsgeist und seine Großzügigkeit boten reichlich Anlass, seine Gesellschaft zu suchen.

Und obgleich die Vergnügungen, oberflächlich betrachtet, keinerlei spirituellen Wert besaßen, sondern – wie es auch traditionellerweise geschieht – dem Weltlichen, Materiellen und Unchristlichen zugeordnet werden, so unterlagen doch schon damals viele der jungen Genossen, die sich dem Übermut des Francesco anschlossen, einem anderen Charme als nur dem des lustigen und waghalsigen Zechkumpanen. Sie fühlten sich von einer Komponente seiner Persönlichkeit angezogen, die erst später unter anderen Vorzeichen zur Blüte gelangen sollte.

Die Notwendigkeit, einen Wirkungsbereich zu finden, in dem seine Entfaltungsaufgabe zur Geltung gelangen konnte, war also Francescos individuelles seelisches Ziel. Es gelang ihm nach einigen teils sinnvollen, teils vergeblichen Versuchen, diese persönliche Zielsetzung mit einem dringenden Bedürfnis seines zeitgenössischen menschlichen Umfeldes zu verbinden, nämlich die weit verbreitete Sehnsucht nach einem Leben, das der Mitmenschlichkeit, der Caritas, der Gemeinschaftlichkeit und der Askese geweiht war. Überall in Europa entstanden zu dieser Zeit Keimzellen spirituellen Lebens, die von dieser Idee getragen wurden.

Die Unzufriedenheit mit einer Kirche, die sich in ihrer materiellen Gestaltung ebenso wie in ihrer Grundhaltung weit von den Forderungen der Evangelien entfernt hatte, war so verbreitet wie die Unkenntnis dieser Evangelien selbst. Da es nicht allen gegeben oder erlaubt war, die Heilige Schrift zu lesen und in ihr nachzuforschen, was Jesus denn eigentlich gewollt und vom Menschen gefordert hatte, geriet es denjenigen, die sich informieren konnten, jedes Mal zum Schock, wenn die dort vorgefundene Wahrheit sie mit der mangelhaften Verwirklichung der Botschaft durch die Kirche konfrontierte.

Wir sprachen von Sehnsucht. Doch wir müssen auch von einem weit verbreiteten kollektiven Schuldgefühl sprechen, das Menschen dazu veranlasste, all ihr Hab und Gut fahren zu lassen und sich in charismatischen Gruppen zu organisieren, die zunächst kein anderes Ziel hatten, als auszuprobieren, wie es sich nach den von Jesus selbst erlassenen Vorschriften auf Erden leben lässt.

Hinter, über und unter all diesen Motivationen gab es jedoch noch eine weitere, unbewusste Not, die in allen Ländern Mitteleuropas begann, Menschen in Bewegung zu versetzen, und die sich ebenfalls aus einer verborgenen geistigen Unzufriedenheit nährte. Es war dies eine seit Jahrhunderten enttäuschte Hoffnung auf Erlösung und Frieden, auf das Ende der Welt und das

Einlösen der Verheißungen, die der Heiland einst verkündet hatte.

Wie schon um die Jahrtausendwende gab es auch an der Schwelle zum 13. Jahrhundert allenthalben unterschwellige und offene Frustrationen, denn selbst die Kreuzzüge mit ihrem Enthusiasmus und ihrer Opferbereitschaft hatten nicht bewirkt, dass das Reich Gottes auf Erden entstehen konnte, und deshalb fragten sich viele nach dem Grund seines Ausbleibens und erforschten ihr Gewissen nach einer Schuld, die sie dort vermuteten.

Franziskus nun bot gleich zu Anfang seines öffentlichen Wirkens eine Lösung für die latente Schuldfrage an. Nach allem, was an Botschaft von ihm ausging, erkannten die Menschen, dass sie sich in ihrem Streben nach dem Heil nach den Versicherungen der Kirche und nicht nach den Forderungen Christi gerichtet hatten.

Da die Kirchenfürsten sich niemals auch nur vorstellen konnten, den Geboten, so wie sie im Neuen Testament formuliert waren, persönlich in ihrer Lebensführung und inneren Haltung zu entsprechen, hatten sie allerlei Möglichkeiten ersonnen, sie zu umgehen und doch vor sich und der Welt gerechtfertigt zu sein.

Franziskus fand also mit seinem individuellen Bedürfnis, als Alter »Krieger« eine ungewöhnliche innere Herausforderung anzunehmen, einen weiten und kraftvollen Widerhall. Schon Jahrzehnte zuvor war aus dem Kollektiv ein ähnliches Bedürfnis wie auch bei ihm persönlich gewachsen und harrte nunmehr nur noch einer Führerfigur, die zugleich den unschätzbaren Vorteil vorweisen konnte, sich nicht mit der Kirche als Institution zu entzweien, sondern auf eine kluge und dennoch wirkungsvolle Weise die Interessen aller fruchtbar zu vereinigen.

Wie viele Leben hatte die Seele, die jetzt Franziskus hieß, auf der Entfaltungsstufe Alt 6 schon verbracht, und wie sahen die Leben davor aus?

Das Leben als Francesco war die letzte Inkarnation auf dieser Entfaltungsstufe Alt 6. Es war zugleich die dritte Inkarnation auf dieser Stufe. Insgesamt war es die 87. Inkarnation dieser Seele in einem menschlichen Körper.

Das **erste Leben auf der Stufe Alt 6** wählte diese Seele als Inkarnation in einem afrikanischen Stamm, der im Gebiet der heutigen Elfenbeinküste lebte. Die Seele war inkarniert als Frau in einer hochrangigen Großfamilie. Sie wurde bereits in jungen Jahren zu einer von mehreren Bräuten des Stammesfürsten auserwählt und gebar ihm eine Reihe von Kindern.

Mit zunehmendem Alter erlangte sie im Rahmen des Hofstaates eine immer wichtigere Rolle. Sie entwickelte bedeutenden Einfluss in sozialen und politischen Belangen und wurde nach und nach zur unentbehrlichen Ratgeberin ihres königlichen Gemahls. Durch ihre gefestigte Stellung und auch weil sie länger lebte als die meisten anderen Ehefrauen, vor allem aber aufgrund ihrer von allen anerkannten Weisheit, die mit Unerschrockenheit und persönlicher Courage gepaart war, gelangte sie zu hohem Ansehen und wurde von vielen Menschen ihres Stammes als große Zauberin und als eine mächtige Vermittlerin zwischen der Menschenwelt und den Göttern anerkannt.

Sie war bei den Stammesangehörigen bekannt dafür, dass sie mit einem Blick in die Augen eines Ratsuchenden, eines Freundes oder Feindes, eines Getreuen oder Verräters seine Gesinnung und – was mehr war – seine Ziele und Absichten erfassen konnte. Sie selbst hatte weniger Interesse daran, die Intentionen ihrer Mitmenschen zu entlarven, als vielmehr zu begreifen, um was für einen Menschen es sich da handelte. Viele hatten Angst vor ihr und trauten sich deshalb weniger, als sie es sonst getan hätten – in ihrer Gegenwart oder im Bereich dessen, was sie in Erfahrung zu bringen vermochte –, Schlechtes zu tun oder zu denken.

Wichtig ist, dass diese Frau durch ihr Sein und durch ihre Ausstrahlung eine machtvolle Wirkung erzielte, die sie mit entsprechendem Tun nicht hätte erreichen können. Sie bewirkte vor allem, dass eine Fehde zwischen zwei zerstrittenen Clans, die bereits viele Opfer gefordert hatte, ohne weiteres Blutvergießen beendet werden konnte. Und da ihr Gemahl auf ihre Ratschläge hörte und große Achtung vor ihrer Klugheit hatte, konnte auch er, der zunächst nur darauf bedacht gewesen war, seine Macht und seinen Wohlstand zu bewahren, Streit und Zwistigkeiten sowie folgenreiche Auseinandersetzungen mit seinen Stammesnachbarn verhindern.

Wesentlich ist in diesem Seelenalter, dass durch das Sein einer Seele eine Wirkung erzielt wird, die sowohl das Bewusstsein der Mitmenschen verändert, als auch ihre Gesundheit und ihr Leben so weit als möglich bewahrt.

Als der König starb, war sie bereits 62 Jahre alt und hatte eine zahlreiche Nachkommenschaft. Da jedoch die Thronfolge durch den Sohn einer anderen Frau gesichert war, wurde sie mit den übrigen Witwen zu einer stammespolitisch unwichtigen Person. Sie vermochte nun nicht mehr, den von ihrer Seele benötigten weitreichenden Einfluss auszuüben – aufgrund des Verlusts ihrer offiziellen Machtstellung und auch wegen der Intrigen ihrer inzwischen durch die Stellung als Königsmutter in ihrer Machtposition gefestigten Rivalin. Die Mutter des neuen Königs war so einflussreich, dass sie sich diesen Intrigen zunehmend ausgesetzt fühlte. Auch war sie in fortgeschrittenem Alter den veränderten Machtverhältnissen nicht gewachsen. Daher beschloss sie, nicht auf ihren natürlichen Tod zu warten, sondern sich mit einem schnell wirkenden Gift zu töten. Dies geschah im vollen Bewusstsein ihrer Kraft und Freiheit, in klarer Übereinstimmung mit den Notwendigkeiten ihrer Seele. Bei einer Selbsttötung muss im Allgemeinen zwischen dem, was die Seele will, und dem, was die Person will, unterschieden werden. Die Aufgabe »Durch Sein wirken und auf Tun verzichten« war – soweit sie erfüllt werden konnte – erfüllt. Es hätte keinen seelischen Gewinn erbracht, wenn sie sich auf ihre alten Tage hätte verachten und quälen lassen.

Diese afrikanische Frau war (wie die spätere Inkarnation Franziskus) ein »Krieger« auf dem »Weg der Berührung«. Sie hat diesen Weg gelebt, indem sie zerstrittene Parteien und Individuen wieder miteinander in einen fruchtbaren Kontakt gebracht hat. Als »Krieger« hatte sie großes Verständnis für die Lust an der Auseinandersetzung. Doch sobald diese Zwistigkeiten in Blutvergießen ausarteten, die eine negative Auswirkung auf das Wohl des Stammeskollektivs hatten, schritt sie ein und stiftete Frieden durch ihre Fähigkeit, Übergeordnetes und Zukunftsweisendes zu erkennen. Sie setzte auch ihre in einer Alten Seele gut entwickelte intuitive und visionäre Fähigkeit ein, indem sie auf zukünftige Entwicklungen und Notwendigkeiten hinwies, scheute sich jedoch auch nicht, politische Strategien zu verwenden, indem sie den Verfeindeten bedeutete, sie habe Weisung aus dem Jenseits oder von den Göttern erhalten und sei ihre irdische Abgesandte. Dadurch gelangte sie zu einer unanfechtbaren Aussage, der sich die Kontrahenten teils aus Angst, teils aus Demut beugten.

Als sie verwitwete, waren diese Fähigkeiten hoch entwickelt und bis zu einer deutlichen Hellsichtigkeit verfeinert. Sie sah mit klarem Blick die ihr bevorstehenden Schwierigkeiten, die Intrigen und Misshandlungen voraus und beschloss, sich ihnen zu entziehen, indem sie sich das Leben nahm.

Warum ist damit die Entfaltungsaufgabe nicht abgeschlossen? Das klingt doch wie ein rundherum seelisch erfolgreiches Leben, das eine Ausstrahlung von Sein statt Tun verwirklicht. Warum sind da zwei weitere Leben nötig?

Es handelte sich bei dieser Inkarnation um einen ersten Versuch, eine Aufgabe, die für einen »Krieger« besonders schwierig ist – nämlich auf Aktivität und Tun zu verzichten –, in kreativer Weise zu bewältigen. Allerdings war dieser afrikanischen Königin in jenem Leben noch nicht wirklich klar, dass auch gedankliches Tun ein Tun ist, dass die Wirkung, die über das Sein erzielt wird, erst dann vollkommene seelische Gültigkeit erlangt, wenn es sich um liebendes Sein handelt. Die Seele braucht auf einer neuen Entfaltungsstufe ein Übungsfeld, auf dem sie selbst erkennen kann – ohne dass es ihr von anderen mitgeteilt werden muss –, wo die eigentlich energetisch fruchtbaren Bereiche liegen, die eine Seele in diesem Seelenalter als wesentlich erfährt und die für die menschliche Gemeinschaft beglückende, befruchtende Emanationen der eigenen Energie darstellen.

Nach ihrem leiblichen Tod erkannte diese Seele, dass die verstorbene Frau etwas zu lustvoll mit ihrer Macht und ihrem Einfluss gespielt hatte, dass sie durchaus einigen recht eindeutig privaten Zwecken zugearbeitet hatte und sie Angst und Furcht bei ihren Untertanen ebenso gefördert hatte wie ehrfürchtige Bewunderung und viele andere Formen der Interaktion, die vornehmlich der Festigung ihrer Position bei Hofe dienten.

Dies ist keineswegs als schlecht oder sündig zu betrachten. Nicht deshalb erwähnen wir es, sondern um aufzuzeigen: Hier hat ein Erkenntnisprozess stattgefunden, der in dem Wunsch gipfelte, ein Leben und eine weitere Inkarnation zu wählen, in der sie solcher Furcht des Ichs um seine Stellung im Weltlichen weniger ausgeliefert sein würde.

Wir möchten es, um diesen Auswertungsprozess mehr zu illustrieren, noch einmal deutlicher formulieren: Hier war ein Mensch, der seiner Machtbefugnisse am Ende seines Lebens müde geworden war und auch erkennen musste, dass Macht in diesem Sinne weltlich und damit vergänglich ist. Noch zu Lebzeiten hatte diese Frau die Wahl, angesichts ihrer Entmachtung zu verbittern und ihre Feindin mit ihren Zauberkünsten zu schädigen oder aber sich den Schicksalsläuften zu beugen und zu akzeptieren, dass der Einfluss, den sie im Guten wie im Schlechten hatte ausüben können, ein den Bedingungen von Zeit und Raum unterworfenes Phänomen war. Und dies hatte zu der befreienden Einsicht geführt, dass das eigentliche Ergebnis ihrer Bemühungen und Bestrebungen nicht die an der Oberfläche gesicherte und dann verlorene Macht war, sondern das Bewahren vor Schäden und die Rettung von Leben.

In diesem Sinne und im Anschluss an die beschriebene Erkenntnis wählte die Seele der Verstorbenen im darauf folgenden Leben...

(Varda:) ... und jetzt muss ich Pause machen. Ich muss erst sehen, wo sie dann wieder ist... (Varda empfängt jetzt Bilder:) Eine Inkarnation in – tja, ich bin geografisch nicht so firm – wohl in Mittelamerika... Ich meine Honduras – oder was jetzt Honduras genannt wird... Das müssen wir überprüfen... Honduras meine ich aber nur dann, wenn es in Honduras tatsächlich Vulkane gibt, halbaktiv oder erloschen, jedenfalls muss es dort, wo die nächste Inkarnation stattfand, eine Vulkantätigkeit geben, das ist deutlich zu erkennen. Ich deute das nur mal eben mit meinen eigenen Worten an. Das kann ich dann anschließend ausführen, nur damit ich das erste Bild, das ich hatte, hier festhalte:

Ich sehe einen Mann und eine große steinerne Halle, einen

Vulkanausbruch, ein Eingeschlossensein in dieser Halle. Ich sehe das Bild einer großen Menschenmenge, die sich in diese Halle geflüchtet hat, und in relativ kurzer Zeit wird dieses ganze Gebäude von Asche und Lava begraben sein, von der Sauerstoffzufuhr abgeschnitten. Da sind Hunderte von Menschen: Alte, Junge, Frauen, Männer, Kinder. Die ringen nach Luft und sind am Ersticken! Dieser junge »Krieger«, er ist so etwa Mitte dreißig, der, obwohl er gar niemand Besonderer ist – er hat also keine speziellen oder herausragenden Funktionen innerhalb seiner Gemeinschaft –, der spricht diesen Leuten bis zum Schluss Mut und Trost zu. Er hält sie irgendwie aufrecht. Sie hängen wie gebannt an seinen Lippen, und er lenkt sie ab von ihrem Sterben, von ihrem Ohnmächtigwerden, von ihrem Ersticken, von ihrer Todesangst. Es gelingt ihm also, die Menschen in ihrer Todesnot noch aufrechtzuerhalten, es ist schwer zu sagen, wie er das macht.

Bitte sprecht nun über das **zweite Leben auf der Entfaltungsstufe Alt 6**.

In diesem Sinne und im Anschluss an die beschriebene Erkenntnis wählte die Seele der in Afrika Verstorbenen im darauf folgenden Leben eine Inkarnation in einer Landschaft Mittelamerikas, die jetzt in Honduras liegt.

Die Seele inkarnierte sich in einem männlichen Körper. Die ersten drei Jahrzehnte verliefen den örtlichen Gegebenheiten entsprechend vollkommen unauffällig. Der Knabe wuchs heran, wurde wie alle seine Altersgenossen in einigen Kampfkünsten, aber auch in religiösen Handlungen geschult. Darüber hinaus wusste der Jüngling auch das Feld zu bestellen und eine große Anzahl von handwerklichen Tätigkeiten zu verrichten. Seine Familie unterschied sich kaum von den anderen Familien seiner sozialen Gruppe.

Er selbst lebte in unauffälliger Bescheidenheit, saß häufig, die Feldarbeit unterbrechend, auf einem Stein und blickte in die Landschaft, schlief viel, stand zuweilen ein wenig am Rand, wenn sich seine Altersgenossen vergnügten oder ihre Raufspiele spielten. Jedoch gab es wenig oder gar nichts, was das Ereignis, das diesen Menschen zu einer ungewöhnlichen Herausforderung zwingen sollte, hätte ankündigen können.

Eines Tages, als dieser Mann 34 Jahre alt war, brach ein seit längerer Zeit schon unruhig gewordener Vulkan in etwa sechzig Kilometer Entfernung heftig aus; der Himmel verdunkelte sich, glühende Lavabrocken und Tonnen von Asche fielen vom Himmel. Die Bevölkerung seiner unmittelbaren Umgebung – es waren etwa 620 Menschen – flüchtete sich in ihrem Schrecken in die Kulthalle, einen festen Steinbau, denn diese Menschen fanden in ihren einfachen Hütten vor der Asche und dem Feuer keinen Schutz. Die wenigen Bäume waren schnell entlaubt. Die große, fest aus Quadern gefügte, hohe steinerne Halle versprach als einziger Ort eine Zuflucht vor der Katastrophe.

Auch der junge Mann rannte in dieses sakrale Gebäude und harrte völlig verängstigt dem Ausgang des Unglücks. Da niemand von den Versammelten jemals einen Vulkanausbruch erlebt hatte, konnte auch keiner von ihnen sich vorstellen, wie lange die Eruption dauern würde und welche Veränderungen sie haben könnte. Die Folgen einer Flucht und Verschanzung in der Kulthalle waren von niemandem vorherzusehen.

Das große Tor war verbarrikadiert, und als die Nacht hereinbrach, saßen alle dicht gedrängt, ganz erschöpft von Angst auf dem Boden und versuchten zu schlafen. So bemerkten die meisten von ihnen nicht, dass es in der Halle immer heißer wurde, und niemand wusste, dass Lava und Asche das Gebäude bereits unter sich begraben hatten. Als die ersten kleinen Kinder aus dem schweren Schlaf erwachten und zu husten und zu schreien begannen, hielt niemand dies für eine ungewöhnliche Erscheinung.

Doch innerhalb von wenig mehr als einer Stunde begannen viele der Anwesenden zu husten, zu röcheln und wie unter asthmatischen Anfällen nach Luft zu schnappen. Aus der heißen Lava drangen nun auch giftige Dämpfe in das Innere der Halle. Vor allem jedoch erschöpfte sich zunehmend der Vorrat an Sauerstoff, und die Konzentration an Kohlendioxid wurde immer dichter.

Als die ersten unter den Versammelten in Ohnmacht fielen und zu sterben schienen und innerhalb weniger Minuten fast hundert sich auf dem heißen Boden wanden und unter entsetzlichen Erstickungsqualen ihr Leben auszuhauchen begannen, brach eine Panik aus, die die wenige verbliebene Luft mit Stöhnen und Schreien erfüllte. Einige der Stärksten versuchten, das Tor zu öffnen, mussten jedoch bald aufgeben, da sie nicht nur zu schwach waren, sondern auch entdeckten, dass die noch halbflüssige Masse binnen kurzem den ganzen Raum füllen würde.

In diesem Augenblick sprang der junge Mann, von dem die Rede ist, auf, erklomm einen erhöhten Vorsprung an einer der Wände und begann von dort aus einen Aufruf an die Versammelten zu richten, der binnen kurzem ungeachtet der entsetzlichen Lage eine ganz neuartige, nie gekannte Atmosphäre in dieser Versammlung schuf.

Der junge Mann mit der Alten Seele hatte noch niemals eine Rede gehalten. Er war auf diesen Augenblick nicht vorbereitet. Er folgte einzig und allein einem inneren Drang, einem Impuls und auch einer Inspiration seiner Seelenfamilie. Er versuchte, die Überlebenden, deren Zahl von Minute zu Minute geringer wurde, nicht zu trösten, indem er ihnen Hoffnung und Rettung versprach. Sein Anliegen bestand nur darin, ihre Aufmerksamkeit dadurch zu bannen, dass er ihnen den unmittelbar bevorstehenden Tod mit einer seltenen Luzidität vor Augen führte.

Er machte ihnen klar, dass sie nur noch eine kurze Zeitspanne zu leben hätten. Er forderte sie auf, dieses Unglück nicht als Strafe der Götter zu betrachten, sondern als eine besondere Gnade, denn er führte ihnen vor Augen, dass ein Tod unter diesen Umständen jedem Tod auf dem Schlachtfeld vorzuziehen sei. Auch rief er sie auf, innerhalb der kurzen verbleibenden Zeit noch einmal all das zu durchfühlen und zu durchdenken, was an Möglichkeit zur Einsicht, zur Reue und zur Erhebung der Gemüter möglich war.

Mit dieser flammenden, in höchstem Maß überzeugenden Ansprache wuchs der junge Krieger über seine ihm selbst bisher bekannten Kräfte hinaus. Er übernahm eine geistige Führung, derer er sich selbst nicht befähigt gehalten hätte. Keinen Gedanken verschwendete er nunmehr auf die Berechtigung seiner Impulse. Er wusste ja, dass er selbst nur noch wenige Augenblicke zu leben hatte, und alles, was er zu seinen Mitmenschen sprach, sprach er zugleich auch zu sich selbst.

Im Rahmen der Entfaltungsaufgabe möchten wir unterstreichen, dass er sowohl seinen Gefährten als auch sich selbst deutlich zu verstehen gab, dass diese letzten verbleibenden Minuten ihres Lebens nicht mehr dem Tun gewidmet sein dürften, sondern der Kontemplation, der Einkehr, der Begegnung mit sich selbst und mit den Göttern, wie es der Augenblick gestattete.

Er selbst wirkte durch seine Ausstrahlung. Auch die Überraschung, die seine Mitmenschen angesichts seiner plötzlichen Verwandlung packte, trug das ihre zu der Wirkung bei, die er in seiner Todesstunde erzielte. Seine »Krieger«-Vitalität gestattete ihm, länger als die meisten anderen durchzuhalten und ihnen spirituellen Beistand zu leisten, solange die Atemluft reichte. Er starb als einer der Letzten in einem kurzen, heftigen Todeskampf, der ihm zugleich eine klarsichtige Bewusstheit bewahrte, in der er zuletzt einen zugleich erschütternden und beglückenden Frieden fand.

Sein Körper ist gemeinsam mit den Leibern seiner Gefährten bis zum jetzigen Zeitpunkt weitgehend erhalten. Die Hitze und die Abgeschlossenheit von Sauerstoff mumifizierten ihre sterblichen Hüllen. Die Halle ist immer noch von einer viele Meter dicken, undurchdringlichen Schicht von vulkanischem Tuffgestein umhüllt. So liegt er begraben mit denen, die seine letzten Worte vernahmen und denen er auf Geheiß seiner Seele den größten Trost ihres Lebens spenden konnte.

Was mich bei dieser Schilderung verblüfft, ist im Grunde – wenn ich es recht verstehe –, dass diese wenigen Minuten am Ende eines Lebens den Aufwand einer ganzen Inkarnation rechtfertigen und eine Seele sozusagen genau dieses entscheidende Stück in der Erfüllung ihrer Entfaltungsaufgabe weiterbringen können. Diese wenigen Minuten – und die 34 Jahre vorher nur als Vorbereitung?

Dieses Ereignis stellte den Höhepunkt eines Lebens dar, doch das bedeutet nicht, dass die Jahre seit der Geburt dieses Menschen nicht ebenfalls der Bewältigung der Entfaltungsaufgabe gewidmet waren. Die Neigung, sich still zu verhalten, zwar zu arbeiten, aber wenig zu tun – in dem Sinne, dass dieser Mensch, obgleich »Krieger«, auf ehrgeizige Zielsetzungen verzichtete, nicht für die Zukunft plante und nicht mehr durchzusetzen versuchte als andere –, ist bereits ein Zeichen dafür, dass auf einer anderen Ebene die Erfordernisse des Seelenalters eingelöst wurden.

Wir möchten betonen, dass die Art und Weise, wie die Seelenaufgabe bewältigt wird, eine höchst untergeordnete Rolle spielt. Die Aufrichtigkeit, die Intensität, die Angemessenheit sind in jedem Fall entscheidend für eine seelische Gültigkeit. Und ebenso wollen wir daran erinnern, dass Bewusstheit im kognitiven Sinn, Absichtlichkeit und geplantes Betreiben der Seelenaufgabe nur in Ausnahmefällen notwendig sind.

Es geschieht nicht selten, dass ein Mensch erst durch eine unvermutete Begebenheit, durch eine Überraschung, ein Unglück oder einen Schrecken zu einer aktiven, bewussten Gestaltung seiner seelischen Entfaltungsaufgabe veranlasst wird. Notwendig ist dies jedoch nicht. Wir wollen damit sagen, dass der junge Mann sein Leben auf der Stufe Alt 6 ebenso gültig hätte abschließen können, wenn er nicht dieses Ereignis in der steinernen Halle in der beschriebenen Weise gestaltet hätte.

Es ist außerdem nicht ganz korrekt, wenn du meinst, dass dieses Ereignis von der Seele angestrebt und vorausgesehen wurde. So ist es nicht. Die Begebenheit des Vulkanausbruchs mit dem kollektiven Tod in der Halle wurde genutzt. Ihre energetische Qualität fand einen Widerhall in der Seele dieses Menschen.

Inwiefern führt dieses Leben über die erreichte innere Entwicklung des ersten Lebens Alt 6 in Afrika hinaus? Was kommt hier nun an Wachstum und Erkenntnis hinzu?

Das von uns geschilderte Ereignis und die Wirkung, die dieser Mensch in seiner Todesstunde erzielte, waren in wesentlich anderer Weise von Absichtslosigkeit und herzensreiner Motivation getragen als die positiven Wirkungen, die die afrikanische Königin erzielen konnte. Auch in dem zweiten Leben auf der Stufe Alt 6 kann die charismatische Qualität der Person, wie sie sich in ihrer letzten Lebensphase äußert, nicht bestritten werden. Doch wird Macht nicht angestrebt. Sie wird im notwendigen Moment gelebt und zum Wohl aller eingesetzt – nicht, um irgendeinen weltlichen Vorteil zu erlangen, sondern als Akt der Liebe, der keine irdischen Folgen mehr haben würde.

Warum war das dann nicht der Kulminationspunkt der Entfaltungsstufe Alt 6? Irgendetwas muss doch noch gefehlt haben, was den Abschluss der Entfaltungsaufgabe verhindert hat.

Die Abfolge mehrerer Leben auf bestimmten Entfaltungsstufen folgt nicht nur seelischen Vorschriften, die bestimmte Erkenntnisqualifikationen verlangen, sondern auch den individual-seelischen Bedürfnissen, die eine Einzelseele darin leiten und bestärken, zwei, drei oder vier Leben auf einer Stufe zu verbringen. Im Fall der Seele, die uns in diesem Zusammenhang als Beispiel dient, hat das Todeserlebnis in der steinernen Halle eine tiefe Zufriedenheit ausgelöst, und gleichzeitig wurde während des ganzen vorangehenden Lebens und an seinem Ende eine Bewusstheit für Armut und Elend geweckt, die durch spirituelle Nahrung gelindert werden kann. Um dies jedoch durchzuführen, wurde ein drittes Leben notwendig.

Ich finde das sehr wichtig. Was mir noch durch den Kopf geht, sind die Wertigkeiten, die hier genannt werden. Ihr spracht von »Herzensreinheit« und erwähntet »keine gewollte weltliche Machtausübung«. Mir scheint, dass in diesen Begriffen etwas anklingt, das viele Menschen als moralisch hoch stehend bezeichnen würden und für sich selbst auch anstreben. Wenn ich dem hier jetzt zuhöre, habe ich den Eindruck, dass diese Dinge aber so gar nicht angestrebt werden können, sich also eine Diskrepanz auftut zwischen dem moralischen Fordern solcher Verhaltensweisen und dem tatsächlichen Leben solcher Haltungen.

Moralische Grundhaltungen müssen von Gemeinschaften und Individuen dann mit Nachdruck gefordert werden, wenn diese

Individuen in sich und von selbst entsprechende Vorstellungen nicht entwickeln würden. Eine sehr Alte Seele hingegen hat andere Gründe, um den moralischen oder ethischen Gesetzen entsprechend zu handeln oder gegen sie zu verstoßen. Im Fall der Seele, mit der wir uns befassen, wird deutlich, dass in dem afrikanischen Leben durchaus eine Mischung von ethischen und unethischen oder moralisch hoch stehenden und weniger lobenswerten Handlungen, Einstellungen und Motivationen vorhanden war.

In diesem hohen Seelenalter kommt es nicht so sehr darauf an, richtig oder falsch zu handeln. Vielmehr muss die Seele das eine oder andere ausprobieren, um eine gewisse Eichung ihrer Energie zu erfahren. Die Plus- und Minuspole der Seelenmatrix müssen auf jeder Entfaltungsstufe neu definiert werden. Es geht also eigentlich nicht um Moralisches, sondern um wertfreie Verhaltensweisen, die – mit einiger Aufmerksamkeit betrachtet – unterschiedliche Schwingungsebenen produzieren und sich deshalb von der entsprechenden Person als mehr oder weniger angenehm empfinden lassen. Die Person selbst ist es, nicht die Umwelt – wie in den wesentlich früheren Stadien seelischer Entwicklung –, die das Urteil spricht. Die Person selbst ist es, die aufgerufen ist, unter entsprechenden Umständen die Freiheit der Entscheidung zu entwickeln: Ich will so oder so sein, so oder so wirken oder handeln.

Wir haben uns zuletzt mit den beiden Leben beschäftigt, die der Inkarnation als Franz von Assisi vorangegangen waren, und wir haben dabei die Entfaltungsaufgabe der Stufe Alt 6, »Durch Sein wirken und auf Tun verzichten«, besonders beachtet. Wir fragen nun: Wie hat sich die Entwicklung der Entfaltungsaufgabe weitergestaltet in diesem letzten Leben Alt 6 – eben als Franz von Assisi?

Bereits als Knabe und später als junger Mann war sich Francesco seiner Wirkung auf andere Menschen – auf seine Kameraden, aber auch auf seine Mutter, seinen Vater und seine Geschwister – überaus bewusst. Und auf eine jugendlich naive Weise versuchte er in den frühen Jahren, auf Tun zu verzichten, indem er sich als Nichtsnutz und Tagedieb gebärdete, wenig dazu beitrug, seiner Familie zu mehr Wohlstand und Ansehen zu verhelfen, und allgemein den Ruf eines verzogenen Bürschchens pflegte.

Es war dies, wie gesagt, ein erstes, noch ganz unbewusstes Experiment, das der Verbindung von charismatischer Wirkung und Nichtstun dienen sollte. Als er dann spürte, wie wenig befriedigend diese Form des Nichtstuns für ihn war, ließ er das Pendel natürlicherweise zur anderen Seite ausschlagen und stürzte sich in Aktivitäten, die ihm zunächst die Befriedigung seiner aktiven **Krieger-Rolle** und seiner **motorischen Zentrierung** in Aussicht stellten.

Man sollte darüber nicht vernachlässigen, dass mit jedem **Entwicklungsziel Ablehnen** auch stets die unausweichliche Tendenz zur Selbstablehnung gegeben ist. Und so kam es immer wieder zu angstvollen Reaktionen von Selbstkritik, wenn Francesco spürte, dass seine Wirkung auf die Mitmenschen entweder nachließ oder sich nicht entsprechend seinen bewussten Wünschen manifestierte – oder immer dann, wenn seine kriegerischen Handlungsimpulse, sein Tun und Nachhelfenwollen, ihn in Bereiche führten, die er gar nicht zu betreten angestrebt hatte.

Kaum war ihm klar geworden, dass die kriegerische Auseinandersetzung, das Ritterdasein und all das, was er an sozialer und gesellschaftlicher Wirkung im Rahmen seiner kleinen Stadt entfalten konnte, von wenig Erfolg gekrönt wurde, sah sich Francesco genötigt, einen neuen Vorstoß in das Reich des

Nichtstuns zu wagen. Er sah eine Erleichterung, ja geradezu eine Erlösung von seinem Tatendrang darin, sich in die einsame Natur zu begeben. Er saß dort allein oder ging und tat gar nichts mehr, was den Definitionen von sinnvollen Handlungsweisen und Arbeit durch seine Mitmenschen hätte entsprechen können.

Sein **Modus Leidenschaftlichkeit** erlaubte es ihm jedoch nicht, allzu lange bei einer Tätigkeit oder Nichttätigkeit zu verharren. Dieser Modus nötigte ihn immer wieder, mit großer Totalität nach neuen Wegen zu suchen. Das kontemplative Nichtstun mündete in den Impuls, körperliche Arbeit zu verrichten und das verfallene Kirchlein von San Damiano aus eigener Kraft wieder aufzubauen. Und so ging es denn jahrelang hin und her mit diesen Impulsen; auch Selbstablehnung und Ablehnung seiner Mitmenschen wechselten miteinander ab. So ist zum Beispiel die Lossagung von Vater und Elternhaus durchaus auch als ein Versuch zu verstehen, dieses Ziel im Sinne einer höheren Befreiung und Ablehnung von fesselnden und störenden Einflüssen zu vollziehen.

Eines hatte Francesco als junger Mensch jedoch Mühe zu verstehen: dass nämlich ein wesentlicher energetischer Unterschied besteht zwischen dem Handeln und Arbeiten als solchem und einem Tun, so wie es in der Formulierung der Entfaltungsaufgabe gemeint ist. Die Definition von »Tun«, mit der Francesco sich zunehmend auseinander setzen musste, implizierte nicht den Verzicht auf physische Arbeit oder auf die Gestaltung von Lebenszweck, Lebenssinn und Lebensziel. Mit Tun ist lediglich all das gemeint, was aus der Angst des Ichs um seinen Bestand entspringend über das Ziel hinausschießt. Es ist das, was mehr bewirken will, als notwendig ist, das, was Wirkung um ihrer selbst willen erzielen muss und Dinge anstrebt wie Macht und Ruhm und Reichtum um ihrer selbst willen.

Hingegen möchten wir alles, was funktional den Zielen einer Seele sinnvoll entspricht – und dazu gehört auch mancherlei Anstrengung, die leicht mit Tun im oben geschilderten Sinn verwechselt werden könnte –, von unserer Definition ausschließen. Wir wollen dies an einem Beispiel aus Francescos Leben demonstrieren, das zugleich zeigt, dass auch eine so Alte und lebenskluge Seele nicht von den Pulsationen ihrer Energiestruktur erlöst ist, sondern ihnen gerade mit dem Modus »Leidenschaftlichkeit« umso stärker unterworfen ist, als die eigene Authentizität des Seins mehr und mehr in den Fokus der Betrachtung rückt.

Ein Beispiel für dysfunktionales Tun ist der Entschluss des Franziskus, des Gründers der Minoriten-Bruderschaft, sich auf die Reise zum ägyptischen Sultan aufzumachen, um ihn zum Christenglauben zu bekehren. Diese Maßnahme, diese Absicht waren von vornherein zum Scheitern verurteilt, da sie nicht den Zielen dieser Seele entsprachen und entsprangen, sondern einem gewissen Stolz und Übermut, auch einem unbewussten Wunsch, wieder einmal auf heftige Ablehnung zu stoßen, einem Bedürfnis, zu überzeugen und sich an Kanten zu reiben, und nicht zuletzt auch der Sehnsucht, wieder einmal wie in uralten »Krieger«-Zeiten Reisen, Abenteuer und Entbehrungen zu bestehen. Auch **Selbstsabotage** und **Märtyrertum** spielten hierbei eine nicht zu vernachlässigende Rolle.

Francescos **Reaktionsmuster** mit seinen **motorischen** und **emotionalen** Anteilen hat ihm niemals erlaubt, allzu lange an einem Ort zu verharren. Um sich, die Welt und seine Absichten emotional zu erfassen und spüren zu können, musste er sich von Ziel zu Ziel bewegen; er musste reisen und wandern. Er hatte keine Ruhe und erhob deshalb auch die spirituelle Heimatlosigkeit zu einem hohen Ideal seiner brüderlichen Gemeinschaft, ohne zu bedenken oder bedenken zu können, dass keineswegs alle Menschen ein »motorisch-emotionales« Reaktionsmuster haben.

Wir kommen zurück auf unser Anliegen, euch anhand von Beispielen deutlich zu machen, was durchaus kein »Tun« in dem Sinne der Entfaltungsaufgabe der Stufe Alt 6 ist. Als sich Francesco mit seinen wenigen Getreuen entschloss, nach Rom zum Papst zu ziehen, um eine Erlaubnis und einen Segen für die kleine Gemeinschaft von bettelnden Fratres zu erbitten, war dies nicht im Sinne einer vom angstvollen Anteil des Ichs getragenen Absicht zu verstehen – einer Absicht, die aus dem Wunsch hätte entspringen können, bekannt und berühmt zu werden oder einen Skandal zu entfachen oder sich dort eine angstvoll antizipierte Abfuhr zu holen. Vielmehr gehorchte Francesco damit einem unwiderstehlichen Impuls, dessen Durchführung und endliches sieghaftes Gelingen von seiner überzeugenden Ausstrahlung und seinem charismatischen Sein geprägt waren.

Hier also kann leicht erkannt werden, dass die Formulierung, »durch Sein zu wirken«, ihre Gültigkeit beweist. Hätte Franziskus dies »tun« wollen im Sinne unserer Definition, hätte das Anliegen nicht in dieser Weise von allen mit ihm kooperierenden Kräften unterstützt werden können. Man kann also die Entfaltungsaufgabe von Alt 6 auch verstehen als ein schillerndes Oszillieren zwischen dem Liebes-Pol, »auf die Wirkung des eigenen Seins vertrauen«, und dem Angst-Pol, der denselben Menschen immer wieder ins Tun hineintreibt, bis er – und auch dies immer von neuem – erkennt, dass solches Tun ihn nicht weiterbringt.

Wir sagten, ein Mensch mit einer Alten Seele wie Franziskus ist keineswegs frei von Angst, auch wenn die Manifestationen dieser Angst andere Formen annehmen und sich andere Objekte suchen als bei jüngeren Seelen.

Im Laufe der Jahre lernte der später Heiliggesprochene aus seinen vielen gegensätzlichen Erfahrungen, was es bedeutet, durch Sein zu wirken, und ebenso, was es bedeutet, dem Drang, etwas zu tun, zu entsprechen oder ihm zu widerstehen. Die Einsichten in diesen Prozess wurden feiner und klarer, ohne dass seine Psyche sich – weil er ein Mensch war – ganz dem einen oder anderen Pol hätte hingeben können. Und es war für diesen Mann nicht leicht, bereits bei der Planung seiner Handlungen und Aktivitäten zu unterscheiden zwischen einem Tun, das aus feinsten Rinnsalen der Angst gespeist und motiviert wurde, und einer notwendigen handlungsorientierten Entscheidung, die seinen seelischen Absichten und Zielen entsprach.

Und wie sollte es ihm auch leicht gefallen sein, dies zu unterscheiden? Denn eine seelische Angemessenheit und Stimmigkeit erweist sich fast ausschließlich erst an der Wirkung und selten schon im Bereich der Planung. Was für ihn besonders quälend war – weil er ein Mann von hohen und strengen Prinzipien war und sich als »Krieger« gerade in diesem Bereich mit großer Härte disziplinierte –, war die immer wieder durchbrechende Erkenntnis, er müsse im Namen des Ganzen und auch im Namen der Liebe zu einzelnen Mitmenschen diese Prinzipien hinter sich lassen und ganz anders handeln, als er es sich vorgenommen hatte, ganz anders, als seine stark entwickelte und sich nicht selten selbstzerstörerisch manifestierende Ideologie es gebot.

Wenn er dann einsah – oft unter Tränen und mit wundem Herzen –, dass er dem Grundsatz und der starr festgelegten Einstellung den Vorrang vor der Mitmenschlichkeit oder vor der übergeordneten Klugheit gegeben hatte, reute es ihn sehr, und er bat diejenigen, an denen er lieblos gehandelt hatte, aus tiefster Not um Verzeihung. Auch hierin war er so leidenschaftlich wie in anderen Dingen.

Selbstsabotage und **Märtyrertum** zwangen ihn dann, sich zu kasteien und unbarmherzig zu bestrafen. Es fiel ihm schwer und mutete ihn an wie ein unverzeihliches Versagen, die Liebe, die er für andere spürte, ebenso sich selbst zu schenken. Sich seine Fehler zu verzeihen lernte er erst am Ende seines Lebens. Und er tat es, als er sich bereits schwach und krank dem Ende seiner Tage näherte. Die vielen Krankheiten und Schwächephasen quälten seinen Körper, dienten aber seiner Seele dazu, die unerbittlichen Disziplinleistungen zu unterlaufen, denn wer matt darniederliegt, unter Fieber leidet und allerlei Gebrechen, wird selten gleichzeitig in der Lage sein, rigide Maßnahmen an sich selbst zu vollstrecken, und ist geneigt, auch die Schwäche und Fehlbarkeit anderer mit neuen und weicheren Augen zu betrachten.

Bisher wurde alles auf die Matrix bezogen, nur der Punkt, dass er, wie gesagt wurde, eine Ideologie hatte – die harten Prinzipien, von denen die Rede war, die ja so typisch für ihn sind –, das wurde jetzt nicht in gleicher Weise aus der Matrix abgeleitet. Es würde mich aber besonders interessieren, weil es für meine bisherige Vorstellung so gar nicht zu Alt 6 passt.

Ein Mensch, der leidenschaftlich ablehnt und dies aufgrund seiner Struktur auch tun muss, wird nicht umhinkönnen, sich gegen alles streng zu verwahren, das er nicht für richtig und gut hält. Die von Franziskus entwickelte und geförderte überaus strenge und – wie schon gesagt wurde – unerbittliche Konsequenz der Forderungen, die von Jesus selbst ausgegangen waren, diese alles Gewohnte weit übertreffenden Forderungen nach Besitzlosigkeit, Heimatlosigkeit und anderen Formen der Askese, lässt sich nur aus einer energetischen Prägung durch die **kriegerische** Härte, die Selbstzerstörung als Minuspol von **Selbstsabotage, Leidenschaftlichkeit** und Ziel **Ablehnen** in ihrer Interaktion verstehen.

Wir möchten an dieser Stelle darauf hinweisen, dass bei sehr Alten Seelen alles, was ihr Seelenmuster an Energien bereitstellt, mit großer und ungeschminkter Vehemenz gelebt wird. Der Antrieb, Regungen zu verhehlen, zu verheimlichen oder zu verdrängen, wird mit zunehmendem Seelenalter geringer. Eine sehr Alte Seele ist so sehr sie selbst und lebt daher ihr Seelenmuster so unverblümt, dass andere jüngere Seelen oft verblüfft und entsetzt sind ob dieses Mangels an moralischer Tarnungsbereitschaft.

Was war nun der Kulminationspunkt der Entfaltungsstufe Alt 6 in diesem dritten und letzten Leben auf dieser Stufe als Franz von Assisi?

Was wir den **Kulminationspunkt** in der Bewältigung einer Entfaltungsaufgabe nennen, trat für diesen Menschen, der als Bruder Franziskus bekannt geworden war und sein Werk vorangetrieben hatte, an dem Tag ein, als er – teilweise gedrängt von seinen Mitstreitern – sich entschließen konnte, die Führung der Brudergemeinschaft und ihre Verwaltung aus den Händen zu geben, nichts mehr zu tun und nichts mehr zu verändern oder zu beeinflussen in all den Belangen, die ihm stets so sehr am Herzen gelegen hatten. Der Kulminationspunkt trat ein, als er begann, nunmehr ganz und gar auf die Wirkung seines Seins zu vertrauen.

Obgleich noch jung an Jahren, war Franziskus weise genug und hatte ausreichend Einsichten in die Natur seiner persönlichen Prägungen und Konflikte gewonnen, dass er es aufgab, für die ursprüngliche Reinheit seiner spirituellen Lehre zu kämpfen und auf der unverfälschten Anwendung seines noch zu Lebzeiten mit voller Absicht eingesetzten Vermächtnisses zu bestehen. Auf das eigene Sein und seine Wirkung zu vertrauen bedeutet in diesem Fall wie in vielen anderen, diese Wirkung nicht mehr kontrollieren zu wollen, sie sich entwickeln zu lassen und ihren Weg gehen zu lassen, wohin sie will.

In dem Augenblick, als Francesco seinem Werk ein Eigenleben zuzugestehen imstande war und begriff, dass dieses Eigenleben von einer Energie geprägt wurde, die seinem Einfluss entzogen war und stärker war als die seine, war es ihm möglich, sich wie zu Anfang seiner Berufungserlebnisse wieder ganz auf sich selbst zurückzuziehen, selbst wieder einer unter seinen Minderbrüdern zu werden und nur noch dann, wenn er um Rat gebeten wurde – und dies geschah nicht mehr sehr häufig –, seine Autorität geltend zu machen.

Dieses Aufgeben entspricht in höchstem Maß einem Verzicht auf unnötiges, überflüssiges, ja sogar schädliches Tun im Sinne der Entfaltungsaufgabe. Die Verwirklichung des Armutsideals in breiten Schichten der Bevölkerung, die Ausbreitung der Minderbrüder-Orden über ganz Europa waren Phänomene, die Franziskus nicht sehenden Auges auf sein persönliches Tun und Wollen zurückführen konnte. Er hatte dem gehorcht, was er als göttliche Stimme und himmlische Inspiration begriff. Mehr konnte er nicht tun; mehr war nicht zu tun. Doch bedeutete es – und wir sagen dies mit Nachdruck – für den »Krieger« in ihm einen schweren Kampf, eine Niederlage und den Verzicht auf einen Sieg, die Zügel seines Lebenswerks endgültig aus der Hand zu legen. Nur seine Demut und seine Leidensbereitschaft, sein bedingungsloser Gehorsam gegenüber allem, was er als Gottes Willen ansah, ermöglichten ihm diese Entscheidung.

Was die historischen Quellen nicht verzeichnen und nicht verzeichnen können, ist die Empfindung süßester Stille und Ruhe, die Francescos Seele erfüllte, nachdem er einmal alles fahren gelassen hatte, was er zuvor aktiv hatte beeinflussen können. Der Kampf hatte nun ein Ende. Alles Tun und Bewirkenwollen löste sich auf in einem stillen Frieden, der auch durch körperliche Gebrechen, durch Schmerzen und emotionale Enttäuschungen nicht gestört werden konnte.

Ein Letztes blieb zu tun, und doch war dies nicht ein Tun im Sinne der Entfaltungsaufgabe, sondern in vieler Hinsicht ein weiterer Vertrauensbeweis in die überwältigende und erprobte Wirkung seines Seins: Zum notwendigen Abschluss seines Werkes war eine Absichtserklärung seinen Todesort und seine Grabstätte betreffend erforderlich, die einer prunkvollen Selbstinszenierung nicht unähnlich war. Eine jüngere Seele hätte das, was Francesco vor seinem Tod verfügte, zur Stärkung ihres Selbstwertes und mit Eitelkeit, Stolz und Befriedigung eingesetzt. Er hingegen – an Leib und Seele aufgelöst und vollständig dem Wollen seiner seelischen Impulse hingegeben – handelte nicht aus Angst um sein Selbstbild und aus Sorge um das Nachleben seiner Persönlichkeit, sondern aus seiner Liebe zu der spirituellen Bewegung heraus, die mit der Unterstützung durch seine Person in die Welt gekommen war. An dieser Regung kann erkannt werden, dass auch der zweite Anteil der Entfaltungsaufgabe, »Auf Tun verzichten«, kurz vor dem Ende eine verblüffende Umkehrung erfährt, denn statt sich an das einmal Gelernte und Erkannte zu klammern, musste Francesco noch einmal einem letzten Impuls, etwas zu tun, zu wollen, zu unternehmen und zu bewirken, nachgeben, und er erlangte damit eine innere Größe zum Wohl des Ganzen, die auf der letztendlichen Bewältigung seiner Entfaltungsaufgabe gründet.

Keinen eigenen Willen mehr zu haben, nichts mehr zu tun und nichts mehr zu wollen, was das individuelle Ich und die Persönlichkeit befriedigt, sondern sich bedingungslos zu allen Handlungen und Wirkungen bereit zu finden, die der übergeordnete Auftrag erforderlich machte, das war die letzte Prüfung.

Vielen Dank, das hat viel geklärt. Ich hätte gern noch eine Erklärung für zwei spirituelle Erlebnisse: Das erste ist die Vision von San Damiano (»Baue meine Kirche wieder auf!«, sprach der Gekreuzigte zu ihm). Was ist da geschehen?

Francescos Visionen, seine selbstverständliche und unbekümmerte Kommunikation mit dem, was er »Gott« nannte und was wir das »Allganze« und »Alles was ist« nennen, also das Transpersonale, sowie seine Fähigkeit, mit anderen, nicht menschlichen Kreaturen in Beziehung zu treten, ist ein Aspekt der **Aufgabe**, die seine **Seelenfamilie** prägt und die er als einer ihrer Exponenten zu wundersamer Blüte getrieben hat. Wir ziehen es deshalb vor, im Rahmen der Erörterung zur Seelenfamilie dieses Menschen darüber zu sprechen.

Nur so viel sei gesagt: Das Allganze nutzt alle Möglichkeiten und alle Fähigkeiten physischer und seelischer Art, um mit einem inkarnierten Menschen zu kommunizieren, wenn es denn nötig wird und sinnvoll ist. Wir haben bereits gesagt, dass Franziskus wie so viele andere uralte Seelen nicht nur individuelle Wünsche und Ziele verfolgte und damit seine eigene Seele förderte, sondern auch im Dienst eines Kollektivs stand, das ihn und sein Wirken benötigte.

Aus anderer Warte betrachtet erfüllte Franziskus einen zumindest dreifachen Auftrag: Von außerseelischen Instanzen wurde ihm die Aufgabe zuteil, einer großen Gruppe in spiritueller Not und Armut schmachtender Menschen einen neuen, befriedigenden spirituellen Sinngehalt anzubieten und diesen mit tätiger, aktiver Handlungsbereitschaft zu verbinden.

Zum anderen – und wir unterscheiden dies von der erstgenannten Begnadung und Beauftragung, weil eine solche nur selten einem lebenden Menschen in dieser Weise zuteil wird –, zum anderen also war Francesco wie jeder Mensch Träger der Energien seiner Seelenfamilie, eines anderen und in diesem Fall innerseelischen Kollektivs, und als solcher erfüllte er auf selbstverständliche Weise und mit großer, lustbetonter Freude das, was er als seinen Beitrag zu empfinden vermochte.

Die dritte Dimension seines inneren Auftrags ist – wie bereits angedeutet – das dringende Verlangen seiner fragmentierten, individuellen Seele, die Notwendigkeiten seiner aktuellen Entfaltungsaufgabe zu bearbeiten.

Nun, dann kann ich an dieser Stelle nichts weiter fragen als: Was war die Aufgabe seiner Seelenfamilie?

Seine **Seelenfamilie** setzt sich zusammen aus den Energien von **Priestern, Weisen** und wenigen **Kriegern.** Die »Weisen« sind in der Überzahl; die »Priester« geben dem besonderen Kommunikationswunsch der »Weisen« in dieser Seelenfamilie eine spirituell-geistige und auf die Transzendenz gerichtete Färbung. Die »Krieger« unter den Seelengeschwistern sind einerseits dazu aufgerufen, das, was den Inhalt der Experimente betrifft, mit Überzeugung zu vertreten und mit kämpferischer Kraft durchzusetzen, und andererseits ist ihr Einfluss auf die »Weisen« und »Priester« in einer Form zu begreifen, dass nicht schon Bestehendes nur gepflegt wird, sondern um Neues, nicht da Gewesenes, Unerhörtes, Seltsames, Aufsehenerregendes gekämpft wird.

Die **Aufgabe** lässt sich beschreiben als der Wunsch und die Fähigkeit, mit ungewohnten Mitteln und Methoden zu kommunizieren und sowohl Tiere, Menschen, Gegenstände als auch Naturphänomene, Körper, Pflanzen zum Sprechen zu bringen in einer Sprache, die nicht der allgemeinen menschlich-verbalen Kommunikationsfähigkeit entspricht.

Die Angehörigen dieser Seelenfamilie haben das Bedürfnis zu verstehen, was gesagt wird, ohne dass Worte fallen – Botschaften zu empfangen, die von den Kräften der Natur, den metaphysischen Bereichen, der nicht menschlichen Kreatur, aber auch von denjenigen Menschen ausgehen, die sich nicht auf die übliche Weise ausdrücken und mitteilen können.

Zu guter Letzt ist es allen Geschwistern dieser Seelenfamilie ein Anliegen, eigene Ausdrucksformen nicht verbaler Art zu entwickeln, um sich in dem genannten Sinne verständlich zu machen. Wenn man die überlieferten Fakten und die im Nachhinein entstandenen Legenden, die sich um Franz von Assisi gerankt haben, auf die Durchführung und Anwendung der Seelenfamilien-Aufgabe hin überprüft, wird man zahlreiche Einzelheiten auf die genannten nonverbalen Kommunikationswünsche zurückführen können.

Das bekannteste und herausragende Beispiel ist die Fähigkeit des Mannes aus Assisi, mit Tieren, die zu jener Zeit als unbeseelte und oft auch unwürdige Kreaturen galten, in einen Kontakt zu treten, der nicht nur auf seine Zeitgenossen überraschend, unnatürlich, heiligmäßig und richtungweisend wirkte, sondern auch in späteren Jahrhunderten das Verständnis für das Tierreich eurer Erde in entscheidender Weise geprägt hat. Erst seit Franziskus den Tieren predigte, wurden über die Verbreitung der damit verbundenen Legenden von immer mehr Menschen Tiere als Geschöpfe Gottes begriffen. Nicht zu vergessen ist dabei, dass dies seinerzeit den Lehren seiner Kirche nicht entsprach.

Auch die explizite Zwiesprache mit anderen Aspekten der Schöpfung, wie sie im Sonnengesang deutlich wird, ist ein Beispiel für die Bereitschaft von Franziskus als einem Mitglied seiner Seelenfamilie, diese nicht menschlichen Aspekte der Schöpfung in seinen Kommunikationsradius mit hineinzunehmen. Dass dieser Mensch erleben konnte, wie ein bemaltes Holzkreuz – ein Abbild des von ihm verehrten Christus – den Mund

74

auftat und zu ihm redete, ist nur aus den Gegebenheiten seiner Seelenfamilien-Aufgabe zu verstehen. Ebensolches gilt für einige andere Erlebnisse und Visionen, die mit seinem Lebensweg und seinem Auftrag verknüpft sind. Hörte er Gegenstände, die Sonne, den Wind oder Tiere zu ihm sprechen oder erlebte er, dass sie seine Sprache, die von hoher energetischer Intensität getragen war, verstanden, war Franziskus stets außerordentlich beglückt und fühlte sich seiner Seele so nah wie sonst nie. Und damit war er auch unmittelbar derjenigen göttlichen Macht nah, die er als Schöpfer seiner Seele betrachtete.

Seine Seelenfamilie nun nutzte diese Fähigkeit, die von vielen bereits alt gewordenen Seelengeschwistern zur Vollkommenheit gebracht worden war, unter anderem, um ihrem noch inkarnierten Seelenbruder Weisungen zukommen zu lassen. Und sie war dabei auch Übersetzer, Träger oder Vermittler eines umfassenden Wollens, das sie in dieser nonverbalen Art an ihn weiterleitete. Auf diese Weise ist das von Francesco vernommene Wort: »Baue meine Kirche wieder auf!« zu verstehen.

Subjektiv gesprochen hörte Francesco diese Worte aus dem Mund des Gekreuzigten. Objektiv gesprochen wurde ihm eine Audition zugesandt, die seinen besonderen, von der Seelenfamilie geprägten Fähigkeiten entsprach und die er deshalb aufgrund Jahrtausende währender Übung als hörbar empfangen konnte. Und objektiv gesprochen war diese Botschaft, dieser Auftrag, von seiner Seelenfamilie gesandt, die sich zum Dolmetscher übergeordneter Kräfte für ihn machte. Wir erinnern an dieser Stelle daran, dass im Bereich nicht körperlicher Existenzen bei der Übermittlung von Energien und Einsichten immer der leichteste und unmittelbare Weg gewählt wird.

Wenn sich später die Vögel bei ihm niederließen, scheinbar um seiner Predigt zu lauschen, in Wirklichkeit aber angezogen von dem ungewöhnlichen Energiefeld, das sich um ihn entwickelte, wenn er von seiner eigenen Leidenschaftlichkeit und seinem begeisterten Glauben ergriffen war, war Francesco derjenige, der am wenigsten daran glaubte, dass dies ein göttliches Zeichen sei – ein Wunder sozusagen, das dazu geeignet war, sich herumzusprechen und andere von seiner Sache zu überzeugen. Seine Fratres und Anhänger waren viel mehr davon beeindruckt als er, und sie deuteten es in der genannten Weise. Gewiss haben diese Vorfälle, die Francesco gerade aus der Zeit seiner einsamen Meditationen im Wald und in den Höhlen vertraut und selbstverständlich waren, eine wesentliche und förderliche Wirkung auf sein Anliegen als Mensch gehabt und auch auf seine Aufgabe als Seele, die einer großen Anzahl von unglücklichen, sinnverarmten und unzufriedenen Zeitgenossen Trost bringen sollte.

Dass ein Mensch wie er keine Angst vor einem Wolf hatte, wenn dieser ihm gegenüber einen natürlichen Unterwerfungsgestus anbot, dass Vögel und anderes Getier sich ihm näherten, war für die Menschen, die es erlebten, zudem ein Zeichen dafür, dass sie keinem Unbedeutenden oder Scharlatan zuhörten oder nachfolgten, sondern einem von Gott Auserwählten. Vollbrachten nicht alle Auserwählten irgendwelche Wunder?

Ich hätte gern von einer weiteren bekannten Seele aus seiner Seelenfamilie gehört, an der man die Seelenfamilien-Aufgabe noch einmal in anderer Form gespiegelt sehen könnte.

Ein seelisch etwas jüngeres Mitglied dieser Seelenfamilie war **Bruno Bettelheim,** der neue Wege gesucht und gefunden hat, autistische Menschen, die die üblichen, sozial anerkannten Kommunikationsformen nicht ausüben konnten oder verweigerten, kommunikativ zu erreichen und ihnen die Welt auf andere, geeignete Weise zugänglich zu machen.

Ich frage jetzt zur Stigmatisierung. Ist sie tatsächlich so eingetreten, und was ist der energetische Hintergrund?

Dem Menschen, besonders wenn er sich der Auflösung seines materiellen Seins nähert, ist alles möglich, und so ist auch die Stigmatisierung ein Phänomen, das keineswegs unwahrscheinlich ist oder gar grundsätzlich nur aus psychischen Kategorien pathologischer Art zu erklären wäre. Franziskus empfand sich mit jedem Tag seines Lebens mehr als ein Bruder des Heilands, als ein Statthalter seines Wirkens auf Erden, als ein Erneuerer und Reiniger seines Anliegens. Diese Identifikation war keineswegs nur eine ans Neurotische grenzende Überhöhung und Entselbstung, sondern hing in erster Linie mit energetischen Selbstwahrnehmungen, mit der Bejahung seiner Aufgaben und der Beobachtung seiner Wirkung auf andere zusammen.

All dies war von aufrichtiger Hingabe und hingebungsvoller Demut getragen, und deshalb ging Franziskus von Stunde zu Stunde mehr in seinem Heiland auf. Es gab nach seiner Wahrnehmung keine grundsätzlichen Grenzen zwischen dem, der für ihn gestorben war, und ihm, der für ihn zu sterben bereit war. Es ist für jüngere Seelen beunruhigend und bestürzend, eine solche Gleichsetzung zu beobachten. Sie sind geneigt, dies als Größenwahn oder Hochmut auszulegen, und können sich nicht vorstellen, welchen Grad der Verschmelzung eine Alte Seele auf dieser Entfaltungsstufe mit den größeren Organisationseinheiten des seelischen Selbst, der erweiterten seelischen Welten, eingeht.

Das Charakteristikum Alter, ja sehr Alter Seelen ist eben die Auflösung der so viele Leben im Zentrum der Erfahrung stehenden individuellen Grenzen. Dies gilt besonders ab der Entfaltungsstufe Alt 5. Nichts kann mehr mit den zuvor üblichen Maßstäben gemessen werden. Von Franziskus kann gesagt werden, dass er gleichzeitig die Stigmata produzierte und empfing. Sie sind das Ergebnis eines Austauschs von Kräften. Es war sein demutsvoller Wunsch, so zu leiden, wie er sich vorstellte, dass Jesus am Kreuz gelitten hatte, und wiederum sandte seine Seelenfamilie ihm im Auftrag übergeordneter Instanzen die Fähigkeit, diese Wundmale zu aktualisieren, die geeignet waren, sein Werk kraftvoll zu unterstützen, und – unter anderem auch im Sinne der Seelenfamilien-Aufgabe – eine Sprache sprechen konnten, die jenseits aller Glaubensregeln und Predigten die erwünschte Botschaft in die Welt hinaustrug.

Franziskus selbst war eine Zeit lang verwirrt und beunruhigt durch das, was er an Händen, Füßen und an seiner Seite beobachtete. Er schämte sich ein wenig, akzeptierte wiederum, dass die Wundmale erschienen waren, wollte sie jedoch nicht eitel zur Schau stellen, verbarg sie, weil sie ihn von seinen Mitbrüdern und der übrigen Kreatur trennten, und er freute sich daran, weil sie ihn mit seinem Erlöser vereinigten. Es dauerte lange und ist eher der aufmerksamen Beobachtung seiner Mitbrüder zuzuschreiben, bis die Stigmata entdeckt wurden, bis sich herumsprach, was ihm geschehen war und immer wieder geschah. Franziskus selbst, als Mensch voll mächtiger Bescheidenheit, ordnete sich diesem Phänomen unter, weil er begriff, welche Wirkung dieses nie da Gewesene auf die Verbreitung seines Anliegens, das ein Anliegen außerseelischer Kräfte war, notwendigerweise haben musste.

Schon in vielen Sitzungen ist bruchstückhaft angeklungen, dass es eine astrale Planung für ein Einzelleben gibt und eine Durchführung des geplanten Lebens im Körper. Dabei ist es offensichtlich für uns schwer zu verstehen, was geplant und was nicht geplant ist. Könnt ihr einmal diesen Zusammenhang am Beispiel von Franziskus erläutern?

Wir müssen unterscheiden zwischen unterschiedlichen Arten und Aspekten der Planung. Eine in der astralen Welt auf ihre nächste Inkarnation harrende menschliche Seele, kann – wie wir an anderer Stelle ausführlich erörtert haben – ihren Inkarnationsort, die Zeit, ihre Eltern, ihre Körperlichkeit und einige wesentliche Aspekte ihrer Lebensführung planen, die dem entsprechen, was sie braucht, um sich ihren Notwendigkeiten gemäß zu entfalten. Dazu gehört zum Beispiel die Wahl einer eher ruhigen, besinnlichen, kontemplativen Zeit mit entsprechenden privaten Umständen oder die Wahl eines dramatischen, von Aufregungen und Leid privater und kollektiver Art geprägten Lebens. Des Weiteren ist möglich zu planen, mit welchen anderen inkarnierten oder zu inkarnierenden Seelen bestimmte Absprachen des Zusammenwirkens getroffen und verwirklicht werden sollen. Auch dazu haben wir uns bereits geäußert.

Entsprechend der Entfaltungsstufe muss diese Planung darüber hinaus Umständen angeglichen werden, die eine Bewältigung der anstehenden Entfaltungsaufgabe ermöglichen. Im Fall des Franz von Assisi galt es, eine Zeit und einen Ort zu wählen, die es gestatteten, ein Leben zu führen, das einerseits gelebt werden konnte im Vertrauen auf die Wirkung des Seins und andererseits unter Verzicht auf das Tun in dem Sinne, wie wir es erläutert haben. Solches nun kann nur geschehen, wenn es auch gebraucht wird. Es bedeutet, dass es zwar so aussehen mag, als würde zum Beispiel auch ein Schäfer, der viele Jahre seines Lebens scheinbar vollkommen in seinem Sein aufgeht – indem er fernab von den meisten anderen Menschen seine Schafe hütet und auch nichts weiter dazu tut, um seine Situation zu verändern und um irgendetwas in der Welt zu bewirken oder Anerkennung zu finden –, ebenfalls eine solche Entfaltungsaufgabe, »Durch Sein wirken und auf Tun verzichten«, bearbeitet. Aber in der Weise, wie auf der Stufe Alt 6 die Notwendigkeiten der seelischen Entfaltung vorgesehen sind, ist der direkte und unmittelbare Altseelen-Kontakt mit seiner charismatischen Wirkung auf eine größere Zahl von Menschen zumindest in dem Leben, in dem der Kulminationspunkt angestrebt wird, unerlässlich.

Auch dieses muss also im astralen Bereich sorgfältig in Erwägung gezogen werden. Nicht planbar von der fragmentierten Seele und ihren unmittelbar heimatlichen Verbänden wie der Sippe sind die globale Breitenwirkung, die historische Wirksamkeit und Bedeutung sowie die spirituelle Wechselwirkung auf große Gruppen von Menschen, nicht nur während der Lebzeiten einer solchen Seele, sondern auch in den darauf folgenden Jahrhunderten. Wenn wir es einmal kurz und direkt ausdrücken dürfen, möchten wir sagen: Der kleine Francesco Giovanni und seine Seele konnten nicht planen, ein Heiliger zu werden, konnten nicht planen, die Kirche zu reformieren, konnten nicht planen, einen Orden zu gründen oder eine große Gefolgschaft zu erlangen.

Wir möchten besonders gern wissen, woher diese große und nachhaltige Breitenwirkung kommt.

Wenn wir euch das Entstehen einer solchen historisch wirksamen und noch nach Jahrhunderten erkennbaren Breitenwirkung erläutern, möchten wir zunächst unterscheiden zwischen unterschiedlichen Arten von Beeinflussung und Breitenwirkung.

Ein Mensch, der Böses und Schlechtes, Destruktives will und tut, kann ebenfalls eine historische Breitenwirkung erzielen, und der Nachhall seiner Bemühungen und Taten wird auf seine eigene Weise groß sein. In den allermeisten Fällen ist auch ein solcher Mensch nicht allein von den Bedürfnissen und Belangen seiner seelischen Individualität gelenkt, sondern wird in seinem Tun geleitet von Instanzen, die eben dies, was seine Mitmenschen als schädlich und böse empfinden, als notwendig und lehrreich erachten.

Und doch ist ein Unterschied zu machen zwischen den Mitteln und Methoden, zu denen jene Diener des Ganzen greifen, die sich als Seelen während einer Inkarnation bereit finden, den Hass von Millionen auf sich zu ziehen, und jenen anderen, die sich ebenso bereit erklären, durch ihr Sein und ihre Taten die Liebe und Verehrung von Millionen an sich zu binden.

Auf dieser übergeordneten Ebene gibt es Vergleichbares und Unterschiedliches. Wenn wir nun von positiven, erhebenden, aufbauenden, tröstenden, heilenden und liebend verändernden Wirkungen sprechen, müssen wir auch hier noch unterscheiden zwischen solchen, die eine von den meisten Menschen deutlich erkennbare spirituelle Dimension in den Mitmenschen ansprechen, und anderen, die, obgleich ebenso bedeutsam, Bereiche im Menschen berühren, die als spirituell weniger wichtig betrachtet werden.

Ein Beispiel, das euch das illustriert, was wir andeuten wollen, ist die Resonanz, die ein Sänger und Showstar wie **Michael Jackson** weltweit bei seinen Bewunderern erzielt. Aus unserer Sicht ist dies nicht weniger beachtlich und wertvoll als das, was die Verehrer, Nachfolger und Mitbrüder des heiligen Franziskus unter ihren Mitmenschen bewirkten, weil ihr Vorbild und Ordensgründer es in die Welt setzen konnte.

Alle großen energetischen Phänomene – diejenigen, die ihr gut, und diejenigen, die ihr schlecht nennt, sowie all jene, die ihr glaubt, vernachlässigen zu können, weil sie euch im Einzelnen nicht ansprechen oder interessieren – werden nicht nur von einem seelischen Individuum kreiert, das als Träger oder Exponent seiner Sache auftritt und sich bekannt macht; sondern diese Träger sind stets Beauftragte, oft unbewusste und manchmal bewusste Botschafter umfassender seelischer Instanzen, auf deren Energie sie zurückgreifen und vertrauen können, um das einem einzelnen Menschen unmöglich Erscheinende möglich zu machen.

Was ist an Michael Jackson so positiv?

Es geht gar nicht um positiv!

Varda, das muss geklärt werden! Hier wird ein harter Gegensatz zwischen etwas allgemein als sehr positiv spirituell Eingeschätztem und etwas nicht so hoch Eingeschätztem hergestellt. Es muss unbedingt eine Begründung her, damit man versteht, welche positive Wirkung Michael Jackson hat.

Ich habe das so verstanden, dass es eben nicht darum geht, ob eine Wirkung positiv ist oder nicht, sondern dass gerade die Wertung herausgenommen werden soll.

Varda, das ist hier aber nicht der Punkt. Man versteht es nicht. Speziell religiös eingestellte Menschen werden das gar nicht verstehen. Man muss an dieser Stelle die Aussage der Quelle einfach glauben. Das ist zu wenig. Bitte erläutert uns: Michael Jackson wird von euch als positiv verstanden im Gegensatz zu Hitler, und er wird in direkte Parallelität zu Franz von Assisi gebracht. Was ist das Positive, das Michael Jackson mit Hilfe größerer seelischer Energien schenkt?

Er schenkt ihnen eine Möglichkeit, in sich die Fähigkeit zur Ekstase, zur Entgrenzung, zur Empfindung eines kollektiven Erlebnisses zu entdecken und ihre Sehnsüchte und Vorstellungen auf ein Idol zu richten, das auf eine besonders anrührende Art und Weise Vollkommenheit und Unvollkommenheit in sich vereint. Dieser Sänger ist in der Lage, große Gruppen von jüngeren

Menschen emotional zu öffnen, ihnen Melodien, Texte und Eindrücke zu schenken, die sie brauchen, um sich warm zu fühlen in ihrer kalten, freudlosen Welt. Und seine Fähigkeit, so zu singen, dass sein gequälter Herzensschrei auch den entlegensten Winkel der Erde mit ihren sinnhungrigen Jugendlichen erreicht, macht ihn zu einem Hoffnungsträger, der quasi unabhängig von seiner verstörten Persönlichkeit Gestalt gewinnt.

Das war ungeheuer wichtig. Es war eine provokative These. Mit dieser Erläuterung ist sie nachvollziehbar und vor allem sehr anrührend. Jetzt kann man es verstehen. Ich möchte aber zurückführen zu unserer Thematik und versuchen einzubinden, was jetzt gesagt wurde. Ich formuliere die Frage so: Wie ich euch verstanden habe, seht ihr eine Parallelität zwischen Franz von Assisi und Michael Jackson – von eurer Sehweise her. Ich darf also vermuten, dass die umfassende Energie dahinter auch vergleichbar ist. Bitte erläutert uns, was diese bisher nicht deutlich genannten größeren energetischen Dimensionen sind, die dieses ermöglichen.

Ihr könnt diese Zusammenhänge nur verstehen, wenn ihr begreift, dass nicht materielle, nicht eingekörperte Energien und seelische Kräfte sich nur dann in der materiellen Welt manifestieren können, wenn sie sich durch menschliche Individuen hindurch zum Tragen bringen können, wenn sie also menschliche Wesen finden, die in der Lage und willens sind, ihnen Raum zu geben, ihrer Absicht zu entsprechen, und sich zur Verfügung stellen, um Wirkungen zu erlangen, die über die übliche Einflusssphäre eines einzelnen Menschen hinausreichen.

Und dass solche Kräfte sich ihre Botschafter und Träger suchen, dass sie am Werk sind, könnt ihr immer daran erkennen, dass sie eine große Zahl von Mitmenschen, die in die Hunderttausende oder Millionen geht, in eine ungewohnte, neuartige Erregung versetzen. In der Regel ist es etwas Neues, das diese

Kräfte in die Welt, auf die Erde bringen möchten. Und dieses Neue wird als notwendig erachtet, um der Gesamtenergie ein neues Gleichgewicht zu schenken, deren Stabilität ins Wanken geraten war. Ein Energiegleichgewicht ist eine labile und empfindliche Angelegenheit. Immer muss neu austariert werden, damit die Bedingungen, unter denen sich Seelen optimal entwickeln können, gewährleistet bleiben.

Ihr fragt nun, welche Kräfte sich hier einbringen und manifestieren. Die Antwort ist nicht allgemein zu geben, sondern muss im Einzelnen modifiziert und differenziert werden. Da es sich um energetische Wesenheiten handelt, die zugleich in ihrer identifizierbaren energetischen Eigenheit Repräsentanten eines jeweils größeren Ganzen sind – und von eurer Warte aus ist dieses größere Ganze durch eine unendliche Anzahl jeweils übergeordneter Instanzen definierbar, also eigentlich nicht definierbar – *(Jetzt habe ich den Faden verloren…)*, da diese Kräfte also Träger sind von jeweils übergeordneten Instanzen, sind sie gewissermaßen daran interessiert, immer auf dem energetisch optimalen Wege zu euch zu gelangen und keine Energie zu verschleudern, indem mehr eingesetzt würde, als dafür notwendig wäre.

Um zu dem Beispiel zurückzukehren, das euch besonders bewegt, nämlich der Kraft, die den Menschen Francesco Giovanni zu einem Heiligen machte, der Millionen zum spirituellen Vorbild wurde, können wir sagen, dass die Kraft dieses Mannes unmittelbar von allen 49 Seelenfamilien, also von seinem gesamten Seelenstamm, gespeist wurde, von allen, die zu seinem seelischen Urstamm gehören. Eine ganze Reihe dieser Seelenfamilien befand sich zu seinen Lebzeiten bereits in der kausalen Bewusstseinswelt. Nur 12 der 49 verharrten noch im Zyklus der Inkarnationen. Um nachvollziehen zu können, was ein solcher Urstamm von Seelen auf ein einzelnes inkarniertes Fragment – einen lebendigen Angehörigen ihres Stammes – übertragen kann, müsst ihr euch auf den Gedanken einlassen, dass solche großen, etwa 50 000 Seelen umfassenden Einheiten ebenso dem Allganzen zu Dienst stehen wie die Einzelseele ihrer Seelenfamilie und deren größeren Organisationseinheiten.

Verbundenheit im universellen Sinne bedeutet eben dies, dass jede Erscheinungsform des Universums mit jeder anderen Erscheinungsform unauflöslich verknüpft ist und alles miteinander wirkt, folglich auch nichts gegeneinander wirken kann. Das Große Ganze also beobachtet – und wir bitten euch um Verständnis, wenn wir zu euch nicht anders sprechen können als in dieser personalen Form, die, wie ihr wohl wisst, den eigentlichen Verhältnissen nicht angemessen ist –, dass eine große Anzahl Reifer und Alter Seelen zu Lebzeiten des Francesco nicht weiß, wohin mit ihren Bedürfnissen nach Demut, Selbstlosigkeit, Dienst am Mitmenschen und mit einer unmittelbaren, nicht durch eine erstarrte Priesterschaft und religiöse Hierarchie gefilterten Beziehung zu ihrer Gottheit.

Wir drücken uns mit Absicht ein wenig anders aus, als die christliche Terminologie es gebietet, denn auch wenn es euch schmerzen mag, muss gesagt werden, dass für die Wahrnehmung des Allganzen weniger der absolute Wahrheitsanspruch einer einzelnen Religion zählt als vielmehr die spirituelle Energie, die freigesetzt wird, wenn Menschen an etwas glauben und im Namen dieser Gläubigkeit über ihre gewöhnlichen Grenzen hinauswachsen können.

Ich kann heut nicht mehr.

Wunderbar. Eine ganz fantastische Durchsage. Vielen Dank.

Aber es kommt und kommt nicht zum Ende!

Nun gut! Ich möchte jetzt eine Abschlussdurchsage zu Franz von Assisi einleiten. Wie viele Leben danach auf der Stufe Alt 7 hat diese Seele noch geführt?

Auf das Leben als Franziskus folgten zwei weitere irdische Existenzen auf der Stufe Alt 7. Wer die Lebensgeschichte des Franziskus betrachtet, wird schnell erkennen, dass die Herausforderungen, die sich der Alte »Krieger« in diesem letzten Leben auf der Stufe Alt 6 gesetzt hatte, mit erheblichen Anstrengungen und Belastungen auf jeder Ebene seines Seins verbunden waren. Denn trotz der alles bestimmenden Entfaltungsaufgabe, »Durch Sein wirken und auf Tun verzichten«, muss festgestellt werden, dass für einen »Krieger« der Verzicht auf das Tun in dem Sinn und in dem Maß, wie diese Seele es als Franziskus, als Ordensgründer und glühender Verfechter einer neuartigen Hinwendung zu Christus getan hat, für seine Seele nicht nur zu einem gewissen Triumph, sondern auch zu einer erheblichen Erschöpfung geführt hat.

Deshalb war das **erste Leben auf der Stufe Alt 7** einer umfassenden Regeneration und Erholung gewidmet. Eine neue Entfaltungsaufgabe – »Empfangen, ohne zu schenken, und schenken, ohne zu empfangen« – gestattete dieser Seele, sich für eine in diesem Fall kurze Lebensspanne fast vollkommen aus dem üblichen Trubel und Getümmel, das sie in der »Krieger«-Rolle in früheren Inkarnationen gesucht hatte, zurückzuziehen und auch die körperlichen Strapazen, die durch Selbstkasteiungen und die leidvolle Stigmatisierung sowie eine nicht selten übermäßig glühende Leidenschaftlichkeit bedingt waren, zu verarbeiten.

Zu diesem heilenden Zweck inkarnierte sich die Seele, von der die Rede ist, knapp 180 Jahre nach ihrem letzten leiblichen Tod als Tochter eines indischen Fürsten. Diese Tochter wurde mit einer starken Rückgratverkrümmung geboren. Deshalb blieb es ihr gestattet, im Schatten ihrer zahlreichen Geschwister ein zurückgezogenes Leben zu führen. Da die Verhältnisse in ihrer Familie von Wohlwollen und Wohlstand geprägt waren, und jedermann erkennen konnte, dass diese junge Frau trotz mangelnder körperlicher Reize eine starke und wohltuende Weisheit ausstrahlte, zwang man sie nicht zu einer Heirat in jugendlichem Alter, sondern gestand ihr einen den Sitten wenig entsprechenden Sonderstatus zu. Sie starb in ihrem 22. Lebensjahr an Gelbsucht.

Dieses Leben gestattete dieser Seele, viel emotionale Zuwendung zu empfangen. Die verkrüppelte Tochter wurde von den Geschwistern, Erwachsenen und Bediensteten verwöhnt und gehätschelt, da sie die Einzige in der Familie war, die wirklich bereit war, Hilfe und Zuneigung anzunehmen, ohne sie zugleich als einen selbstverständlichen Dienst zu fordern, der ihr aufgrund ihrer adligen Geburt zugestanden hätte. Das Mädchen schenkte etwas Nichterwartetes: die weise Beobachtung seiner Alten Augen und die liebende Klugheit seines Alten Herzens. Schon als sehr kleines Kind lernte das Mädchen sprechen und erlangte die Geltung eines kindlichen Orakels. Diese Wirkung war natürlich und vollkommen unbeabsichtigt, wurde jedoch früh erkannt, sodass die Kleine, und mit der Zeit auch das junge Mädchen, im Auftrag des mächtigen Vaters oft um Rat befragt wurde.

Wo in Indien könnte das gewesen sein?

(Varda empfängt Bilder:) *Ich kann sehen, dass es nicht in einem islamischen Kontext war, sondern in einem hinduistischen, und ich würde sagen: vielleicht in Maharashtra, also in dem, was man schon Südindien nennt, vielleicht auch Karnataka.*

Wieso war das Leben für diese Seele schon mit 22 Jahren erfüllt? Hatte sie sich schon genug ausgeruht?

Einerseits waren die angestrebte Ruhe und die Erholung eingetreten, andererseits war die Todessehnsucht von Anfang an groß und mächtig. Die Behinderung hatte dazu geführt, dass man ihr gestattete, eine gewisse brahmanische religiöse Bildung zu erwerben und sich mit den heiligen Schriften intensiv zu befassen. Dadurch wurde ihr Wunsch nach einem Ausscheiden aus dem Lebensrad unterstützt.

Hatte die Erinnerung aus dem Leben davor als Franziskus irgendeine Auswirkung, die diese Frau spüren konnte?

Es bestand eine Erinnerung. Nicht primär an die Umstände der vorangegangenen Inkarnation, sondern es gab eine bestimmte Einsicht – nämlich dass Kleinheit und Größe, Bescheidenheit und Wirksamkeit, Individualität und kollektiver Einfluss keine Gegensätze sind, sich nicht unbedingt widersprechen. So wie Franziskus sich befleißigt hatte, alle weltlichen Begierden und triebhaften Impulse bei sich zu unterdrücken und die Armut zu suchen, obgleich er in eine begüterte Familie hineingeboren war, erlebte das bucklige Mädchen jetzt, dass es sich nicht bemühen und Anstrengungen unternehmen musste, um zu einer bescheidenen Außenseiterposition innerhalb seines sozialen Kontextes zu gelangen, sondern dass ihm dies angeboren war und es deshalb aus einer natürlichen Haltung heraus ein natürliches Mitgefühl mit allen, die wie es benachteiligt waren, entwickeln konnte. Die Benachteiligungen, mit denen es sich emotional und mental auseinander setzte, waren jedoch nicht materieller Art, sondern geistiger, moralischer und psychischer Art. Die Frau bemühte sich um ein Verständnis dafür, dass es wesensmäßige Unterschiede zwischen den Menschen gibt, die ebenso vom Großen Ganzen benötigt und geplant sind wie alle anderen Differenzierungen der irdischen Sphäre.

Wie sah das **zweite und letzte Leben** der Seele des Franziskus auf der Stufe **Alt 7** aus?

Diese Seele wurde wieder geboren nach weniger als sechzig Jahren als Sohn eines Mannes, der in den Bergen Turkestans ein Haus und eine Schafherde besaß. Sein Sohn, das dritte Kind in einer langen Geschwisterreihe, lebte das ihm im Rahmen seiner dörflichen Gemeinschaft vorbestimmte Leben. Er hütete als Kind und Heranwachsender die Schafe seines Vaters, zog mit ihnen in die entfernten Täler und auf die kargen Berge. Er verfügte über keinerlei Geldmittel oder Bildung, und was ihn von seinen Geschwistern unterschied, war eine Einschränkung seines Denkvermögens, denn er hatte im Alter von fünf Jahren eine Gehirnhautentzündung bekommen und diese nur mit Mühe überlebt.

Diese leichte geistige Behinderung setzte den Möglichkeiten seiner Existenz nur wenige Grenzen, erlaubte ihm aber, sich häufig zurückzuziehen und sich seine eigenen, oft ungewöhnlichen und dadurch individuellen Meinungen zu den Vorkommnissen, die er beobachtete, zu bilden. Er hatte alles, was er brauchte; er wurde versorgt. Er tat seine Arbeit. Er gab, was er zu geben hatte, und empfing, was ihm zustand. Am liebsten hielt er sich entfernt vom Dorf bei seinen Tieren auf; doch wenn sie geschoren oder geschlachtet werden mussten, kam er auch gern ins Dorf, um an dem allgemeinen Treiben teilzunehmen.

Wegen seiner Behinderung war er als Schwiegersohn nicht sehr begehrt, da die Familien der potenziellen Bräute davon ausgingen, eine solche Beschränktheit sei erblich und würde sich auf spätere Nachkommen übertragen. So ließ man ihm auch in dieser Hinsicht seine Ruhe. Das Leben, das er führte, war einfach und gesund und ließ ihm viel Zeit und Muße, um immer wieder einmal aus dem physischen Körper auszutreten, sich Visionen und Fantasien hinzugeben, Vorstellungen zu entwickeln, die auf tatsächlichen spirituellen Erlebnissen basierten, die jedoch von niemandem, wenn er davon erzählte, ernst genommen wurden. Und dies war sein Glück, denn man schrieb sie seinem skurrilen und gestörten Geist zu.

Er erreichte ein für die Bevölkerung seines Bergdorfes durchschnittliches Lebensalter. Er starb mit 34 Jahren an einer Auszehrung, die auf eine schwere Wurmerkrankung zurückzuführen war.

In welcher Weise lebte er die **Entfaltungsaufgabe Alt 7**: »Empfangen, ohne zu schenken, und schenken, ohne zu empfangen«? Was war der Kulminationspunkt der Aufgabe und damit das Ende eines ganzen Inkarnationszyklus?

In der dörflichen Gemeinschaft dieses Viehhirten war Geben und Nehmen etwas außerordentlich Natürliches und Selbstverständliches. Es wurde nicht einmal voneinander unterschieden. Niemand hatte viel, und jeder teilte, was er hatte. Dies betrifft die materielle Ebene. Auf geistiger Ebene erlebte der Knabe und später junge Mann, dass er – ohne dies bewusst zu erkennen und durchdringen zu können – von außerkörperlichen Energien, von seinen Seelengeschwistern und von anderen Quellen, viel bekam, besonders Inspiration und innere Weisung, ohne dass er es ihnen hätte zurückgeben können. Den Tieren gab er viel, doch sie konnten sich dafür nur sehr indirekt bedanken. Von den Tieren nahm er viel, ohne dass er das Gefühl hatte, er müsse ihnen dafür dankbar sein, zum Beispiel für das Fleisch oder für die Wolle. Sie schenkten ihm auch Wärme, wenn er fror, und Nähe, wenn er sich einsam fühlte. Er sprach mit ihnen in seiner einfältigen Art, als seien sie seinesgleichen, und es schien ihm, er würde ihre Sprache ebenso gut verstehen wie sie die seine. Er trank aus dem Wasser der Bäche und ernährte sich in den Bergen von allem, was dazu geeignet war. Er nahm sich aus den Schätzen der Natur und gab nichts außer seinem gestillten Durst und seinem satten Magen.

Der **Kulminationspunkt** dieses letzten Lebens auf der Entfaltungsstufe Alt 7 wurde an einem Tag erreicht, als ein unerwartet früher Wintereinbruch den Mann und seine Herde mit einem Schneesturm überraschte, bevor der Pferch mit der kleinen Schutzhütte erreicht werden konnte. Als man ihn im Schnee entdeckte, waren viele seiner Tiere bereits verendet, und er selbst war halb erfroren und fast verhungert. Ein anderer Hirte fand ihn und trieb nicht nur die noch lebenden Schafe mit großer Mühe in weniger verschneite Gebiete... *(Ich weiß nicht, wie das war... Ah, nein, das war so...)* Ein anderer Hirte fand ihn, und obgleich die Herde einen großen materiellen Wert darstellte und ein Menschenleben nicht viel galt, besonders nicht, wenn es sich um einen geistig Zurückgebliebenen handelte, entschloss sich dieser Hirte, der aus einem anderen Dorf stammte und den Mann, von dem die Rede ist, nicht kannte, die Tiere – seine und die desjenigen, der in Not war – allein zu lassen und den Ohnmächtigen, fast Erfrorenen durch den hohen Schnee unter eigener Lebensgefahr in das nächstgelegene Dorf zu tragen.

Dort wurde er versorgt und gepflegt, aber es dauerte lange, bis er überhaupt zu sich kam und sprechen konnte, um zu erzählen, woher er stammte. Der Kulminationspunkt der Entfaltungsaufgabe auf der Stufe Alt 7 bestand nun darin, dass er, der gerettet worden war, dem Retter seine Dankbarkeit nicht mehr erweisen konnte, da dieser längst weitergezogen war, sondern dass alle Dankbarkeit für die empfangene Menschenliebe an die alte Frau zurückfloss, die sich bereit erklärt hatte, den kranken fremden Hirten zu pflegen. Diese Frau hatte ein Leben lang kaum Zuneigung erfahren und war über die Maßen empfänglich für die unbeholfene Wärme, die von dem Herzen des kranken Hirten ausging.

Ich habe Schwierigkeiten, dies als etwas Besonderes zu begreifen. Einmal weil ihr gesagt habt, sehr Alte Seelen brauchen besondere Umstände, um sich sinnvoll inkarnieren zu können, und dieses Leben im Dorf scheint mir das Normalste vom Normalen zu sein. Und zweitens weil dieser Vorgang, der da zum Schluss beschrieben wird, eigentlich vielen anderen Menschen ähnlich passieren könnte. Das Besondere von Alt 7 wird jedenfalls an der Oberfläche nicht besonders sichtbar.

(Ich finde das auch sehr schwer in Worte zu fassen . . .)

Da der Kranke auf die Großmut seiner Wirtin angewiesen war und ihr nichts dafür geben konnte, konnte sie alles schenken, ohne dafür einen Preis festzusetzen. Er lag in einer dunklen Ecke auf Stroh, und ihr Lohn bestand darin, dass sie des Nachts, wenn er schlief und sie im Dunkeln beim letzten Glimmen der Asche noch wachte, beobachten konnte, wie sein Körper anfing zu leuchten und zu schweben, als löse sich eine durchsichtige Form aus dem ruhenden Leib. Diese Erscheinung war für die alte Frau so erregend und beglückend, so ergreifend und heilig, dass sie niemandem davon berichtete – aus Angst, man würde ihr den Kranken nehmen und sie damit der Freude des nächtlichen Erlebnisses berauben.

Du fragst nach den Umständen und wunderst dich, dass sie normal und durchschnittlich erscheinen, statt besondere Merkmale aufzuweisen. Das Besondere bestand hier vor allem darin, dass der junge Mann in seiner Eigenart vollkommen geschont wurde, dass niemand ihn verlachte oder hänselte, dass er keine materielle Not litt und auch nichts leisten musste, was über das Allernotwendigste und allgemein Menschliche hinausging. Solche Umstände sind auf eurer Erde nicht leicht anzutreffen. Er wurde weder besonders geliebt, noch besonders gehasst. Nichts Starkes, Erregendes, Bedrohliches prägte sein Leben. Auch dies ist ungewöhnlich für eine irdische Existenz und wird einer Seele nur sehr selten und an wenigen Orten geboten.

Schließt eine Seele mit dem letzten Leben Alt 7 auch die Seelenfamilien-Aufgabe in einer gewissen Weise ab, oder läuft das einfach so aus?

Der enge Kontakt mit den Schafen und auch mit anderen Tieren im Gebirge war in diesem Fall ein ausreichender Beitrag zu der Aufgabe der Seelenfamilie. Je älter eine Seele wird, umso schlichter werden ihre Beiträge. Gerade Seelen, die ihr letztes irdisches Leben wählen, sind häufig Menschen von großer Einfachheit und leben einfache Leben mit schlichten Freuden und Leiden. Der enge und tägliche, ja oft ausschließliche Kontakt mit den Tieren war für die Seele dieses Menschen ein hohes Glück, und das Sprechen mit ihnen bedeutete eine besondere Erfüllung, da es weder reflektiert noch kommentiert werden musste.

Bruder Klaus von Flüe

Biografische Information: Bruder Klaus wurde 1417 auf der Flüe oberhalb Sachseln, Kanton Obwalden in der Schweiz, geboren und starb 1487 in der nahe gelegenen Ranftschlucht. Sein Leben ist gut dokumentiert. Er entstammte einer wohlhabenden freien Bauernfamilie, diente seinen Mitbürgern als Soldat, Ratsherr, Richter und Tagsatzung-Gesandter, war befreundet mit dem Stanser Pfarrer Haimo im Grund, der ihn mit der Mystik der Gottesfreunde bekannt machte. Er verließ 1467 mit fünfzig Jahren seine Frau und zehn Kinder, um Pilger zu werden, kehrte aber auf Rat eines fremden Bauern zurück und lebte anschließend im Ranft, am Eingang des Melchtals, auf eigenem Grund und Boden in strenger Askese.

Berühmt wurde er durch ein zwanzigjähriges Fasten, das von häufigen Visionen begleitet war. Er begab sich fast täglich in eine Höhle im Felsen, wo er ganz allein verweilte. Sein Rat wurde zunehmend von vielen Menschen aus dem Schweizer, süddeutschen und oberitalienischen Raum gesucht, sodass er als Mahner zum Frieden auch politisch auf Kanton und Eidgenossenschaft wirken konnte. Die »Ewige Richtung« mit Österreich und das »Vorkommnis von Stans« und damit die Vermeidung eines drohenden Bürgerkrieges kamen unter dem dankbar anerkannten Einfluss des »Bruder Klaus« zustande, der 1669 selig und 1947 heilig gesprochen wurde. Seither ist er der Schutzpatron der Eidgenossenschaft. Sein Haus und die Kapelle, in der er lebte, sind noch zu sehen und ziehen zahlreiche Pilger an.

Niklaus, der später Bruder Klaus genannt wurde, war in seinem damaligen Leben ein **Weiser** (Energie 5) auf dem **Weg der Stille** (Energie 6) mit folgenden Matrix-Variablen: Hauptmerkmal **Selbstverleugnung** (Energie 1), Nebenmerkmal **Gier** (Energie 5), Entwicklungsziel **Unterordnen** (Energie 3), Modus **Macht** (Energie 5), Mentalität **Spiritualist** (Energie 6), Reaktionsmuster **motorisch-emotional** (Energien 7 und 1), und sein Seelenalter war damals **Alt 4** (Energien 5 und 4) mit dem vierten und letzten Leben auf dieser Entfaltungsstufe.

Seine Seelenchiffre lautete: **5 1/5 3 5 6 7/1 5/4 W 6.** Hier dominiert die »Weisen«-Energie (5) mit einer Ergänzung durch die »Priester«-Energie (6).

Die Entfaltungsaufgabe aller Seelen auf der Stufe Alt 4 lautet: »Das Wohl der Gemeinschaft mit dem eigenen Wohl verbinden«.

Seine Seelenfamilie bestand aus den Energien von **Kriegern** (3), **Weisen** (5) und **Priestern** (6).

Zum Verständnis des Seelenmusters von Bruder Klaus:
Ein »Weiser« (Energie 5) will Kommunikation und Kontakt – nicht nur mit Menschen, sondern mit allen Erscheinungen seiner Welt, mit sich selbst und mit dem, was er als göttlich empfindet. Er will sich mitteilen und gehört werden. Er ist eindrucksvoll und ausdrucksvoll. Wird er nicht beachtet, ist er unglücklich. Sein Wesen zeichnet sich durch Großzügigkeit und Güte aus. Er kann überaus geschwätzig, aber auch außerordentlich schweigsam sein.

Das Hauptmerkmal »Selbstverleugnung« (Energie 1) verdeckt eine tiefe Angst vor Versagen und Unfähigkeit. Es bringt Menschen hervor, die bescheiden, unauffällig, zurückgenommen wirken. Sie entschuldigen sich häufig und bewundern andere, stellen sie auf ein Podest und ärgern sich dann, wenn sie sich im Vergleich noch kleiner vorkommen als zuvor. Demut bis hin zur Unterwürfigkeit kennzeichnet diese Angststruktur ebenso wie übermäßiger Fleiß und das Bedürfnis, mehr als Menschenmögliches zu können angesichts der angstvoll vermuteten eigenen Unzulänglichkeit. Selbstunterschätzung wechselt mit -überschätzung ab. So gern sie gelobt werden möchten, so peinlich berührt reagieren sie tatsächlich auf Lob. – Das Nebenmerkmal »Gier« (Energie 5) maskiert eine elementare Angst vor Mangel, die sich je nach Seelenalter auf andere Inhalte fixiert. Mangel an Nahrung wird zum Beispiel ersetzt durch Mangel an Entspannung oder Gottesnähe. Ein Mensch mit dieser Angststruktur bekommt »nie genug«.

Das Entwicklungsziel »Unterordnen« (Energie 3) prägt Menschen, die sich gut unter ein höheres Ziel unterordnen und in größere Gruppen oder Teams einordnen können. Sie haben Führungsqualitäten und können andere gut auf einer kameradschaftlichen Ebene motivieren. Die kriegerische Energiequalität dieses Ziels zeigt sich darin, dass Rebellion eine große Rolle spielt. Wer nicht die Freiheit hat, sich zu wehren und aufzubegehren, kann die Hingabe, die in diesem Ziel enthalten ist, nicht erfahren.

Der Modus »Macht« (Energie 5) verleiht – liebevoll eingesetzt – große Autorität und weisen Einfluss. Die machtvolle Wirkung eines Menschen teilt sich mit und setzt sich durch. Er wird respektiert, und sein Rat ist gesucht. Angstvoll gelebt führt er zur Bevormundung. Menschen mit diesem Modus haben aber auch Konflikte mit Autoritäten und lassen sich leicht bevormunden.

Die Mentalität des »Spiritualisten« (Energie 6) bewirkt, dass ein Mensch sich verbunden, geleitet, geführt fühlt und er einen Sinnzusammenhang zwischen allen Erscheinungen des Weltlichen und des Göttlichen erkennt. Er ist oft leichtgläubig, man kann ihn alles Mögliche glauben machen, wenn man behauptet, es komme »von oben«. Aber ein »Spiritualist« hat auch bisweilen Visionen und Eingebungen, die sein Leben unwiderruflich prägen. Er verlässt sich ganz auf seine innere Stimme.

Das »motorisch-emotionale« Reaktionsmuster (Energien 7 und 1) verbindet das Sonnengeflecht mit dem Herz-Chakra. Es führt zu heftigen Bewegtheiten und vermag auch andere Menschen stark anzurühren und aufzuwühlen.

Das Seelenalter Alt 4 (Energien 5 und 4) verbindet die Kontaktfähigkeit des »Weisen« mit der stillen Verinnerlichung des »Gelehrten«. Menschen sind in diesem Stadium ihrer Entfaltung weltabgewandt, genügsam; sie suchen den Dialog mit sich selbst, brauchen viel Abgeschiedenheit und dienen zugleich der Gemeinschaft.

Der Weg mit der Energie 6, »Weg der Stille«, ist priesterlich-intuitiv, nach innen lauschend und Frieden spendend. Selbst in der Hektik des Alltags strahlen Menschen mit diesem Weg Ruhe aus, ihre innere Stille teilt sich mit, auch wenn sie reden oder handeln.

Die Seelenrolle des Menschen Niklaus von Flüe – der **Weise**, in Verbindung mit dem **Weg der Stille** – äußerte sich auf dem hohen Niveau seiner seelischen Entfaltung mit dem Seelenalter Alt 4 in einem unaufhörlichen Wunsch nach stummer Zwiesprache mit seinem Herzen und seinem Gott. Dieser innere Dialog wurde so allumfassend, so immer während, dass er ihn bei aller körperlichen und geistigen Arbeit begleitete. Dadurch verlangte es ihn jedoch auch immer häufiger nach Perioden des Rückzugs, die die Fragen und Antworten deutlicher vernehmbar machten.

Das Gespräch zwischen seinem Verstand und dem transpersonalen Geist, aber auch zwischen seinem Herzen und der allumfassenden Liebe, zwischen seiner eigenen Seele und den anderen seelischen Dimensionen entwickelte sich zu einer Kommunikationsform, die alle physische Sprachäußerung und auch die Unterhaltung mit seinen Angehörigen in ihrer Intensität verblassen ließ.

Bis zu seinem Ende war Bruder Klaus das gesprochene Wort zwar nicht unwichtig, wohl aber wusste er es immer besser auf das Wesentliche zu reduzieren, und die Stille mit ihren nur in der Stille wahrnehmbaren Qualitäten war für ihn von den Stimmen der Natur und des Kosmos wie mit einem übermächtigen Chor erfüllt.

Angesichts seines von Anbeginn dieser körperlichen Manifestation vorhandenen Bezugs zu dem, was außerhalb und jenseits seiner Person existierte, entwickelte Niklaus das **Hauptmerkmal** der **Selbstverleugnung**. Er konnte sich nur klein und unbedeutend fühlen im Vergleich zu allem, was ihn umgab. Er geriet dadurch in Zwiespalt zwischen Bedürfnissen, die er für die Pflege seiner Seele als unbedingt notwendig empfand, und seiner bescheidenen Bereitschaft, seine Pflichten gegenüber den Vorfahren, der Familie und der Volksgemeinschaft zu erfüllen.

Bedürfnis stand gegen Bedürfnis. Er hatte sich in dieses bestimmte Land und in die Gemeinschaft dieser Menschen inkarniert, nicht, um sich ihnen zu entziehen, sondern um dort Aufgaben zu erfüllen, die seine Seele für notwendig erachtete.

Depressionen und Anfälle von Melancholie in seinen späten vierziger Jahren machten ihm jedoch deutlich, dass er seine Bedürfnisse bei aller Demut und Bescheidenheit nicht länger verleugnen konnte. Es waren die spirituellen Bedürfnisse zumal, die er bislang nur für eine neben der eigentlichen Aufgabe und Arbeit zu verrichtende private Beschäftigung gehalten hatte. Daher beschloss er, um sich vor einem geistigen Absturz zu bewahren, die Konsequenzen zu ziehen und seinen inneren Dialog mit all dem, das weiter, höher und größer war als er, zum Zentrum seiner Existenz zu machen. Er war sich während einer langjährigen Krise bewusst geworden, dass er alle notwendigen Pflichten, die ihm die Gesellschaft bislang auferlegt hatte, zu seiner eigenen und zu Gottes Zufriedenheit bewältigt hatte.

Sein **Nebenmerkmal Gier** in Verbindung zum Hauptmerkmal »Selbstverleugnung«, die Verbindung also von einer Angst vor Mangel mit einer Angst vor Unzulänglichkeit, steht in Beziehung zu seinem Verhältnis zur Nahrungsaufnahme. Schon früh entdeckte er als heranwachsender Knabe, dass er mehr Kräfte besaß und länger wachen konnte, wenn sein Magen leer blieb, und was anfänglich als rein physische Erfahrung in sein Bewusstsein drang, wurde nach und nach zu einer gern geübten Gewohnheit. Alles, was er neben der erschöpfenden Arbeit des Tages des Nachts noch fühlen und denken wollte, gelang ihm nur, wenn er nichts oder nur wenig aß, und er besänftigte so seine Angst vor Mangel, indem er sich durch die Askese auf einem Gebiet – dem der Nahrung – eine Fülle auf einem anderen Gebiet erschuf.

Da er ohnehin kein Mensch war, der aufgrund seines Hauptmerkmals in gutem Kontakt mit seinen körperlichen Bedürfnissen stand, fiel es ihm umso leichter, auf Nahrung zu verzichten. Doch als Errungenschaft mit den spirituellen Qualitäten der Entgrenzung setzte Niklaus das Fasten erst in fortgeschrittenem Erwachsenenalter ein.

Das **Entwicklungsziel Unterordnen** verlieh Bruder Klaus eine ungewöhnliche Kraft, versetzte ihn jedoch auch in einen scharfen Zwiespalt mit sich selbst, denn über viele Jahre hinweg rebellierte er, ohne es nach außen dringen zu lassen, gegen dieses und jenes und alles Mögliche, besonders aber auch gegen seinen immer drängender werdenden Wunsch, sich trotz der herausgehobenen sozialen Stellung und seiner großen Familie voll und ganz seinen Sehnsüchten nach Alleinsein und Freiheit hinzugeben.

Seit der Kindheit schon wehrte er sich gegen das Eingeordnetwerden in Scharen und Gruppen, gegen ideologische Zwänge, gegen gemeinschaftliche Aktivitäten, die seinem Geschmack nicht entsprachen, gegen Gepflogenheiten und Bräuche. Und andererseits wieder versuchte er mit Beharrlichkeit, dem, was er als seine gewählte Welt empfand, zu entsprechen – den Bedürfnissen der Gemeinschaft, in der er lebte, gerecht zu werden und nicht vollends auszuscheren, ein Außenseiter zu werden, sich ausgestoßen zu sehen aufgrund seiner psychischen Andersartigkeit.

Die beiden inneren Notwendigkeiten miteinander zu verbinden glich einem Kraftakt, der seinesgleichen sucht. Immer wieder empfand er, dass es Not tat, sich dem einen oder anderen Zwang zu unterwerfen. Dem Zwang, dort zu sein und zu leben, wo er sich inkarniert hatte, und zugleich einen Ausweg zu suchen, um den lästigen Bindungen, die diese Inkarnationsform bedeutete, zu entkommen.

Seine Flucht in die Wälder der Umgebung war auch eine Flucht vor Gesprächen und Kontakten, die er als Alter »Weiser« als unbefriedigend empfand. Doch kaum war er einige Stunden allein, bestürmte ihn sein Gewissen, nicht zu fliehen, sondern sich hingebungsvoll dem einmal gewählten Status auszusetzen. So zerrieb er sich über Jahrzehnte zwischen den widerstreitenden Erfordernissen seines Bedürfnisses, sich dem Wollen seiner Seele in der einen oder anderen Weise unterzuordnen.

Die Frage blieb für ihn stets: Was will meine Seele wirklich? Und sie ließ sich nicht lösen, es sei denn – wie es ihm später gelang – in der Verbindung beider Welten. Solange sich Niklaus bemühte, dem einen oder anderen vollends gerecht zu werden, war dies zum Scheitern verurteilt.

Die Kraft, die er aus diesem kriegerischen Entwicklungsziel »Unterordnen« bezog, diente ihm jedoch auch dazu, ungeheure Arbeitsleistungen zu vollbringen und sich selbst unter eine Disziplin zu stellen, die nahezu übermenschlich war. Dies gilt sowohl für seine erste als auch für seine zweite Lebensphase. Er rebellierte gegen alles, was die Natur des Menschen ihm vorzuschreiben schien, und er war nicht bereit, sich den elementaren Bedürfnissen seines Körpers widerspruchslos unterzuordnen, den Bedürfnissen nach Schlaf, nach Nahrung, nach Schutz und Nähe.

Gehorsam war ihm ein wesentliches Anliegen, doch wem sollte er gehorchen? Wen als Herrn über sich anerkennen? Wem sich unterwerfen, und wem sich hingeben? Die Antwort wandelte sich mit den Jahren, mit wachsender Reife und Erfahrung und den sich wandelnden Erfordernissen. Niemals bot eine einmal getroffene Entscheidung ihm die Sicherheit, die er für die Zukunft suchte.

Der **Modus Macht**, der die Grundenergie 5 des »Weisen« essenziell verstärkte, verlieh Bruder Klaus eine Autorität, aber auch eine Rigidität, die ihm in seinem Leben von Anfang bis Ende sehr zugute kamen. Rigidität half ihm, das einmal Beschlossene durchzuführen, ohne wankelmütig zu werden. Autorität hingegen unterstützte ihn in seinem Wunsch, nicht von seinen Landsleuten als ein Irrer ausgestoßen zu werden. Der Modus »Macht« gab ihm die Möglichkeit, selbst mit den skurrilsten und ungewöhnlichsten Angewohnheiten anerkannt zu werden, und auch die unbedingte Absicht, sich von niemandem – sei er auch noch so einflussreich – in Angelegenheiten bevormunden zu lassen, die er für sich selbst als wahr und richtig erkannt hatte.

So wandte er seinen Modus »Macht« mit allem Nachdruck auf äußere und innere Bereiche an und verfolgte auch sein Bedürfnis nach Unterordnung und Hingabe sowie sein Aufbegehren gegen alles, was ihm nicht angemessen oder passend erschien, mit entsprechendem Nachdruck. Da er seine Autorität mit zunehmendem Alter entsprechend seiner Seelenrolle immer weiser einzusetzen verstand, wurde sie auch in weitesten Kreisen der Bevölkerung und unter seinen Zeitgenossen nahezu uneingeschränkt anerkannt.

Lange fühlte er Ohnmacht angesichts des größeren Ganzen, das ihm so unmittelbar und bedingungslos spürbar war – ohnmächtig gegenüber dem »Einig Wesen« das ihm Impulse übermittelte, die er nicht verstand, ohnmächtig auch ausgesetzt den Visionen, die ihn trafen, den Schmerzen und Entsagungen, die er sich auferlegte.

Die **Mentalität eines Spiritualisten** versetzte Niklaus von Flüe in die Lage, nicht nur sein Leben als unter einer deutlich erkennbaren Führung stehend zu begreifen, sondern auch aus tiefstem Herzen zu glauben – zu glauben in dem Sinne, dass er sich nicht bemühte zu verstehen, was ihm unverständlich war.

Als »Spiritualist« fühlte er ununterbrochen, dass alles mit allem zusammenhängt und er ein zwar kleines, winzig kleines, aber trotzdem bedeutendes Rädchen in der unendlichen Konstruktion des Alls war. Diese Mentalität wirkte sich vor allem auf das Fasten aus, das ihn zunächst mehr als alles andere in weiten Kreisen bekannt werden ließ. Er glaubte, dass er von geistiger Nahrung allein existieren könnte, und er glaubte es so fest, dass er sich auf diesem Fundament seiner Überzeugung daranmachen konnte, zu überprüfen, was er glaubte. Und er überprüfte es Jahr um Jahr, bis er auch andere zum Glauben veranlasst hatte.

Da aber jeder »Spiritualist« sich im Laufe seines Lebens mit der Erkenntnis anfreunden muss, dass eine sicher geglaubte Regel oder Überzeugung sich als unhaltbar erweist, er also seine

Glaubenssätze und Glaubensinhalte als nicht absolut verläss-lich erfahren muss, geriet auch Bruder Klaus mehrmals in sei-nem Leben in tief empfundene Glaubenskrisen. Die Vorstel-lung, die er sich von seiner Person, seinem Auftrag, seiner Posi-tion in der göttlichen Ordnung und von der Gestalt Gottes ge-macht hatte, gerieten stets von neuem ins Wanken, mussten überprüft werden und vermochten niemals die Geborgenheit zu garantieren, die sie ursprünglich zu versprechen schienen.

Aber dadurch, dass Niklaus in manchen lang andauernden Perioden des Zweifels das Vertrauen verlor, entwickelte sich ei-ne wachsende Vertrauensfähigkeit, eine Bereitschaft, sich auf das zu verlassen, was sich jeweils aus Tag und Stunde ergab, statt nach unerschütterlichen Gewissheiten zu suchen. Und die-se Fähigkeit, im Glauben und im Vertrauen flexibel zu bleiben, ermöglichte ihm in seinem Alter eine leuchtende Zuversicht, die alle berührte, die ihn aufsuchten.

Der größte Schmerz ergab sich aus der Einsicht, dass er sich über seine Vertrauenskrisen niemandem bis in die letzten Ein-zelheiten anvertrauen konnte. Selbst seinem liebsten und besten Freund, Pfarrer Heimo im Grund, einem angesehenen Kirchen-mann, konnte und durfte er von seiner Zerrissenheit, die er selbst anfangs als Versuchungen durch den Teufel interpretier-te, nichts berichten. Er konnte ihn nicht darin einweihen, da er zu wissen meinte, dass er für die vollständige Enthüllung seiner noch unsicheren und verunsichernden Erkenntnisse über die Er-scheinungsformen Gottes als Häretiker gebrandmarkt und als Ketzer bestraft werden müsste.

Der »Spiritualist« in ihm blieb auch misstrauisch dem Freund gegenüber, der jedoch dadurch, dass Niklaus sich mit seiner innersten Beichte zurückhielt, nicht auf die letztendliche Probe seiner Liebe gestellt werden konnte und dadurch einer wesentlichen Möglichkeit verlustig ging, sie seinem Freund zu erweisen. Denn die Gewissensnot, in die ihn Niklaus' Enthüllungen gestürzt hätten, wären der Entfaltung seiner Seele zugute gekommen. Er hätte sich entscheiden müssen, den Frevel ad majorem Dei gloriam (»zur größeren Ehre Gottes«) anzuzeigen oder mit offenem Herzen die Möglichkeit in Betracht zu ziehen, dass sein visionärer Gewährsmann eine neuartige Wahrheit erblickt hatte, die ihm selbst und den Dogmen der Kirche bislang verschlossen geblieben war.

Niklaus' Misstrauen gegenüber seinem Freund ist begreiflich, doch hat die Angst, verraten und in seinem Lebensplan gestört zu werden, ihn davon zurückgehalten, Heimo einen spirituellen Liebesdienst zu erweisen.

Während es für die gealterte Seele eines »Weisen« in aller Regel zwingend ist, sich dem Schweigen als Form der Kommunikation zunehmend zu widmen, war für Niklaus in diesem Fall das Schweigen über seine erleuchtenden Einsichten ein Verschweigen, das die Kommunikation unterband und dadurch erst bewirkte, dass sein Freund keinen eigenen Kontakt zu diesem neuartigen, von vielfältig naiven Vorstellungen und Begrifflichkeiten befreiten Gottesbild zu entwickeln vermochte.

Sein **Reaktionsmuster** war **motorisch-emotional**. Seit frühester Kindheit wurde Niklaus geschüttelt von mächtigen Gefühlsregungen, von einer Bewegtheit der Empfindungen, die selbst für eine Alte Seele ungewöhnlich waren. Und er entdeckte fast ebenso früh, dass er diesen ins Unerträgliche sich steigernden inneren Aufruhr nur mittels heftiger, erschöpfender körperlicher Anstrengung in Schach halten konnte.

Bereits als Kind lief er deshalb, statt sich auszuruhen, viele Meilen in leichtem Trab durch die Felder und Wälder, regte seine Glieder bei allen in Haus und Acker anfallenden Arbeiten mehr, als für die entsprechende Tätigkeit nötig, holte weit aus mit seinen Armen und Beinen, denn nur auf diese Weise konnte er zumindest bisweilen eine innere Ruhe erzeugen, die ihm ermöglichte zu schauen, statt von Emotionen überwältigt zu werden und sich der ständigen Nähe einer Ohnmacht auszusetzen. Und so hat auch schon vor seinem zehnten Lebensjahr das Fasten zunächst einem entsprechenden Zweck dienen sollen – wir möchten es in diesem frühen Abschnitt seines Lebens Appetitlosigkeit oder Nahrungsverweigerung nennen –, dem Zweck also, die sich überstark mitteilenden Empfindungen des Gemüts, des Geistes und des Körpers zu dämpfen und sie in eine mildernde Klarheit überzuleiten, die von Niklaus als Wohltat empfunden wurde.

Die Pein des inneren Tumultes, die durch die ungewöhnlich starke Empfindungsfähigkeit aller seiner fünf Sinne ausgelöst wurde, ließ sich zumindest im Bereich der Verdauung dadurch mindern, dass Niklaus immer häufiger bereits als Jugendlicher sich der schwer verdaulichen, groben und seinem hohen Seelenalter nicht angemessenen Speisen enthielt, die in seinem Kulturkreis täglich auf den Tisch kamen.

Mit den Jahren entwickelte Niklaus immer neue und immer stärker verfeinerte Maßnahmen, um seiner emotionalen Motorik Herr zu werden. Doch war es gerade diese seine Möglichkeit und Fähigkeit, »motorisch-emotional« zu reagieren, die es ihm gestattete, während seiner zunehmend geübten Entsinnlichung – durch den Verzicht auf Nahrung, optische Reize und Berührung – seine Sinnlichkeit in eine übersinnliche Erkenntnisfähigkeit umzuleiten. Je mehr also die Bewegungen des Gemüts unterbunden wurden, umso stärker wurde die Tätigkeit des spirituellen und des ekstatischen Zentrums (Stirn- und Scheitel-Chakra). Alle Bewegung richtete sich auf das unermüdliche Bestreben, in innerer Stille das Unerhörte zu hören und das Niegesehene zu schauen.

Wenn nun solches geschehen war, warf sich Niklaus ein ums

andere Mal auf den Boden, rannte wie ein Besessener durch den Wald; besaß jedoch während dieser Phasen die Klugheit, dieses körperliche Bedürfnis als spirituelle Übung zu deklarieren. Sein Wunsch, später in seiner Klause allein und ungestört zu leben, war Ergebnis der Erkenntnis, dass er nur auf diese Art und Weise – ohne beobachtet zu werden und unter Verzicht auf mögliche Zeugen seiner Bewegtheit – das weiter zu suchen vermochte, was ihm der Suche wert erschien.

Wenn er allein im Wald war, brüllte er auch und rang die Hände. Der fast tägliche Aufenthalt in der Höhle bot ihm den Schutz, den er brauchte, um seiner Bewegung Ausdruck zu verleihen. Die Gegend um die Höhle war – nachdem er sich einmal der Gemeinschaft gegenüber als Einsiedler bekannt hatte – eine für den Zutritt seiner Dorfgenossen tabuisierte Zone, sodass er sich sicher sein konnte, nicht von neugierigen Augen und Ohren belästigt zu werden.

Die Vorleben auf der Stufe Alt 4: Die Alte Seele auf der vierten Stufe hat die Entfaltungsaufgabe: »Das Wohl der Gemeinschaft mit dem eigenen Wohl verbinden«.

Die Seele dieses Menschen verbrachte vier Leben auf dieser Stufe der Erkenntnis. Um die Beschreibung dieser vier so unterschiedlichen leiblichen Existenzen verstehen zu können, muss stets bedacht werden, dass diese Seele in jedem der Leben bereits eine Alte Seele war, sich in jedem dieser Leben auf der vierten Stufe der Entfaltung befand, aber gleichzeitig auch stets die Seelenrolle des »Weisen« innehatte und den »Weg der Stille« beschritt.

Diese Konstanten wurden in den einzelnen Inkarnationen verbunden mit einer jeweils wechselnden Seelenmatrix. Eine Alte Seele, ein Alter »Weiser« auf dem »Weg der Stille« muss diese Variablen in jeder seiner irdischen Manifestationen nach den

107

Kriterien, die seine Konstanten (Seelenrolle und Weg) vorgeben, wählen und gestalten.

In seinem **ersten Leben** auf dieser vierten Stufe der Entfaltung wurde die Seele, die später als Niklaus von Flüe oder Bruder Klaus bekannt wurde, als Tochter einer wohlhabenden, aristokratischen Familie in dem damals ebenso wohlhabenden wie auch kultivierten Katmandu geboren. Die Priester des Haupttempels wählten das kleine Mädchen mit noch nicht drei Jahren dazu aus, die Rolle der lebenden Göttin zu bekleiden, bis es die Geschlechtsreife erreicht haben würde.

Dieses Kind wurde also aus dem Haus seiner Eltern in den Tempelbezirk gebracht und kam von nun an bis zu seinem dreizehnten Lebensjahr nur mehr mit einigen wenigen Menschen in einen persönlichen oder physischen Kontakt, sah auch niemals mehr – außer von weitem – ein weibliches Wesen und war von jungen und älteren Männern umgeben, die ihm dienten und es einem strengen Regiment von Ritualen und Belehrungen unterzogen.

Für die Seele dieses »Weisen« auf dem »Weg der Stille« waren die geistige Instruktion sowie die spirituelle und religiöse, aber auch die praktische Disziplin und das faktische Alleinsein von großer Bedeutung, und das hatte durchaus seine wohltuenden Aspekte. Für das Mitteilungs- und Kontaktbedürfnis der »Weisen«-Essenz jedoch genügte die geringe Auswahl an Menschen, die überdies einem wesentlich jüngeren Seelenalter angehörten, keineswegs. Die Kommunikationsfähigkeit des kleinen Mädchens konnte sich auch nicht in geeignetem Maß nach innen wenden, denn selten wurde mit ihm gesprochen, selten richtete man das Wort an es, und seine Antworten waren nicht gefragt.

Deshalb verkümmerte die Dialogfähigkeit und machte einer diffusen Empfindsamkeit Platz, die ihrerseits wieder von der harschen Disziplin des klösterlichen Lebens gehärtet wurde. Das Kind entsprach in vollem Maß den Erwartungen der Priester und erfüllte seine rituellen Pflichten, ohne aufzubegehren. Es kannte nichts anderes und erlebte erst mit seiner Entlassung aus dem Tempelbezirk eine Einsicht in andere Möglichkeiten von Kommunikation und Kontakt. Allerdings war der ungewohnte Kontrast der Außenwelt zu seinem Klosterleben so überwältigend, dass es bereits mit vierzehn Jahren an einem Typhusfieber starb. Die Sehnsucht nach Stille wurde in diesem Leben in übervollem Maß erfüllt.

In diesem ersten Leben auf der vierten Stufe des Alten Zyklus hat diese Seele den Schritt in die Gemeinschaft hineingetan. Alle Kraft wurde der Gemeinschaft zugewiesen, der Pflichterfüllung, dem Dienst an den Notwendigkeiten der nepalesischen Gesellschaft. Doch das eigene Wohl blieb auf der Strecke. Das Kind war zu klein, um überhaupt eine Vorstellung von dem eigenen Wohl entwickeln zu können, das heranwachsende Mädchen viel zu isoliert, um das eigene Wohl von dem der Gemeinschaft unterscheiden zu können.

Immerhin war ein erster Schritt getan. Die Waagschale war gefüllt mit wertvollen Schätzen und Erkenntnissen. Das freundlich-liebenswerte Naturell des heranwachsenden Mädchens erlaubte ihm in dem letzten Jahr seines Lebens eine Vorstellung davon zu entwickeln, was das eigene Wohl sein könnte. Dies genügte für die erste Inkarnation, um die anstehende Entfaltungsaufgabe zu bewältigen.

Zweites Leben: 82 Jahre später kam diese Seele erneut auf die Welt und inkarnierte sich in einem männlichen Körper im Norden der britischen Hauptinsel (Northumbria oder Südschottland) in eine Familie von Steinmetzen. Diese Familie war halb sesshaft. Der heranwachsende Knabe wurde früh von seinem

Vater und von seinen Onkeln in verschiedene Ortschaften und Städte mitgenommen, wo es Arbeiten zu verrichten gab: Reparaturen an Wohnhäusern und Kirchen, aber auch das Meißeln von Grabsteinen und die Herstellung von Türpfosten und steinernen Gerätschaften.

Die Männer in dieser Familie waren verschlossene, schweigsame Arbeiter, die schwere körperliche Tätigkeit verrichteten und des Abends früh schlafen gingen. Die wenigen Gespräche boten nur selten verbale Ausdrucksmöglichkeiten. Aber ein festes Zusammengehörigkeitsgefühl mit seinem Familienverband gab dem jungen Mann eine emotionale und berufliche Sicherheit. Sein Handwerk war gefragt. Er verrichtete es zur Zufriedenheit seiner Auftraggeber, ohne hervorzutreten aus der Anonymität seiner Familie, seines Clans. Er selbst war zufrieden mit seinem Los und seinem Leben. Er heiratete mit Mitte zwanzig, zog viel umher, hatte jedoch eine gewisse Freude an seinen Nachkommen und besonders an einer spät geborenen Tochter, die ihm seelisch nahe stand und ihm im fortgeschrittenen Lebensalter viel Freude bereitete. Er starb mit 58 Jahren nach langjähriger rheumatischer Erkrankung, da er von früh an allzu häufig der kalten, feuchten Witterung ausgesetzt war und in ungeheizten Räumen auf dem Boden geschlafen hatte.

Die Entfaltungsaufgabe – »Das Wohl der Gemeinschaft mit dem eigenen Wohl verbinden« – wurde in einer Weise bearbeitet, dass dieser Mann Werke von bleibendem Wert und übergeordneter Bedeutung für die Gemeinschaft seiner Heimat schuf. Die behauenen Steine überdauerten Jahrzehnte und zum Teil auch Jahrhunderte. Er gliederte sich eng in seinen Familienverband ein, verstand sich als Mitglied eines unantastbaren Kollektivs und schuf damit ein Gegengewicht zur Isolation im vorangegangenen Leben. Seine eigenen Bedürfnisse befriedigte er sowohl über sein Zuhause als auch besonders über den

Kontakt, den emotionalen und seelischen Austausch, mit seiner Tochter.

Drittes Leben: Die erlebten Umstände des widrigen Klimas, der Kälte und der rauen Lebensbedingungen bewogen diese Seele in ihrer darauf folgenden Inkarnation, ein Land und eine Gegend zu wählen, die von milderem Klima und von größerer Heiterkeit der Lebensführung bestimmt waren. Er erblickte also um das Jahr 1275 das Licht der Welt in einer Stadt der südlichen Toskana, voller Reichtum und politischer Bedeutung, voller Kunstschätze und kulturellem Ausdruckswillen. Er wählte zum Vater ein angesehenes Mitglied der Schneiderzunft und erlernte das Handwerk seines Vaters.

Die Herren der städtischen Gesellschaft suchten ihn gern auf, um sich von einem Mann mit Geschmack und Ideen beraten zu lassen. Er war berühmt dafür, dass seine Kleider und Röcke saßen, als seien sie den Kunden auf den Leib geschnitten. In diesem Leben verband er den Wunsch, dem Fluss seiner Gedanken während des Nähens im Fenster freien Lauf zu lassen, viel mit sich allein beschäftigt zu sein, während er die Stoffbahnen zusammenfügte und Schnittmuster entwarf. Andererseits hatte er nicht nur eine große Familie, sondern auch ein Atelier mit mehreren Lehrlingen und Gesellen und einen regelmäßigen Kontakt mit seiner Kundschaft, die aus Leuten von Rang, Namen und Einfluss bestand.

Als »Weiser« konnte er sich in diesem Umfeld besonders günstig entfalten. Die Notwendigkeit der inneren Stille pflegte er, ohne ein Wort darüber zu verlieren. Das Heften und Sticheln, das Sticken und Schneiden diente ihm seit seinem zehnten Lebensjahr als Möglichkeit, sich vom Trubel seines Haushalts und der Werkstatt zur stillen Meditation zurückzuziehen. Er lebte das Leben eines zufriedenen, in seiner Zunft angesehenen Mannes, der seiner Zunftgemeinschaft überdies mit Rat und Tat zur Seite stand, wenn es darum ging, Streitereien zu schlichten oder Entscheidungen von weitreichender Bedeutung zu fällen.

In diesem Leben im Italien des 13. Jahrhunderts stand das eigene Wohl dieses Menschen im Vordergrund. Er sammelte seelische Kräfte, indem er eine gewisse Üppigkeit und Behäbigkeit pflegte und auch der »Weisen«-Rolle in sich die Möglichkeit einräumte, lustig zu sein, großzügig zu genießen, ein Temperament zu entwickeln, sich sprachlich mitzuteilen, geistreich und witzig zu sein und große Reden zu schwingen – und damit Fähigkeiten und Möglichkeiten auszuschöpfen, die ihm in den beiden vorangegangenen Leben verwehrt geblieben waren.

In diesem Leben stand also die Pflege der eigenen Person und Persönlichkeit im Mittelpunkt, jedoch kam die ihn umgebende Gemeinschaft energetisch nicht zu kurz. Er empfand sich als vollgültiges Mitglied seiner gesellschaftlichen Schicht, seines Freundeskreises und seiner Zunftgenossen und wurde auch als solches betrachtet. Die Integration in die Gemeinschaft ohne einen persönlichen Verzicht wurde zu einem gewissen Höhepunkt gebracht.

Es kam in diesem dritten Leben noch nicht zu einer Kulmination im Sinne der Entfaltungsaufgabe, da in dieser Inkarnation weitestgehend auf spirituelle oder geistige Einsicht im Sinne der kognitiven Erkenntnis verzichtet wurde. Es war ein Leben ohne große Probleme und Schmerzen, ohne innere Konfrontationen und Herausforderungen. Es bot dieser Alten Seele eine Möglichkeit, sich auszuruhen und – wie wir sagten – Kräfte zu sammeln für eine Existenz, die im nächsten Leben fast Übermenschliches von ihm forderte in dem Sinne, dass seine Seele am Abschluss dieser Entfaltungsstufe etwas Außergewöhnliches vollbringen wollte in der Verbindung von Weltlichkeit und Spiritualität.

Er wurde 49 Jahre alt. Die geistige Entwicklung in seiner toskanischen Vaterstadt ermöglichte es ihm, aus der Anonymität des Menschseins herauszutreten, ohne prominent zu werden. Der aufkommende Individualismus kam seiner Alten Seele entgegen. Er konnte es sich gestatten, ein Original zu sein, ohne aus dem Verband seiner Mitmenschen ausgesondert zu werden. Die Bürger seiner Stadt kannten ihn als den »klugen, hellsichtigen Schneider« – il sarto veggente –, da er in die Köpfe und Herzen seiner Mitmenschen hineinzusehen schien, und man munkelte, dass er häufig Traumgesichte habe, die ihm die Zukunft einzelner Mitmenschen enthüllten.

Um die Entfaltungsaufgabe der vierten Stufe erfolgreich abzuschließen, nämlich zu lernen, das eigene Wohl mit dem Wohl der Gemeinschaft zu verbinden – in einer Weise, die weder das eine noch das andere zu kurz kommen lässt –, wurde ein weiteres Leben benötigt, und dieses Leben sollte aufbauend auf den vergangenen Erfahrungen einige Ecksteine in der Planung berücksichtigen. Da war zum einen der Wunsch, eine zentrale Rolle in dem Leben seiner Zeit und seines Landes zu spielen wie in Katmandu. Da war zum anderen das Bedürfnis, einen festgefügten, verlässlichen und liebevollen Familienverband zu haben als Stütze der psychischen Entwicklung wie in dem zweiten Leben in Britannien. Und der dritte Wunsch, nicht darben zu müssen und auch einen gewissen Einfluss auf die Geschicke der Gemeinschaft nehmen zu können, so wie in Italien, bestand ebenfalls.

Diese Seele hatte sich keineswegs vorgenommen, ein Heiliger zu werden. Die Planung eines jeglichen Lebens kann nicht in solcher Weise ins Detail gehen und das Ergebnis eines Lebens vorwegnehmen. Die Leitlinie bestand lediglich in der Dichotomie zwischen Person und Gesellschaft, zwischen individuellen und übergeordneten gesellschaftlichen Belangen. Und die Erfahrungen der vorangegangenen Leben wurden in die Planung der nächsten Inkarnation insofern hineingenommen, als diese Erfahrungen lehrten, was zu vermeiden und was anzustreben sei.

Diese Seele hatte gelernt, dass es nicht zu einer Erfüllung auf dieser Stufe kommen kann, wenn das Wohl des Ichs oder aber das Wohl der menschlichen Gemeinschaft deutliche Priorität gewinnt. Um zu einer Kulmination zu kommen, muss der Ausgleich in einer Weise vollzogen werden, dass sowohl für das Ich als auch für das Gemeinwesen ein Optimum erreicht wird und zugleich ein Ausgleich: für jedes Einzelne das Beste und zugleich für das eine nicht mehr als für das andere.

Die Wahl fiel auf ein Elternpaar, das aufgrund eigener innerer Reife und Großzügigkeit den merkwürdigen Knaben Niklaus so heranwachsen lassen konnte, wie dieser es für seine seelische Entfaltung benötigte. Und der Knabe dankte es ihnen, indem er mit großem Pflichtbewusstsein versuchte, den in ihn gesetzten, nicht unbilligen Erwartungen gerecht zu werden.

Die bäuerlich-ländliche Umgebung der Eidgenossenschaft war ein soziales Umfeld, das einerseits die Notwendigkeit der inneren Stille berücksichtigte, andererseits jedoch auch die Bedürfnisse nach Kontakt und Einflussnahme. Die Lebensbedingungen waren zwar nicht verfeinert, aber sie waren auch nicht so grob und körperlich krank machend wie zwei Leben zuvor in Südschottland.

Natur und Landschaft erlaubten einen Aufenthalt im Freien, der nicht nur bedrohlich, sondern auch lustvoll empfunden werden konnte. Familie und Dorfgemeinschaft vermittelten einen festen Rahmen und einen Halt für die erwachende Identität dieses Menschen im Sinne der Selbstdefinition. Die Bedingungen seiner Jugend und seines frühen Mannesalters gestatteten, dass Niklaus sich sowohl als deutlich abgegrenztes Individuum erfahren konnte wie auch als Teilhaber an einem gemeinschaftlichen Anliegen, mit dem er sich identifizieren konnte. Verantwortung vermochte er auf diese Weise sowohl für seine unmittelbaren Mitmenschen und die Anliegen der Eidgenossenschaft zu übernehmen als auch für seine persönlichen Wünsche und Impulse. Das Leben, das er führte, war geprägt von der unablässigen Herausforderung, für sich selbst ebenso gut zu sorgen wie für alle anderen, ohne gegen die Bedürfnisse seiner Seele oder gegen die des Gemeinwesens zu handeln.

Der **Kulminationspunkt**, der die Entfaltungsaufgabe zu ihrer Vollendung brachte, trat in der Nacht ein, nachdem er sich entschlossen hatte, seine unruhigen Füße von einer planlosen Pilgerfahrt wieder zurück in die Heimat zu lenken. Diese Entscheidung, das, was er leben wollte und musste, unmittelbar dort, wo er sich inkarniert hatte, zu vollbringen – sich weder ganz in das Alleinsein zu flüchten, noch sich den Pflichten der Ämter und häuslichen Aufgaben gänzlich auszuliefern –, führte unmittelbar zu einer Befriedigung und Erkenntnis, die Niklaus fünfzig Jahre lang gesucht hatte.

Die Möglichkeit, beides zu verbinden, als frommer Einsiedler auf seinem eigenen Grund und Boden zu leben und seiner Bestimmung zu folgen, ohne dem Kontakt mit seiner Familie, seiner Frau, den Kindern und den Nachbarn auszuweichen, war so unerhört – da ohne Vorbild –, dass die Erkenntnis der gelingenden Synthese vom übergeordneten Wohl, das Individuum und Gemeinschaft umschließt, einer punktuellen Erleuchtung gleichkam. Die Schmerzen der darauf folgenden Nacht, die kolikartigen Bauchkrämpfe und das Gefühl, von einem glühenden Lichtstrahl durchbohrt zu werden, waren eine physische Folge dieser inneren Ereignisse.

Niklaus war ein Mensch, der stets das, was er vorhatte, mit

großer Willenskraft verfolgte. In dieser Stunde, als ein einfacher Weggenosse, den er um Rat gefragt hatte, ihm den Weg in die Synthese wies, spielte die eigene Willenskraft keinerlei Rolle mehr, sondern er beugte sich der inneren Erkenntnis. Diese Erkenntnis war erleichternd und lösend. Sie kam einem elementaren Loslassen des eigenen Willens gleich, und es gibt wenige Menschen, die auf einen solchen elementaren psychischen Vorgang nicht mit Durchfall und anderen Verdauungsbeschwerden reagieren.

Die prägende Erkenntnis, wie einfach doch seine elementare Lebensproblematik zu lösen sei, kam über ihn zugleich mit der Vorstellung, dieser Bauer müsse ein Engel Gottes gewesen sein. Sie geschah in der Nacht, als Niklaus sich, vom inneren Aufruhr erschöpft, am Wegrand zum Schlafen niederlegte. Da er keinen Begriff von Erleuchtung besaß und nicht auf eine solch überwältigende Macht der inneren Führung gefasst war, erlebte er die für ihn endgültige Entscheidung wie ein gebündeltes Licht vom Himmel, das ihn an der Erde festnagelte.

Dieser Weggenosse war ein Mitglied von Niklaus' Seelenfamilie, ein Mensch, der nur diese eine Aufgabe an seinem Seelenbruder zu erfüllen hatte. Der Impuls, diese entscheidende, erleuchtende Antwort zu geben, kam von der großen Gesamtheit aller nicht mehr inkarnierenden Seelengeschwister in der astralen Bewusstseinswelt, die diese Seele besaß.

Die Jahre nach der Heimkehr dienten der Erprobung und der praktischen Durchführung dieser Entscheidung. Der Entschluss allein genügt nicht. Eine Einsicht in die Verbindung unauflösbar erscheinender Gegensätze muss stets erlebt und angewandt werden, um Gültigkeit zu erlangen. Die Wirkung einer auf seelischer Ebene erfolgten Erkenntnis von Einheit und Auflösung dualer Strukturen hat überdies eine wesentliche Wirkung auf das Energiefeld, das ein Mensch um sich herum aufbauen kann.

Dieses Energiefeld, nicht die Taten und Worte des Menschen Bruder Klaus, bewegte nun andere, ihn aufzusuchen, in seiner Nähe weilen zu wollen und seinen Rat einzuholen.

Mit den selbst empfundenen Auswirkungen seiner Erkenntnis, die sich vor allem in einem nie gekannten inneren Frieden manifestierten, wurde Bruder Klaus zu einem »Weisen« auch im leiblichen Bereich. Er konnte, weil er ein ungeahntes Glück in der Vereinigung früherer Gegensätze erfuhr, sein Hauptmerkmal »Selbstverleugnung« weitgehend überwinden. Nun verleugnete er sich nicht mehr, wie er es noch bei seiner Abreise aus der Heimat getan hatte, weil er glaubte, er könne das, was er sein wollte, in der häuslichen Umgebung nicht sein. Der Energiezuwachs durch das Schmelzen der Grundangst ließ ihn nun immer mutiger den Ratsuchenden Dinge mitteilen, die er vorher nicht zu sagen gewagt hatte.

Sein Modus »Macht« kam jetzt erst wirklich zum Tragen. In der Gewissheit, dass seine Macht aus überirdischen Quellen gespeist wurde und somit kein Unheil anrichten konnte, ging Bruder Klaus weit über den in seinen ersten fünfzig Lebensjahren geübten Einfluss hinaus. Die Zwiesprache mit dem »Einig Wesen« – mit seiner Seelenfamilie und ihren erweiterten Strukturen als einem Aspekt des Göttlichen – ermöglichte ihm, das Rechte zu tun und das Richtige zu sagen und somit eine erweiterte Verantwortung für die Welt zu übernehmen. Immer nachhaltiger gab er sich seinen Eingebungen hin und erprobte das Geschaute an der Wirklichkeit.

Die Verbindung zum »Einig Wesen«, die Bruder Klaus ununterbrochen wahrnahm, und die Erkenntnis, dass er selbst als Individuum unabdingbarer Teil dieses »Einig Wesens« sei, untrennbar, unauflöslich, konnte erst nach der Kulmination und Vollendung der Entfaltungsaufgabe eintreten, da nunmehr auch auf dieser rein seelischen Ebene ein zuvor nicht vorhandenes

Gleichgewicht zwischen dem Ich und dem Selbst (= Seelenfamilie) erreicht worden war. Die Entfaltungsaufgabe der Stufe Alt 4 in ihrer Kulmination verbindet somit in diesem Fall – aber auch in anderen – das menschliche, leibliche Geschehen in der Wirklichkeit mit einer abbildhaften Empfindung von Einigkeit im Bereich seelischer Realität.

Die Nachwirkung dieses Menschen Bruder Klaus über Jahrhunderte und viele Generationen hinweg besteht nicht in der wunderbar anmutenden Errungenschaft des zwanzigjährigen Fastens und auch nicht in dem, was er mit Worten und Taten bewirkt hat – durch politische Einflussnahme oder persönlichen Rat. Sie besteht im Wesentlichen in dem Aufzeigen einer Möglichkeit, dass Menschen – viele Menschen, die innere Entwicklung anstreben – ihre besten spirituellen Bedingungen genau dort vorfinden können, wo sie zu Hause sind. Das herausragende Beispiel, das Bruder Klaus allen Pilgern und Gläubigen, die ihn verehren, geben kann, liegt in eben dieser Erkenntnis.

Und obgleich im Bewusstsein der Menschen, die von Bruder Klaus wissen, häufig das Fasten und die politischen Wohltaten des berühmten Einsiedlers im Vordergrund stehen, erreicht doch das Eigentliche, von dem wir sprachen, ihr Unbewusstes weit machtvoller. Zu wissen, dort, wo ein Mensch sich inkarniert hat, mag auch der richtige Ort für seine Entfaltung liegen, ist von eminenter Bedeutung für viele. Nicht zu fliehen, sondern sich dem zu stellen, was die Seele gewählt und gewollt hat, bedeutet, eine Vereinigung von Innen und Außen, von Leib und Seele zu vollziehen in einem Sinne, wie es auch andere Religionen als wertvoll erkannt haben.

Die Seele von Bruder Klaus hat sich noch sieben weitere Male in einem menschlichen Körper manifestiert. Die letzte Inkarnation wurde 1902 abgeschlossen, als ein 23-jähriger Zen-

Mönch in einem ländlichen japanischen Kloster einem beseligenden Fieber erlag, das ihn auf sanft verbrennende Art zum letzten Mal in die astrale Welt enthob.

Seine **Seelenfamilie** ist zusammengesetzt aus 35 Prozent **Weisen**, 48 Prozent **Kriegern**, und der Rest sind **Priester**. Die Dominanz der »Krieger« bewirkt, dass die Seelenfamilien-Aufgabe eng mit dem Thema Disziplin und Leistung verbunden ist. Diese Disziplin sollte auf Wunsch der »Weisen« eine Wirkung auf die Öffentlichkeit haben und von vielen wahrgenommen werden, und von den »Priestern« wurde die Bedingung gestellt, dass sie spirituellen Zwecken dienlich sein müsse.

Die **Seelenfamilien-Aufgabe** betrifft die Wirkung von Nahrungsentzug bei menschlichen Wesen, die aufgrund ihrer Körperlichkeit auf Nahrung grundsätzlich angewiesen sind. Das Thema des Nahrungsentzugs ist weiter gefasst als die Thematik des Fastens, denn Fasten im herkömmlichen Sinne ist stets eine freiwillige und bewusste Leistung, während Nahrungsentzug auch unfreiwillig als Hungern oder Ausgehungertwerden vorkommt. Beide Themen wurden und werden von den Mitgliedern dieser Seelenfamilie bearbeitet.

Ein weiterer Angehöriger dieser selben Seelenfamilie war **Mohandas Gandhi**. Auch er als »Krieger« befasste sich persönlich und überindividuell mit der Thematik von Hungern und Fasten. Sein Mitgefühl mit all jenen, die Hunger leiden mussten, und seine eigene Erfahrung mit freiwilligem Verzicht auf Nahrung kamen ihm dabei zustatten. Die Einfachheit der Grundnahrung war ihm ein Anliegen, einen Ausgleich zwischen zu viel und zu wenig zu finden ein großes Bedürfnis.

In dieser Seelenfamilie – wie auch in anderen, die sich mit vergleichbaren Themen befassen – gibt es in den vielen Jahrtausenden ihres Wirkens immer wieder Mitglieder, die Wochen oder Monate ohne Nahrung ausgekommen sind, zum Beispiel weil sie aus unterschiedlichen Gründen zu Nahrung keinen Zugang hatten: als Gefangene oder Verschüttete, als Verirrte oder Ausgesetzte. Andere waren Hungerkünstler, die das Fasten in seiner spektakulären Wirkung auf die Umwelt erprobten und damit Ansehen und Lohn verdienten, aber auch Menschen, die das langfristige Fasten als eine Überwindung der existenziellen Grundbedingungen übten.

Einige Alte Seelen dieser Familie erklärten sich nun bereit, innerhalb eines geeigneten irdischen Rahmens auf eine feste Ernährung weitestgehend oder vollkommen zu verzichten, um herauszufinden, wie lange ein Mensch überleben kann, ohne etwas zu essen. Solches kann nur von sehr Alten Seelen untersucht werden, denn diese können sich zum Zweck der Energiezufuhr an anderen Quellen laben als Reife und Junge Seelen. Sie sind nicht mehr ausschließlich darauf angewiesen, ihre Lebenskraft einzig aus der Materie zu verstoffwechseln.

Stoffwechsel findet immer noch statt, doch wird immaterielle, das heißt geistige und kosmische Nahrung, dem Körper zugeführt in Form von energetischen Aufladungen, die wiederum dem Körper genug Kalorien zur Verfügung stellen, damit er weiterhin funktionieren kann und die Seele im Leib verhaftet bleibt. Nur Alte Seelen, die die dritte Entfaltungsaufgabe (»Präzise Innenschau mit einer aktiven Außenwirkung verbinden«) bewältigt haben, gewinnen nach und nach einen so selbstverständlichen Zugang zu den transpersonalen und nicht materiellen Kräften des Kosmos, dass sie beginnen können, immer häufiger Zusatznahrung daraus abzuleiten. Dies ist jedoch nicht notwendig, und es geschieht sehr selten, dass ein Mensch sich ausschließlich davon am Leben erhält.

Bruder Klaus hatte, wie bereits angedeutet, eine konkrete und immer während Beziehung zu seiner Seelenfamilie – besonders zu den herausragend vielen nicht mehr inkarnierenden, das heißt bereits aus dem Zyklus der Wiederverkörperungen ausgeschiedenen Seelengeschwistern –, sodass er sich von diesem umfassenden Selbst, also seinem erweiterten Ich, alle Energie zuführen lassen konnte, die ja auch seine eigene war, ohne dass er in früheren Inkarnationen in dieser absoluten Weise mit ihr in Verbindung gestanden hätte.

Wo immer also im materiellen Bereich ein langes Fasten anfangs mit viel Disziplin, später mit großer Gelassenheit erfolgreich durchgeführt wurde, kann auch gesagt werden, dass zugleich eine Überfülle an immaterieller Speise konsumiert wurde. Eine weitere Leistung von Bruder Klaus ist in diesem Zusammenhang darin zu erblicken, dass er seine Fähigkeit, sich zu disziplinieren, auch auf die Überfülle anwandte und lernen konnte, nicht zu viel der außerirdischen Energie durch sich durchfließen zu lassen, um nicht daran zu verbrennen.

Leistung und Anstrengung sind nicht gleichzusetzen. Die Leistung wurde vielmehr erbracht, indem nach und nach auf Anstrengung verzichtet wurde. Disziplin bedeutet für eine Alte Seele geistige Disziplin, nicht Willenskraft. Obgleich Bruder Klaus über eine erhebliche Willenskraft verfügte, lernte er doch schon früh – also in seinen zwanziger Jahren –, dass ihm das Fasten nur dann leicht fiel, wenn er es nicht mit Willenskraft durchhielt, sondern indem er sich entspannte und seine Aufmerksamkeit nach innen kehrte. Geistige Disziplin bedeutet, sich in immer ausgewogenerer Weise zwischen einem Zuviel und einem Zuwenig hin- und herzubewegen.

Die »Krieger« und die »Priester« seiner Seelenfamilie – das bedeutet die »Krieger«-Kraft und die »Priester«-Kraft in ihm – verbanden sich mühelos mit den Bedürfnissen des »Weisen«. Die »Krieger« aus seiner Seelenfamilie verliehen ihm die Disziplin, die er benötigte, um sein Seelenfamilien-Experiment zu vollziehen. Er musste diese Disziplin in nur geringem Maß aus individueller Kraft aufbringen. Sie war ihm natürlich, sie bedeutete keine übermenschliche Anstrengung, ganz anders als Menschen, die wenig oder nie gefastet haben, es sich vorstellen.

Es handelte sich um einen Auftrag und ein Experiment der gesamten Seelenfamilie und um eine Disziplin in dem Sinne, dass Bruder Klaus sich diesem Experiment einerseits ganz freiwillig, andererseits aber im Auftrag seiner Seelenfamilie unterzog. Die Seelenfamilie als solche wollte am Ende ihrer Erforschung der Grenzen, die ein Mensch bei dem Verzicht auf Nahrung beachten muss, und der Entgrenzung, die dadurch hervorgerufen wird, noch einige Extreme untersuchen, und da dafür nur Alte Seelen in Frage kamen, haben mehrere Mitglieder dieser Familie sich als Alte Seelen für ein solches Forschungsvorhaben zur Verfügung gestellt. Fünf Angehörige dieser Seelenfamilie befinden sich in eurer Zeit noch im Inkarnationszyklus, drei davon sind zum jetzigen Zeitpunkt auf der Erde, zwei im astralen Bereich.

Es wird überliefert, dass Bruder Klaus eine »pränatale« Vision hatte, in der er sich vorgeburtlich als Stern, als Stein und als Öl gesehen hat. Was bedeutet das?

Der Stern ist ein Bild für seine eigene funkelnde Seele – ein Funken, der von seiner Seelenfamilie auf die Erde herabfällt und dort etwas in Brand setzt. Der Stern, den Bruder Klaus zu Beginn seiner Inkarnation, das heißt um die Zeit seiner Zeugung, gesehen zu haben erinnerte, hatte also zweierlei Aspekte. Zum einen war es der Funken neuen Lebens seiner Seele und zum anderen das Symbol für seine Seelenfamilie, die in diesem ganzen Leben eine so zentrale Rolle spielen sollte. Das Sternensymbol war nicht flächig, sondern es handelte sich um eine strahlende

Kugel mit vielen von ihr ausgehenden Strahlen, deren jeder eine Seele dieser Familie darstellte.

Dasselbe Symbol wurde in einer leicht veränderten Gestalt in einer Vision am Ende des Lebens von Bruder Klaus noch einmal manifest. Er erblickte ein Gebilde von nach innen und nach außen gerichteten Strahlen und zwei konzentrischen Kreisen. Der innere Kreis enthielt ein Antlitz und steht für die Einzelseele; der äußere Kreis umschloss diese Einzelseele wie eine Hülle und stellt die Seelenfamilie dar. Das Entsetzen, das Bruder Klaus beim Anblick dieses Bildes erfasste, ist begründet darin, dass er in dem gottgleichen Antlitz seine eigenen Züge erblickte, dass ihm also im Augenblick seiner Vision enthüllt wurde, dass er Gott und Gott wiederum er selbst sei. Dies erschreckte ihn zutiefst und löste in ihm letzte quälende Zweifel aus, ob eine solche Schau nicht Werk des Teufels und damit sündig sei.

Doch in seinem Bewusstsein brannte sich diese Wahrheit von der Identität alles Seelischen und seiner umfassenden Einheiten mit den Aspekten der Göttlichkeit so ein, dass sie ihm wie eine offenbarte Wahrheit für den Rest seines Lebens erhalten blieb. Doch auch darüber konnte, wollte und durfte er nicht sprechen.

Die drei Symbole, die drei Manifestationen können nicht voneinander getrennt werden. Wenn wir sie isoliert betrachten, müssen wir sie trotzdem aufeinander beziehen, um sie zu verstehen. Der Stein ist ein Aspekt des Sterns, so wie der Stern ein Aspekt des Steins ist. Stein als Materie bedeutet den materialisierten, inkarnierten Zustand, die Festigkeit, die Dauer, die Kraft.

Das Öl nährt in einer paradoxen Weise sowohl den Stern als auch den Stein. Das Öl ist die göttliche Speise. Öl bedeutet Nahrung. Das Öl bringt den Stern zum Leuchten, wenn es entzündet wird; das Öl bringt den Stein zum Glänzen, wenn es über ihn ausgeschüttet wird. Im Hinblick auf das spätere Fasten ist das Öl Ausdruck einer Speisung, die mit der Energie der Gnade in Verbindung gebracht werden muss. Das Öl als Symbol spiritueller Nahrung knüpft an die Tradition der Salbungen an und transformiert einen physischen Hunger in einen seelisch-geistigen.

Mit sechzehn Jahren sah er einen riesigen Turm. Was bedeutet das?

Der Turm gestattet den Aufstieg zum Höheren. Wer auf den Turm steigt, hat einen Überblick, einen Ausblick, der sich von dem der Menschen, die an seinem Fuß stehen bleiben, unterscheidet. Der Turm bietet eine neuartige Vision von der Welt. Es war dies für Niklaus der erste Hinweis darauf, dass er dereinst in der Lage sein würde, anderes zu erkennen und anders zu schauen, als es den Menschen in seiner Umgebung möglich war. Es war die Ankündigung seiner visionären Begabung.

Bevor er in die Ranft, diese Schlucht, zog, hatte er eine Vision von vier Strahlen, die ihn dorthin wiesen. Was bedeutet das?

In diesem Fall handelt es sich nicht um eine Vision, sondern um einen tatsächlichen Lichtstrahl, der aus den Wolken an einer ganz bestimmten Stelle auf die Erde fiel. Da jedoch Niklaus gewohnt war, Visionen zu haben, meinte er auch hierin – als guter »Spiritualist« –, eine übergeordnete Bedeutung zu erkennen, und hat dies auch auf sich bezogen, jedoch handelte es sich um ein natürliches Phänomen. Der Mensch, der ein natürliches Phänomen umdeutet im Sinne seiner eigenen inneren Fügung und Führung, verfällt darum keineswegs einer Illusion. Die Phänomene der Natur werden instrumentalisiert, da sie auf eine Resonanz beim Betrachter stoßen, die diesem Phänomen Sinn verleiht.

Er hatte zu seinem Freund Heimo offensichtlich eine besondere Beziehung. Könnt ihr etwas zu dieser Beziehung sagen?

Dieser Heimo war ein Freund aus diesem Leben und aus zwei früheren, eine Seele, die in zwei leiblichen Existenzen eine Wegstrecke mit dem späteren Niklaus zurückgelegt hatte. Die beiden Seelen verband keine karmische Auseinandersetzung, sondern eine Erfahrung von Zuneigung und Treue, eine Bereitschaft, sich beizustehen und zu fördern, eine Vertrautheit, die aus einer weitgehend ungetrübten Vergangenheit herrührte, und auch eine in der astralen Welt getroffene Absprache, sich in diesem Leben für gegenseitige Förderung zur Verfügung zu stehen. Die Förderung jedoch bestand weniger darin, dass Heimo und Niklaus sich gegenseitig belehrten. Vielmehr bestand sie darin, dass sie zwischen sich eine wärmende Intimität entstehen ließen, die beiden Menschen in der Einsamkeit ihrer seelischen Gestimmtheit einen Halt bot. Er war also ein »Alter Freund«.

Gab es auch eine Absprache zwischen der Seele der Ehefrau und der Seele von Bruder Klaus?

Nicht im eigentlichen Sinne gab es eine seelisch-astrale Absprache, wohl aber einen gegenseitigen Liebesdienst. So wie die Seele des späteren Niklaus sich einst in Südschottland aufmerksam und hingewandt mit seiner Lieblingstochter befasst hatte, so wandte sich jetzt die Ehefrau, die dieselbe Seele wie damals die Tochter in sich trug, nun dem Niklaus, der einst ihr Vater gewesen war, mit Verständnis, mit Wohlwollen, mit Interesse zu.

Wie kommt es, dass wir – Varda und Frank – uns mit dieser Person des Bruder Klaus so vertraut fühlen?

Nicht gemeinsam, sondern zu verschiedenen Zeiten habt ihr beide euch mit dem Wirken dieses Menschen befasst. Einmal du, Frank, als Pilgerin in deinem letzten Leben, das du in der Schweiz verbracht hast, und einmal du, Varda, als du dich als geistlicher Chronist mit den Handschriften, die das Leben dieses Menschen schilderten, beschäftigen konntest.

Hildegard von Bingen

Biografische Information: Hildegard wurde 1098 als jüngste Tochter der Adeligen Hildebert und Mechthild von Bermersheim geboren. Mit drei Jahren hatte sie eine eindrucksvolle Lichtvision.

Wie zu jener Zeit üblich, wurde Hildegard, das zehnte Kind ihrer Eltern, von diesen für das religiöse Leben bestimmt und schon mit acht Jahren der sechs Jahre älteren Reklusin (Einsiedlerin) Jutta von Sponheim anvertraut. Mit dieser lebte sie anfangs in einer Frauenklause auf dem Disibodenberg bei Bingen im Schatten des dortigen Männerkonvents nach der Regel des hl. Benedikt. Um 1114 erhielt sie durch Bischof Otto von Bamberg den Schleier.

Hildegards Bildung umfasste zumindest einen Elementarunterricht in der Vulgata-Bibel und den lateinischen Kirchenvätern, den sieben freien Künsten und dem liturgischen Leben der Benediktiner. Sie war also keineswegs so einfältig, wie sie sich selbst gern darstellte.

Nach dem Tod Juttas von Sponheim wurde sie 1136 einstimmig zur Magistra der zu einem Konvent angewachsenen Frauengemeinschaft gewählt. Hildegard war aber auf eine von ihr als Gottes Wille erfahrene Verselbstständigung des Frauenkonvents bedacht und erreichte nach schwierigen Auseinandersetzungen zwischen 1147 und 1152 den Bau eines Klosters auf dem Rupertsberg bei Bingen. Dort fristeten die Nonnen anfangs in großer materieller Not ihr Dasein, bis es Hildegard

1158 gelang, die Ablösung ihres zur selbstständigen Abtei ge-
wordenen Klosters von dem Männerkonvent auch in finanziel-
ler Hinsicht einigermaßen zufriedenstellend zu regeln.

In das Jahrzehnt nach 1141 fällt die Abfassung ihres ersten
und wohl bekanntesten visionären Werkes »Scivias« (»Wisse
die Wege«) – ein Zeichen dafür, dass bei ihr mystische Schau
und konkretes Leben keinen Gegensatz bildeten. Nach eigener
Aussage befahl ihr eine himmlische Stimme: »Sage und schrei-
be, was du siehst und hörst.« 1147 finden die bis dahin nieder-
geschriebenen Visionen durch Papst Eugen III., den Schüler
Bernhards von Clairvaux, eine offizielle kirchliche Anerken-
nung.

Hildegards Vita ist gut belegt und erforscht. Sie verfasste na-
tur- und heilkundliche Schriften, komponierte Musik und grün-
dete ein weiteres Kloster bei Rüdesheim, schrieb ein zweites vi-
sionäres Werk (»Liber divinorum operum«) und unternahm in
späteren Jahren vier große Predigtreisen – ungewöhnlich für ei-
ne Klosterfrau. Sie starb am 17. September 1179 im Alter von
einundachtzig Jahren.

Das Seelenmuster des Menschen, der Hildegard von Bingen genannt wird, ist folgendermaßen zusammengesetzt: Die Seelenrolle ist die eines **Priesters** (Energie 6), ihr Hauptmerkmal ist
Hochmut (Energie 6), ihr Nebenmerkmal **Selbstverleugnung**
(Energie 1), das Ziel **Herrschen** (Energie 7), der Modus **Leidenschaftlichkeit** (Energie 6), die Mentalität die eines **Pragmatikers**
(Energie 4), das Reaktionsmuster **motorisch-intellektuell** (Energien 7 und 2) und das Seelenalter **Alt 3** (Energien 5 und 3) –
drittes und letztes Leben auf dieser Stufe. Die Entfaltungsaufgabe von Alt 3 lautet: »Präzise Innenschau mit einer aktiven
Außenwirkung verbinden«.

Ihr Weg ist der Weg 3: **Weg der Kraft.**

Die Seelenchiffre lautet: **6 6/1 7 6 4 7/2 5/3 W 3**. Auffallend ist die starke Verbindung von priesterlich-inspirativen Kräften (6 und 1) mit aktiven »Königs«- und »Krieger«-Energien (3 und 7).

Ihre Seelenfamilie setzt sich aus den Energien von **Priestern** (6), **Künstlern** (2) und **Weisen** (5) zusammen.

Zum Verständnis des Seelenmusters von Hildegard:
Die Seelenrolle des »Priesters« (Energie 6) befähigt einen Menschen in besonderem Maß zu einfühlsamem Zuhören und Trösten. Auch fällt es dem »Priester« oft leichter als anderen, Kontakt mit der nicht sichtbaren Welt herzustellen. Im tiefsten Sinne ist er Vermittler himmlischer Freude an die Menschen. Andererseits ist ihm ein gewisser Hochmut nicht fremd, und er liebt es, Dinge für sich zu behalten. In seiner Angst ist er mit all seinem Einfühlungsvermögen auch ein guter Manipulierer.

Das Hauptmerkmal »Hochmut« (Energie 6) gibt einem Menschen einerseits die Illusion, etwas Besseres als alle anderen zu sein, es macht andererseits aber auch extrem empfindlich für alle Verletzungen des Gefühls. Dann muss sich der Hochmütige zurückziehen und wirkt verschlossen und »hochmütig«. Er ist im Grunde ein scheuer, verletzlicher Mensch, der aber seine Verletzlichkeit sehr ungern zeigt, da er befürchtet, verlacht zu werden. Wenn verletzt, kann er aus seiner feinen Sensibilität heraus außerordentlich verletzend sein, was er nur als gerechten Ausgleich für eigene innere Wunden empfindet.

Das Nebenmerkmal »Selbstverleugnung« (Energie 1) hingegen ist das duale Gegenüber von »Hochmut«. Hier übt sich ein Mensch in einer Demut, die aus der Angst entsteht, nicht gut genug zu sein, geforderte Leistungen nicht vollbringen zu können und eher beiseite zu stehen in dem Gefühl, dass man es lieber anderen überlassen möchte, Erfolg zu haben. Zwischen diesen beiden gegensätzlichen Angstformen entsteht eine starke Spannung.

Das Entwicklungsziel »Herrschen« (Energie 7), das jede Seele auch immer wieder einmal wählt, dient dazu, führen zu lernen. Wo Menschen zusammenleben, entsteht Führungsbedarf, und Menschen mit diesem Ziel übernehmen mehr Verantwortung als andere, entwickeln Visionen, wohin das Kollektiv sich bewegen könnte oder sollte, und sind besonders in ihrer Jugend auch aggressiv dominant oder lassen sich, um dies zu vermeiden, von anderen beherrschen. Das Ziel ist liebevolles Führen zum Nutzen des Kollektivs.

Der Modus »Leidenschaftlichkeit« (Energie 6) ist eine priesterliche Energie, die hier die Energie der Seelenrolle verstärkt. Der leidenschaftliche Mensch pulsiert zwischen Zuständen starker Ergriffenheit vom Geist und Zuständen von Erschlaffung. In seiner Angst wird er leicht fanatisch; in seiner Liebe strahlt er speziell als Redner charismatische Kraft aus.

Ein »Pragmatiker« (Energie 4) hat die mentale Grundeinstellung: Richtig ist, was funktioniert. Er ist auf das Machbare hin orientiert, und dieses Element bringt eine hilfreiche Neutralität in das Energiebild.

Das Reaktionsmuster »motorisch-intellektuell« (Energien 7 und 2) mit einer Betonung der Körperzentren Sonnengeflecht und Kehlkopf, gibt einem Menschen eine schnelle Reaktionsgabe und gute Fähigkeit zur Formulierung. Er will geistig etwas bewegen.

Das Seelenalter Alt 3 (Energien 5 und 3) hat die Entfaltungsaufgabe: »Präzise Innenschau mit einer aktiven Außenwirkung verbinden«. Diese Stufe der Alten Seele pulsiert fortwährend zwischen Phasen des Rückzugs, um Innenschau üben zu können, und Phasen der Kommunikation nach außen, in der die Ergebnisse der Innenschau vor anderen ausgebreitet werden müs-

sen. Das innen Geschaute ist eine subjektive Wahrheit, die sich der Reaktion der Umwelt stellen möchte. Es handelt sich um eine Form der kriegerischen Energie 3.

Der »Weg der Kraft« (Energie 3) kennzeichnet einen Menschen mit einer besonderen Begabung auf dem Gebiet der Energieübertragung. Ein »Priester« auf dem »Weg der Kraft« (wie Hildegard) wird seine Bemühungen auf das Kraftspenden durch spirituell inspirierte Inhalte konzentrieren.

Wir wollen euch nun einige Erläuterungen geben, die euch darin unterstützen werden, die Person Hildegards so, wie sie euch bislang bekannt ist, mit den Gegebenheiten und Eigenheiten ihres Seelenmusters in Verbindung zu setzen. Wir beginnen in diesem Fall nicht mit ihrer Seelenrolle, sondern mit ihrem **Seelenalter,** denn es stellt mit seinen notwendigen Erfordernissen die Basis für das Verständnis von Hildegards Leben und Gesamterscheinung dar. Wäre sie nicht auf der Stufe **Alt 3** gewesen in jenem Leben – auf dieser Stufe besonders in ihrem letzten Leben in Anbetracht des notwendigen Kulminationspunktes –, wäre es für dieses Seele nicht nötig gewesen, sich in einem weiblichen Körper einer so ungewöhnlichen Herausforderung zu stellen.

Die Herausforderung bestand darin, ein klösterliches Leben, das ihre priesterliche Seelenrolle befriedigte, zu verbinden mit einer Breitenwirkung und einer kriegerischen Impulsgebung an die Öffentlichkeit, wie sie sowohl dem Seelenalter als auch dem »Weg der Kraft« entsprach. Diese beiden Voraussetzungen mit ihrem Geschlecht als Frau zu verbinden war in ihrer Zeit eine besondere Leistung.

Alle historische Wirkung zeit ihres Lebens lässt sich im Wesentlichen auf das Seelenalter zurückführen und auf die entsprechende Entfaltungsaufgabe der Stufe Alt 3: »Präzise Innenschau mit aktiver Außenwirkung verbinden«.

Alles, was auf dieser Stufe der seelischen Entfaltung geschieht, erfordert Mut und persönlichen Einsatz: die Bereitschaft, sich gegen die Erwartungen der Umgebung oder der Gesellschaft zu stellen, ja sogar zu stemmen, und die Aktivitäten, die aus der Quelle der kriegerischen Energie dieser Stufe unaufhaltsam gespeist werden und sich manifestieren müssen, mit einer konsequenten, lebenslangen Introspektion zu verbinden.

Das Leben, das Hildegard in Übereinkunft mit den Bedürfnissen ihrer Seele gewählt hatte – und damit meinen wir nicht ihren Eintritt ins Kloster, den vor allem ihre Eltern zu verantworten hatten, sondern das, was sie daraus gemacht hat –, entsprach in fast vollkommenem Maß dem, was ihre Seele brauchte, und zugleich dem, was an dem Ort und in der Zeit, von denen ihr Leben geprägt war, gebraucht wurde.

Wir deuteten bereits an, dass die Lebensform einer Klosterfrau für die **priesterliche Seelenrolle** Hildegards eine glückliche Erfüllung bedeutete. Sie mochte sich von Kindesbeinen an gern mit all den spirituellen Themen und Stimmungen befassen, die sie in ihrem tiefsten Inneren bewegten, und obgleich sie keine Reformen durchführte, so konnte sie doch einige Formen der zeitgenössischen Revolte, die ihr entsprachen, verwirklichen und darüber hinaus einen ihrer persönlichen Vision und einer Alten Seelen entsprechenden Dienst am Göttlichen leisten.

Ihre priesterliche Essenz erkennt man jedoch auch an ihrer Art und Weise, wie sie ihre sich im Laufe der mittleren Jahre stark entwickelnden charismatischen Fähigkeiten einsetzte: so klug, um nicht zu sagen manipulativ, dass sie ihrer Sache und ihrem Kloster zum Vorteil gereichten. Nur ein Alter »Priester« wird dies mit so viel Selbsterkenntnis und bewusster Selbstironie tun können, und nur ein Alter »Priester« wird diese Fähigkeit, durch das rechte Wort im rechten Augenblick zur rechten Person genau das zu erreichen, was er sich als Ziel gesetzt hat, so einsetzen, dass dieses Vorgehen – obgleich ethisch diskutabel – doch noch zum Guten und allen zum Vorteil gereicht.

Dass es einer Alten »Priester«-Seele, die Außenwirkung und Innenschau miteinander zu verbinden hat, um nichts anderes als um Themen gehen kann, die ihr heute im weitesten Sinne als »spirituell« bezeichnet, versteht sich von selbst. Deshalb muss sich eine Seele auf dieser Stufe eine leibliche Existenz kreieren, die solches ermöglicht und fördert. Für einen Menschen und besonders für eine Frau, die sich Ende des 11. und Anfang des 12. Jahrhunderts in Mitteleuropa inkarnierte, blieb nur der Weg ins Kloster, um sich den ersehnten Formen der Verwirklichung widmen zu können.

Hildegard war körperlich nicht sehr kräftig, besaß aber eine kraftvolle Persönlichkeit. Sie war sich des Konflikts, den die Formen ihrer Angst in ihrem Innersten austrugen, sehr bewusst. Denn wenn auch wenig davon schriftlich oder im Rahmen der Legendenbildung überliefert ist, so können wir doch sagen, dass der Kampf, den **Hochmut** und **Selbstverleugnung** miteinander unablässig in ihr austrugen, ihr sehr zu schaffen machte. Der Konflikt wurde verschärft durch die Notwendigkeit, die königliche Energie des **Entwicklungsziels Herrschen** leben zu müssen, denn dieses Ziel schien geradezu erforderlich zu machen, sich über andere zu erheben, sich ein wenig größer zu machen, um gehört zu werden, sich zu zeigen, manchmal gar aufzublasen, um Beachtung zu finden. Und zugleich war dies mit der Erkenntnis verbunden, dass nicht Stolz und Eitelkeit, die zu den Todsünden gehörten, sondern Demut, Selbsterniedrigung und Selbstverleugnung von ihr erwartet wurden – sowohl in ihrer Rolle als Frau und Äbtissin als auch in ihrer traditionellen Formen nachgebildeten Rolle als Seherin und Prophetin.

Die Scham, die sie oft im Geheimen empfand, nachdem sie wieder einmal über die Maßen ihren priesterlichen Frauenstolz selbstherrlich herausgekehrt hatte, bereitete ihr Pein, doch niemand wusste davon außer ihrem Beichtvater und ihrem inneren Gesprächspartner, mit dem sie ständig im Dialog stand und der ihr viele ihrer wesentlichen Einsichten über sich selbst vermittelte.

Wer war dieser Gesprächspartner? Um zu verstehen, welche dialogische Beziehung Hildegard zu dem Bereich hatte, den sie den »Göttlichen« nannte, zu Gott also, dem Herrscher und Schöpfer, dem zu dienen sie gelobt hatte, ist es von Nutzen, ihr Seelenmuster auf bestimmte Charakteristika hin zu überprüfen. Daraus wird ersichtlich, dass die priesterliche Energie und damit zugleich die Inspirationsebene der Matrix in verstärktem Maß zur Verfügung stand: Die »priesterliche Rolle«, der »Hochmut«, die »Selbstverleugnung« und die »Leidenschaftlichkeit« trugen allesamt dazu bei, eine erhebliche Durchlässigkeit und einen natürlichen Umgang mit transzendenten Kräften zu fördern.

Von entscheidender Bedeutung ist hier der priesterliche **Modus Leidenschaftlichkeit**, der dieser Frau einerseits einen hitzigen und unbeständigen Charakter verlieh, einen Charakter, der unter starken Stimmungs- und Energieschwankungen litt, der andererseits jedoch dafür sorgte, dass Hildegard immer dann, wenn sie sich wohl fühlte und von ihrem Anliegen überzeugt war, eine charismatische Ausstrahlung entwickelte, die ihresgleichen suchte.

Diese Leidenschaftlichkeit war es, die ihr gebot und erlaubte, sich im Dienst einer ihr gerecht erscheinenden Sache aufzubäumen, sich zu wehren, in Flammen zu stehen angesichts von Ungerechtigkeiten oder Beschränktheiten, die ihr begegneten. Und diese Leidenschaftlichkeit, die lediglich durch ein erhebliches Maß an Klugheit und Selbstdisziplin in Schach gehalten wurde, befähigte Hildegard auch, der Obrigkeit – sei es Erzbischof oder

König – entgegenzutreten und mit der ihr eigenen brennenden Intensität und leicht entflammbaren Rhetorik ihre Sache zu vertreten.

Wir haben bereits einmal angedeutet, dass eine alt gewordene Seele zunehmend das Interesse daran verliert und auch die Kraft nicht mehr aufbringt, sich zu verbergen oder zu verstellen, um ihre Ziele zu erreichen. Vielmehr ist es für eine Alte Seele wichtig, sich mehr und mehr in der eigenen Wesensart zu zeigen und sich damit den Mitmenschen zu stellen, ohne Rücksicht auf Konventionen oder politische Erfordernisse. Und Hildegard konnte dieses Bedürfnis ihrer Alten Seele umso leichter leben, als ihr Seelenmuster mit Ziel und Angst und eben mit dem genannten Modus der »Leidenschaftlichkeit« ein Energiemuster zur Verfügung stellte, das sie darin bestärkte, kein Blatt vor den Mund zu nehmen, ihre Kraft zu spüren und spüren zu lassen, sowie ihre Lust daran bestärkte, etwas Unerhörtes, bislang nicht Dagewesenes in die Welt zu setzen. Da nun die Äbte und Bischöfe, die adeligen Verwandten und die weltliche Obrigkeit in keiner Weise daran gewöhnt waren, eine Frau, und noch dazu eine dem geistlichen Stand Geweihte, in solcher Weise vortreten zu sehen, hinterließ sie umso tieferen Eindruck, je nachdrücklicher sie sich zu sich selbst bekannte.

Der Modus »Leidenschaftlichkeit«, der sich energetisch durch starke Einbrüche, durch Energieverfall und einen Wechsel von höchsten Stimmungslagen und Depressionen auszeichnet, war im Wesentlichen verantwortlich für die zahlreichen körperlichen Beschwerden und Gebrechen, die Hildegard ihr Leben lang quälten. Sie erkrankte, wann immer nämlich sie ihren Modus aus Angst vor Verletzung (»Hochmut«), aus falscher Demut (»Selbstverleugnung«) oder aus scheinbar notwendigem politischem Kalkül zurückhielt und immer dann, wenn sie ihrer Innenschau keine Außenwirkung folgen ließ.

Wenn sie sich also nicht traute zu tun, was ihr die inneren Stimmen geboten, oder durchzuführen, was sie für notwendig hielt, wenn sie sich scheute, Dinge zu sagen, die ihr den Schlund verbrannten, wenn sie ungesagt blieben, oder ihre Visionen in eine ihren Vorstellungen entsprechende Form zu fassen, erkrankte sie an dem, was in eurer Zeit »psychosomatische Beschwerden« genannt wird, erholte sich aber ebenso rasch, wenn sie ihren Impulsen nachgab und sich zu dem bekannte, was ihr der Kontakt mit einer überpersönlichen Quelle an Weisungen und Informationen abverlangte.

Dass sie sich nicht in Zuständen mystischer Verzückung verlor, sondern alles, was sie schaute und erkannte, sorgfältig niederschrieb, ordnete und erläuterte und zu verstehen suchte und vor allem ihr Grundsatz, das, was in die gelebte Wirklichkeit zu übertragen war, auch umzusetzen, entsprachen ihrer **pragmatischen Mentalität.** Sie wollte anwenden, sie wollte überprüfen, sich nicht in Spekulationen über ein »Was-wäre-wenn?« ergehen, sondern sowohl in ihrem Kloster im Dialog als auch in der Auseinandersetzung mit ihren Ordensoberen und in der Ermahnung der weltlichen Herrscher erproben, ob die Kraft, die ihr die inneren Stimmen verliehen, auch ausreichte, um Gehör und Beachtung zu finden und eine Wirkung zu erzielen, die für eine Frau ihres Zeitalters mehr als ungewöhnlich war.

Diese Wirkung war für Hildegard der Prüfstein ihres Seins und ihrer inneren Wahrheit. Dass sie sich bisweilen verstieg und ihr »Hochmut« ihr gewisse Streiche der Selbsttäuschung spielte, ist nicht verwunderlich. Sie besaß außer in ihrem Beichtvater und Sekretär keinen einzigen Menschen, der sie in Schach hätte halten können, niemanden, der sie korrigiert oder zurechtgerückt hätte. Und auch dieser Beichtvater hatte es schwer mit ihr, denn er besaß ein unterwürfiges Wesen, während Hildegard ihn ebenso beherrschte wie die ihr als Äbtissin unterstellten Nonnen. Sie duldete von ihm wenig Widerspruch und konnte seine Kritik, wenn sie denn einmal vorsichtig geäußert wurde, schlecht vertragen.

Obgleich sie diesen Probst recht gern hatte, fühlte sie sich ihm doch hoch überlegen, und er bewunderte sie über die Maßen, sodass das notwendige Überprüfen der jeweiligen Qualität ihrer Visionen und medial empfangenen Botschaften weitgehend ausblieb. Hinzu kam, dass er auf sie sehr stolz war und mit ihr gemeinsam das verständliche Interesse hegte, das neue Kloster auf dem Rupertsberg zu einem berühmten und geschichtsträchtigen Ort der spirituellen Wandlung zu machen.

Auch wenn andere, zum Beispiel die Vorsteherinnen befreundeter Klöster, es wagten, Hildegards Vorgehensweisen zu bemängeln, reagierte sie entweder scharf und offen verletzt oder aber mit Verstummen und Krankheit. Beide Reaktionen waren nicht dazu angetan, konstruktive Kritik an ihrer unbestreitbaren Fähigkeit zu leisten, im Zusammenwirken mit transzendenten Kräften Visionen zu entfalten.

Mit welchen transzendenten Instanzen war sie in Kontakt?

Es gab eine transpersonale Instanz, eine Seelensippe bestehend aus sieben Seelenfamilien, die bereits alle in die kausale Bewusstseinswelt eingegangen waren. Diese hatten sich bereits seit längerem bemüht, ihren Verpflichtungen und Wachstumsimpulsen durch die Entwicklung eines lehrreichen telepathischen Kontakts mit einem lebenden Menschen nachzukommen, und sie fanden in Hildegard, sobald diese ein reiferes Erwachsenenalter erreicht hatte, einen geeigneten Resonanzboden, um ihre Ziele verwirklichen zu können. Es handelte sich um eine Seelensippe, die sich auf siebenerlei verschiedene Weisen – nämlich je nach der energetischen Eignung und Zusammensetzung ihrer sieben Seelenfamilien – telepathisch mitteilen konnte und wollte. Aus diesem Grund ist aus Hildegards medial inspirierter Feder so viel Unterschiedliches geflossen: Musik und Heilkundliches, christlich-religiöse Visionen und politische Stellungnahmen, Lebensweisheiten und Bilder, die Künstler zu inspirieren vermochten.

Ein telepathischer Kontakt verlangt, dass der Empfänger weitestgehend unzensiert das Empfangene aufnimmt und weiterleitet – sei es in Schrift oder Wort. Er verlangt jedoch auch eine Disposition, die solches ermöglicht. In der Regel ist dies eine starke mentale Begabung, die in Hildegards Fall durch das **motorisch-intellektuelle Reaktionsmuster** gestützt wurde, denn ein solches Reaktionsmuster lässt starke Bewegungen im Geist zu und bleibt entsprechend wissbegierig und neugierig, statt zu erschrecken. Hildegard war klug und weise. Sie war intelligent und fromm; sie besaß eine starke Willenskraft und zugleich eine erhebliche Durchlässigkeit. Sie war sensibel und barmherzig, tatkräftig und ehrgeizig. Jedoch konnte man sie nicht als besonders warmherzig oder gütig bezeichnen, zumal sie selbst in jungen Jahren einer strengen und oft unbarmherzigen Disziplin unterworfen worden war, die den Regungen ihrer Emotionen sowie einem Bedürfnis nach Zärtlichkeit oder Innigkeit wenig Raum gelassen hatte.

Sie war ja seit frühester Jugend unter Frauen aufgewachsen, die alle dazu erzogen waren – und dies auch weitergaben –, ihre emotionalen Bedürfnisse sowie ihre Sinnlichkeit zu unterdrücken und gegebenenfalls kasteiende Maßnahmen gegen sie einzuleiten. Andererseits war diese strenge, disziplinierende und teilweise restriktive Prägung in hohem Maß dazu angetan, Befriedigung, Nähe und Innigkeit in einem Kontakt mit göttlichen Kräften oder anderen transpersonalen Instanzen zu fördern, zu suchen und zu finden.

Wenn auch die Erfahrung lehrt, dass die allermeisten Menschen, die eine Junge Seele in sich tragen, durch ein von der Welt abgewandtes Leben und die Beschränkungen der klösterlichen Gemeinschaft verhärten und sich in einer Weise in sich selbst zurückziehen, dass sie ihr öffentliches, der Klostergemeinschaft präsentiertes Ich nicht mehr von ihrer inneren Wahrheit unterscheiden können, kann dieselbe Lebensform bei einer Alten Seele, wie Hildegard es war, zu einer großen Bereitschaft führen, sich einem Größeren hinzugeben, offener, weiter und weicher zu werden und eine Schau des Göttlichen zu entwickeln, so wie sie und ihre Zeit es verstanden, eine Schau, die ohne eine solche klösterliche Absonderung von den Pflichten der Welt nicht möglich gewesen wäre.

Die transpersonale Instanz, die zu Hildegard Kontakt suchte, kam zu ihr aus dem Bedürfnis heraus, einer großen Anzahl von Menschen, die über der theologisch-scholastischen Disputation, die sich in geistvoller Brillanz zu verlieren drohte, den Zugang zu anderen Kräften des Geistes und der Verbundenheit mit außermenschlichen Aspekten des Geistes verloren hatten, Unterstützung und Belehrung zukommen zu lassen. Dazu gehört eben auch die telepathische Empfänglichkeit – das Empfangen von Intuitionen, Inspirationen und Visionen –, wie sie in Hildegards Leben und Werk überliefert sind.

Wir möchten nun ein Problem ansprechen, das im Laufe der Menschheitsgeschichte immer aufs Neue zu Zweifeln und Skepsis geführt hat, da die Hintergründe nicht oder nur unzureichend verstanden werden, auf denen ein solcher Kontakt zwischen einem inkarnierten Menschen – also einem personalen Empfänger – und einer transpersonalen Informationsquelle beruhen. Der Mensch, der personale und in Fleisch und Blut inkarnierte Mensch, unterliegt stets und ohne Ausnahme den Beschränkungen seiner Epoche, des Zeitgeistes, in dem und mit dem er aufgewachsen ist, sowie den Umständen, in die er hineingeboren wurde – und dies gilt im weitesten Sinne auch, falls dieser Mensch sich schon in jungen Jahren weit von seinem Land oder seiner sozialen Schicht entfernt hat. Denn nur ein bereits geprägter und insofern verankerter Geist mit den dadurch entwickelten mentalen Kräften kann von den transpersonalen Instanzen als Empfänger anvisiert und genutzt werden.

Eine so genannte Tabula rasa, das heißt ein von Zeitgeist und Geschichte, von Klima, Kultur und Gesellschaft unberührter oder auch nachträglich gereinigter Geist, existiert nicht. Jedoch kann begreiflich gemacht werden, dass verschiedene Informationsinstanzen der außerirdischen Bewusstseinssphäre unterschiedliche Empfänger benötigen, und so kann es durchaus sein, dass ein einfacher, ungebildeter und schlicht strukturierter Mensch ebenfalls Botschaften aus der Kausalwelt empfängt. Doch wird er sie nicht in kohärente verbale Mitteilungen umsetzen können. Er wird vielmehr das Empfangene in seine Person und Persönlichkeit integrieren und gegebenenfalls über sein Lächeln, seine Stille, seine Wärme oder seine Berührung eine Wirkung auf die Mitwelt erzielen.

Ein Mensch wie Hildegard bot also eine Resonanz, die einerseits aufgrund ihrer familiären Abkunft, ihres Seelenalters, ihrer intellektuellen Begabung und ihrer Durchlässigkeit ein Sein anbot, das geeignet war, auf telepathischem Weg Informationen zu empfangen, die andere durchaus verblüffen mussten. Und andererseits war es auch einem Menschen wie Hildegard keineswegs möglich, Informationen zu erhalten und zu veröffentlichen, die ihrer Prägung und Erziehung, ihrem Zeitgeist oder den Gegebenheiten ihrer historischen Situation diametral entgegengesetzt gewesen wären. Darin hat jedes Medium seine Grenzen. Und dies ist auch sinnvoll, denn gesetzt den Fall, Hildegard hätte Ähnliches wie Lao Tse empfangen – tiefe Weisheiten, die ein großes Volk und seine Geistesgeschichte auf Jahrtausende geprägt haben –, so hätte ihre zentraleuropäisch-mittelalterliche Umwelt, jene Menschen also, die diese Botschaften als Einzige vernommen hätten, nichts damit anfangen können. Eine transpersonale Instanz wird daher immer kooperieren mit der Resonanzfähigkeit der unmittelbaren Empfänger der Botschaften einerseits und den mittelbaren Empfängern der niedergeschriebenen oder ausgesprochenen Durchsagen andererseits.

Denn wozu sollte sonst eine Information, ein Rat, ein Hinweis aus einer nicht menschlichen Intelligenz und Einfühlsamkeit übermittelt werden, wenn die Empfänger sie weder brauchen noch verwerten konnten? Ein Kontakt zwischen einer transzendenten Bewusstseinsinstanz und einem lebendigen Menschen hat nur dann Sinn und Zweck, wenn die empfangene Botschaft – sei sie schlicht oder hoch komplex – bei den Beteiligten einen erheblichen Aufruhr verursacht, eine Wirkung entfaltet, die alte Gewohnheiten und festgefahrene Ideologien durcheinander schüttelt oder etwas zurechtrückt, das außer Kontrolle geraten ist oder sich zum Nachteil der menschlichen Gemeinschaft entwickelt hat.

Deshalb war Hildegard auch erst in mittleren Jahren wirklich bereit und in der Lage, mit ihrem gefestigten Charakter und ihrer ermutigten Persönlichkeit dem Aufruf »Schreibe!« Folge zu leisten. Die Legendenbildung hat den Eindruck einer Situation unterstützt, in der eine völlig ungebildete, bescheidene Frau mit einer göttlichen Inspiration konfrontiert wird. Dies geschah, um den Kontrast zwischen dem menschlichen Unvermögen einerseits und dem übermenschlichen Allvermögen andererseits herauszuarbeiten. Und auch Hildegard selbst hat dies gefördert, denn anfangs waren ihr der Kontakt und das daraus entstehende Material durchaus nicht ganz geheuer, und sie hatte aufgrund von »Hochmut« und »Selbstverleugnung«, aber auch aus ihrer Rolle als bescheidene Nonne und Frau heraus das Bedürfnis, sich weitgehend aus der Verantwortung für das empfangene Material zu lösen.

Dies ist verständlich, gab sich aber mit der Zeit, als immer deutlicher wurde, dass die Botschaften dem christlichen Glauben und damit ihrer Stellung als Äbtissin nicht zuwiderliefen, ja im Gegenteil geeignet waren, einige krasse Missstände aufzudecken und Hildegard die Kompetenz einer Prophetin zu verleihen, aus deren Mund Gott selbst und Christus sprechen. Das intellektuelle Unvermögen ist also weitgehend als zeitgemäßer Topos zu verstehen. Ihre intellektuelle Kapazität reichte durchaus, um das durchzulassen, was ihr übermittelt wurde.

Nun ist es notwendig zu begreifen, dass ein medial Empfangenes von jedem Medium mehr oder weniger verarbeitet und bearbeitet werden muss, um von dem telepathisch-außerhirnlichen und damit außermenschlichen Bereich durch die Empfänglichkeit des menschlichen Hirns in Worte, Impulse, Bewegungen, Bilder oder sonstige Gedankenformen übertragen zu werden. Und dann setzt beim Medium ein weiterer Prozess ein, der unbewusst oder halbbewusst abläuft und der die gesamte Übermittlung daraufhin überprüft, ob sie denn richtig empfangen wurde und richtig formuliert, ganz gleich ob in gemalten Bildern, in Bewegungen, in ekstatischen Visionen oder in kühlen Worten. Und diese Überprüfung der Richtigkeit hat bei Hildegard in vielen Fällen dazu geführt – zumal sie keinen neutralen Mentor besaß und über keinerlei vergleichende Erfahrung mit medialen Vorgängen verfügte –, dass sie versuchte, das Geschaute und Gehörte in eine Form zu bringen, die, wenn auch ungewöhnlich, so doch letztendlich in Einklang stand mit der Sprache ihrer Zeit und den kirchlichen Geboten, denen sie unterworfen war.

Hinzu kommt: Vieles von dem, was spätere Generationen als irrig oder skurril, auch als schlichtweg niemals erfüllte Weisung oder Prophezeiung identifiziert haben, erfüllte zu ihrer Zeit einerseits eine sinnvolle Funktion und wurde andererseits von den transpersonalen Kräften, die keineswegs so absolut allwissend und souverän sind, wie Menschen es gern hätten, in einem Zusammenhang übermittelt und in eine Form gebracht, die nicht einem menschlichen Wahrheitsanspruch zu genügen hatten und dies auch heute nicht tun, nämlich einem Wahrheitsanspruch, der in allen Aspekten Sicherheit und Absolutheit fordert. Sie folgten und folgen vielmehr einem energetischen Wahrheitsanspruch, der mehr auf die aktuelle Wirkung des telepathischen Vorgangs und seines Gehalts oder Inhalts gerichtet war als darauf, dass die für eine bestimmte Zeit intendierte Botschaft über alle Zeiten hinweg gültig zu sein habe.

Ihr habt in der letzten Sitzung ein grundsätzliches Problem von Channeling angesprochen. Ich formuliere es einmal so, wie ich es verstanden habe: Es werden also manchmal auch Informationen übermittelt, die objektiv nicht richtig sind – etwa eine Vorhersage, die nicht eintrifft –, die aber, wie ihr das nennt, eine »energetische Wahrheit« besitzen, also eine hilfreiche und aus der Liebe stammende Information enthalten, die im historischen Moment auf die Zeitgenossen einen positiven Einfluss hat. Habe ich das richtig verstanden? Es wäre nun hilfreich, wenn ihr ein Beispiel nennen könntet für eine solche Information, die Hildegard übermittelt wurde und die hilfreich war, obwohl sie objektiven Kriterien nicht genügt.

Alle Informationen, die Hildegards Schriften zum Aufbau des Kosmos und der himmlischen Sphären übermitteln, entsprechen nicht einer absoluten und objektiven Wahrheit, sondern orientieren sich an dem bereits vorhandenen Weltbild, fügen jedoch vieles hinzu und rücken manches in einer neuen Weise zurecht, sodass dieses bereits entwickelte Weltbild wie ein Substrat mit neuen Impulsen und lichtvollen Wahrheiten subjektiver Art angereichert werden konnte. Das von Hildegard entworfene Bild der Himmel und ihre darüber hinausgehende neuartige Kosmologie eröffneten den Menschen, die sie zur Kenntnis nehmen konnten, einen überwältigenden Eindruck der himmlischen Herrlichkeit und vermittelten damit einen Einblick in die göttliche Ordnung und Allmacht.

Um wirksam zu werden, benötigten diese Visionen einen erheblichen Grad von Konkretheit. Die kosmisch-seelischen Sphären sind jedoch – und dieses wurde erst nach und nach im Laufe eures 20. Jahrhunderts einigen wenigen Menschen verständlich – von einer absoluten Unkonkretheit, die weder materiell noch gestalthaft ist. Solches war jedoch im 12. Jahrhundert nicht vorstellbar, noch wäre es sinnvoll zu vermitteln gewesen. Dass jedoch eine Ordnung vorhanden ist, dass ein Walten verschiedener und sehr unterschiedlicher Bewusstseinssphären mit dem Walten irdischer Kräfte in Verbindung steht, ist eine übergeordnete und absolute Wahrheit, die trotz dieser nicht dem Eigentlichen entsprechenden Details wirksam und gültig gewesen ist.

Hildegard hat des Weiteren eine Reihe prophetischer Drohungen gegen weltliche Herren und Herrscher ausgestoßen, die in mancher Hinsicht verständlich und moralisch gerechtfertigt waren. Doch was sie ihnen als Lohn für ihre bösen Taten, für ihre Verfehlungen und Irrungen weissagte, ist in den seltensten Fällen eingetroffen, und so fühlten sich zwar einige Herren davon beeindruckt, nahmen aber das, was Hildegard in ihrem heiligen Zorn von sich gab, nicht so ernst, wie sie es gern gesehen hätte.

Dazu solltet ihr verstehen, dass solche Äußerungen aus einem alttestamentlichen Rollenverhalten heraus getan wurden, nicht etwa unmittelbar aus einer medialen Inspiration heraus. Ihre Intuition sagte ihr sehr wohl und zu Recht: »Du musst deine Stimme erheben, du musst anprangern, was du als falsch und schändlich erkennst. Deine Rolle im Leben ist es, solches zu tun. Viele werden aufhorchen und dir zuhören.« Aber dies ist nicht gleichzusetzen mit einer neutralen Disposition, die Voraussetzung ist für eine mediale Übermittlung, die bei Hildegard jedoch in anderen Fällen durchaus auch oftmals in reinster Form gegeben war.

Hildegard war getrieben von einem Hang zur Selbststilisierung. Sie empfand ein deutliches Bedürfnis, den biblischen Propheten nachzueifern und der Typologie des biblischen Prophetentums ihrerseits zu entsprechen. Dies mag aus eurer Sicht künstlich oder gar verwerflich erscheinen, doch mittelalterliches Fühlen und Denken stimmte mit solchen Entsprechungen völlig überein. In dieser Hinsicht existierte seinerzeit keine negative moralische Bewertung, sondern eine folgerichtige Imitatio, die darauf gründete, dass sie eben die Strukturen, die in der Heiligen Schrift vorgegeben waren, erfüllte. Genau so hat Jesus sich in vielen großen und kleinen Einzelheiten auf die Schrift bezogen und all das, was ihm als frommem Juden vertraut war, getan, um die Schrift und die Verheißung zu erfüllen.

Weder um die Zeitenwende noch in Hildegards 12. Jahrhundert hätte ein Mensch wie Jesus oder wie die Äbtissin sich legitimieren oder auch nur eine ernst zu nehmende Zuhörerschaft um sich scharen können, wenn nicht die typologischen Entsprechungen für alle deutlich erkennbar gewesen wären. Der Wunsch und die Notwendigkeit, sich anhand der Heiligen Schrift auszuweisen, ist immer dann entscheidend, wenn die Gefahr besteht, sonst als Sprachrohr des Teufels gebrandmarkt zu werden und mit Leib und Leben für das bezahlen zu müssen, was gemäß der Empfindung der jeweiligen Persönlichkeit und auch gemäß der Weisung jener, die diese Persönlichkeiten als ihre Botschafter beauftragen, durchgesetzt und ausgesprochen werden muss.

Versuchen außermenschliche Informationsquellen an der menschlichen Wirklichkeit mit all ihren Gegebenheiten vorbeizuarbeiten, werden sie eben das, was sie anstreben, nicht erfüllen können. Wenn eine solche transpersonale Instanz verkennt, welchen Einschränkungen der inkarnierte Mensch innerhalb seiner Zeit und Gesellschaft unterliegt, und zu übergehen versucht, welche Ängste ein Außenseitertum in Menschen hervorrufen kann, wird diese außermenschliche Instanz mit ihrem Vorhaben scheitern, etwas Spezifisches und Hilfreiches zu übermitteln und damit auch eine öffentliche, große Wirkung zu erzielen. Wohl aber ist es ihr möglich, ein Individuum in seiner Individualität und Privatpersönlichkeit in solcher Weise zu prägen und zu erreichen. Das Gesagte gilt also nur, wenn Botschaften und Einsichten, Weisheiten oder Hilfestellungen übermittelt werden, die eine große Gruppe von Menschen beeinflussen sollen.

Können wir zur Ergänzung auch ein typisches Beispiel hören, in dem objektive Wahrheit und Zeitgenossenschaft gut zur Deckung kommen, das heißt, wo Hildegard Aussagen gemacht hat, die wirklich überzeitlich stimmig sind und auch heute noch Wert haben?

Hildegard lebte in einer Zeit, die es als selbstverständlich betrachtete, den Körper gering zu schätzen und dafür den Geist und die seelischen Aspekte des Menschen übermäßig hoch zu bewerten. Ihre zahlreichen Versuche, den Menschen als eine Ganzheit zu beschreiben und seine Körperlichkeit als etwas Ehrbares und Ehrwürdiges, als etwas Wesentliches und von Gott Geschaffenes in die Wahrnehmung eines jeglichen Menschen wieder zu integrieren, bedeuteten ein besonderes und ungewöhnliches Verdienst, denn sie stellte sich damit in eine Abseitsposition gegenüber all den gelehrten Theologen und den asketischen Ordensgründern, die allesamt das Fleisch gering achteten und sowohl den Märtyrertod als auch das Schinden von Soldaten und Leibeigenen als eine Selbstverständlichkeit erachteten.

Die Kasteiung des Leibes galt allgemein als eine hohe spirituelle Leistung. Hildegard äußerte und wandte sich grundsätzlich gegen diese Form der Hinwendung zum Göttlichen, und damit wurde sie zur Sprecherin einer überzeitlichen und jenseits gesellschaftlicher Gepflogenheiten angesiedelten Wahrheit, die ihr in einer Weise übermittelt wurde, die in ihrem Jahrhundert nur wenige – aber doch ausreichend viele – erreichen konnte, wohl aber in eurem 20. Jahrhundert eine breite Resonanz findet. Diese Resonanz auf die Einstellung der berühmten mittelalterlichen Äbtissin dem Körper gegenüber erklärt – nach Jahrhunderten des Vergessens – einen großen Teil ihrer neuzeitlichen Wirkung auf moderne Menschen, die ihrerseits eine solche Ganzheit und Ganzheitlichkeit in der Menschenbetrachtung suchen und sie von Hildegard annehmen können – gerade weil sie davon überzeugt sind, dass ihre Schriften die einer heimischen Heiligen sind und von Gott übermittelt wurden. Dadurch können sie in einer besonderen Weise bejaht werden; wenn geistige Führer fremder Religionen und spiritueller Gruppierungen dasselbe empfehlen, wird es von Menschen in Mitteleuropa nicht in gleichem Maß akzeptiert.

Die Vorleben auf der Entfaltungsstufe Alt 3: Das erste Leben auf der Entfaltungsstufe Alt 3 mit der Aufgabe: »Präzise Innenschau mit einer aktiven Außenwirkung verbinden« verbrachte diese Seele als Mann im Gebiet des heutigen Iran in der ersten

Hälfte des 8. Jahrhunderts. In der Stadt Isfahan übte er das Handwerk eines Kupferschmieds aus, wurde jedoch zunehmend weniger als Mitglied seiner Zunft, dafür umso mehr als frommer Sheik wahrgenommen, sodass er sich etwa in seinem fünfzigsten Lebensjahr voll und ganz aus seiner handwerklichen Tätigkeit zurückzog, um den Ratsuchenden, die zu ihm kamen, geistlichen Beistand zu leisten, sie auf ihrer Suche nach Gott zu lenken und ihnen Methoden zu vermitteln, wie sie leichter und froher ihren Weg durch das Leben und zu Gott beschreiten könnten.

Nachdem er seinen Söhnen die Werkstatt und das Geschäft überlassen hatte, zog er sich an einen Ort unweit einiger Gräberfelder außerhalb der Stadt zurück, baute sich dort ein kleines Haus, in dem er die Ratsuchenden empfangen konnte, und widmete sich seinen Meditationen und Übungen. Bereits in diesem Leben entwickelte die im Iran inkarnierte Seele eine deutlich auszumachende Fähigkeit, hinter einige Schleier der Alltagswahrheit zu blicken. Und sie besaß bereits eine Neigung zu prophetischen Wahrträumen und hellsichtigen Vorahnungen. Diese waren jedoch – verglichen mit dem späteren Leben als Hildegard von Bingen – eher privater Natur, obgleich sich im Rahmen der Familie die Nachricht herumgesprochen hatte, dass der Vater und Ehemann über geheimnisvolle Fähigkeiten verfüge. Im Rahmen der ihn tragenden Gesellschaft und Kultur kam ihm dies zustatten, denn nur wer als heil- und wundertätig galt oder über magische Kräfte zu verfügen schien, besaß auch die Anziehungskraft und Macht, Schüler um sich herum zu scharen und diese auf bestimmte spirituelle Wege zu lenken.

Der Mann, von dem die Rede ist, war sich der Spannung und Spaltung innerhalb seines Bewusstseins und seiner Ziele durchaus im Klaren. Er selbst legte nur wenig Wert auf seine Fähigkeiten, so wie wir sie beschrieben haben, gerade jene also, die seinen Mitmenschen so überaus wichtig und seltsam erschienen. Er nutzte sie jedoch für seine Zwecke. Sein eigentliches Ziel war es, das Leben eines gottgeweihten Mannes führen zu können, und dies war im Rahmen seiner Gesellschaft fast ausschließlich nur unter den genannten Umständen möglich. Ein Heiliger in dieser Kultur strebte nach persönlicher Vollkommenheit, wie ebenso danach, eine Reihe von Menschen auf den Weg zur Vollkommenheit zu führen.

Jedoch darf bei der Betrachtung dieser Persönlichkeit nicht übersehen werden, dass es sich hier nicht etwa um einen theologisch oder philosophisch gebildeten Menschen, sondern um einen einfachen Handwerker handelte, der aus seinem schlichten, unverbildeten Gottesverständnis heraus seine Wirkung tat. Er galt als freundlich und menschlich, als barmherzig und großzügig und starb in seinem 64. Lebensjahr als hoch angesehenes Mitglied seiner Familie. Sein Grab wurde noch einige Jahrzehnte wie eine Pilgerstätte verehrt.

Das Bemühen, ein Gleichgewicht zwischen präziser Innenschau und aktiver Außenwirkung zu finden, wird in diesem ersten Leben auf der Stufe Alt 3 bereits deutlich. Dennoch konnte die Entwicklung noch keinen Kulminationspunkt erreichen, denn dieses Leben spielte sich so sehr in Übereinstimmung mit den Werten und Normen der eigenen Gesellschaft und Religionsgemeinschaft ab, dass die erforderliche altseelengemäße Loslösung von den allgemeinen Werten und die dementsprechende Hinwendung zu den aus dem eigenen Inneren gerade im Widerspruch zu den Regeln der Gemeinschaft entwickelten inneren Gesetzmäßigkeiten nicht stattfand. Es war wie das Ausprobieren einer Rolle, ohne dass innerer Mensch und äußerer Schauspieler eine Einheit zu bilden vermochten. Die Orientierung an den Erwartungen der Mitmenschen und die Erfüllung einer vorgeprägten Rolle als geistliche Autorität führten zu einer deutlich erkennbaren Enge und Strenge, denn die Furcht vor Angriffen, vor Verachtung und Verleumdung bestand bis zum Lebensende. Die auf der Stufe Alt 3 als notwendige Komponente der Erkenntnis zu erreichende persönliche Unabhängigkeit von der Meinung anderer konnte in diesem Leben nicht erlangt werden. Sein Entwicklungsziel in diesem Leben war »Verzögern«.

Das Bedürfnis nach Anerkennung und der Wunsch, als heiligmäßige Gestalt verehrt zu werden sowie seiner Familie Ehre einzutragen, hatten in jenem ersten Leben auf der Stufe Alt 3 das größte Hindernis auf dem Weg zur inneren Freiheit dargestellt.

Das **zweite Leben:** Bei ihrer nächsten Inkarnation verzichtete diese Seele daher – soweit es ihr möglich war – auf gesellschaftliche Ehre und Anerkennung, denn sie kam zur Welt mit einem männlichen Körper, der in den knapp dreißig Jahren seiner Leiblichkeit in häufigen Abständen von epileptischen Anfällen geschüttelt wurde, die seit der Kindheit auftraten und sich mit zunehmendem Lebensalter verstärkten und die Familie, in der dieser Mann aufwuchs, sehr belasteten. Da er jedoch der einzige männliche Nachkomme war und männliche Erben von hoher sozialer und religiöser Bedeutsamkeit waren, schien es der Familie notwendig, alles zu tun, um ihn am Leben zu erhalten und zu pflegen. Überdies wurden alle nur erdenklichen Anstrengungen unternommen, um Priester, Heiler und Gesundbeter für eine Verbesserung dieses Zustandes in die Pflicht zu nehmen.

Dieses Leben spielte sich in der zweiten Hälfte des 10. Jahrhunderts im Norden des heutigen China ab. Die Familie stand in hohem Ansehen. Der Vater hatte noch andere Kinder gezeugt, jedoch keinen weiteren Sohn. Die ständige Befürchtung, dass sich die Krankheit des Sohnes in aller Öffentlichkeit als eine Besessenheit durch bösartige Dämonen herausstellen und herumsprechen würde, führte dazu, dass dieser, der sonst durchaus nicht geistig krank oder in anderer Weise körperlich behindert war, in heimlicher Abgeschlossenheit verwahrt wurde, sodass er kaum Kontakt zur Außenwelt besaß – und nur jeweils kurz nach einem erfolgten Anfall Mitgliedern der weitläufigeren Familie oder Freunden vorgestellt wurde, wenn nicht zu befürchten stand, dass fremde Menschen Zeugen eines Fallsuchtsanfalls werden könnten.

Diese Abgeschiedenheit führte dazu, dass sich der heranwachsende junge Mann vornehmlich mit sich selbst und seinem Innenleben beschäftigte. Er wurde von guten Hauslehrern unterrichtet, denn die Familie gab die Hoffnung nicht auf, dass sich die Krankheit eines Tages wie durch ein Wunder in Nichts auflösen würde. Doch auch diese Hauslehrer wurden dem Knaben nicht zu echten Vertrauten, denn sie waren selbst von der Angst gepeinigt, für das geringste Versagen oder für einen vermeintlichen Verrat, der den wahren Zustand ihres Zöglings enthüllen würde, mit dem Tod bestraft zu werden.

So verschloss sich dieser junge Mann immer mehr in sich selbst und richtete sich mit seiner Krankheit ein, die ihm im Übrigen eine auffällige Sensitivität und allgemeine Dünnhäutigkeit einbrachte, sodass er nicht nur während der Anfälle, sondern auch während der langen Zeiten seiner faktischen Einsamkeit zu Entgrenzungserlebnissen neigte. Diese teilte er jedoch niemandem mit – aus der berechtigten Furcht heraus, dann noch mehr, noch nachhaltiger an den Begegnungen mit anderen Menschen gehindert zu werden.

Seine Kontakte und sein Kommunikationsbedürfnis richteten sich dadurch verständlicherweise immer mehr auf jene Bereiche, die ihm mit größerer Leichtigkeit zugänglich waren, nämlich die Zwiesprache mit den Göttern und jenen, die er als Götter betrachtete und die ihn in Gestalt von Fabeltieren oder mythischen Wesen sowohl im Traum als auch in einem halb wachen Zustand zu erscheinen pflegten. Von ihnen erhielt er Trost und Rat, Gesellschaft in seiner Isolation und auch einen Großteil schöpferischer Inspiration, die sich im Abfassen von Gedichten und im Malen ausdrucksvoller Bilder manifestierte. Da jedoch seine Umgebung weder die Dichtungen noch die Zeichnungen zu deuten imstande war, schadete es dem jungen Mann nicht, dass seine Lehrer und einige Angehörige der Familie sie zu Gesicht bekamen.

In diesem Leben lernte die in China inkarnierte Seele, mit Instanzen der transpersonalen Welt einen vertrauten, wenn auch überaus von Respekt getragenen Umgang zu pflegen. Die präzise Innenschau, die als Voraussetzung für diese Form der Kommunikation mit Kräften der geistigen und seelischen Welten zu gelten hat, blieb jedoch ins Private gerichtet und galt als inneres Geheimnis. Es kam in diesem Leben nicht zu einer aktiven Außenwirkung. Jedoch entwickelte sich die Persönlichkeit im Unterschied zum vorausgegangenen Leben in großer Authentizität und Geschlossenheit. Wenn auch das reiche, sehr eigenartige Innenleben mit keinem Menschen geteilt wurde und daher seine Früchte niemandem zugute zu kommen vermochten, gab sich der junge Mann auf der Höhe seines persönlichen Reifungsprozesses bis zu seinem Tod niemals ganz der Illusion hin, dass seine besondere Form der Kommunikation mit transpersonalen Instanzen, den Göttern, etwas anderes sei als eine notwendige Notlösung für sein Lebensdilemma, das ihn einerseits mit seiner Krankheit und andererseits mit den familiären und gesellschaftlichen Erwartungen an seine Rolle als Sohn und an seine edle Herkunft unausweichlich konfrontierte.

Es wurde hier über transpersonale Kontakte gesprochen. Und zwar war die Rede von Fabelwesen und mythischen Gestalten. Und dann wurde auch eine Trennung gemacht zwischen geistiger und seelischer Welt. Über seelische Welten habt ihr viel gesprochen. Was ist aber für euch die geistige Welt, und warum die Unterscheidung?

Mit »seelischer Welt« meinen wir die eigene Seelenfamilie, die Sippe und den Seelenstamm oder auch Seelenverbände aus der kausalen Welt, der diese selbst angehören. Das sind die seelischen Welten eines inkarnierten Individuums. Mit »geistigen Welten« meinen wir hingegen exkarnierte Lehrer auf der Astralsphäre, die nicht den eigenen seelischen Organisationseinheiten angehören, wohl aber aus eigenem wohl begründeten Interesse auf der Suche nach Menschen sind, die ihre Botschaften auf die eine oder andere Weise empfangen können. Epileptiker eignen sich vielfach in besonderer Weise für den Empfang aus astralen Dimensionen während der Zeit ihrer Anfälle. Die Botschaften kommen jedoch nicht verbal und können auch meist nicht bewusst erinnert werden. Dennoch enthalten sie unbewusste Einsichten und Impulse, die zur Persönlichkeitsentwicklung und für seelische Zwecke nutzbar gemacht werden können.

Habt ihr ein Beispiel?

Es handelt sich dabei meist um ein Aufblitzen emotionaler Erkenntnis sowie um Handlungsimpulse, die teilweise lebenserleichternd sind und sich oft sogar lebensrettend auswirken.

Ihr habt einmal gesagt, dass die Epilepsie typischerweise nicht bei Alten Seelen auftaucht, sondern bei jüngeren Seelen, die bestimmte Energieströme noch nicht anders verarbeiten können. Wie kommt es denn hier dazu, dass eine Seele Alt 3 Epileptiker ist?

Die Epilepsie wurde in diesem speziellen Fall sozusagen von der Seele funktionalisiert, da nach einem nur mit gewisser Einschränkung nach innen gerichteten, vielmehr aber auf äußerliche Anerkennung fokussierten Leben wie dem im Iran eine Existenz notwendig war, die auf Ehre, Ruhm und Bewunderung fast vollkommen verzichten musste.

Da wurde also etwas eingesetzt, das normalerweise bei jüngeren Seelen stattfindet.

So wie wir es seinerzeit formuliert haben, ist es nicht die ganze Wahrheit, da es keinen Umkehrschluss zulässt. Es ist durchaus möglich, dass auch Alte Seelen von solchen körperlichen Störungen erfasst werden. Sie empfinden es jedoch anders und nutzen es auch anders als jüngere Seelen.

Wenn ich mich jetzt einmal frage, ob die Entfaltungsaufgabe schon in diesem zweiten Leben Alt 3 hätte abgeschlossen werden können, dann scheint mir das fast unmöglich zu sein, so wie das Leben von vornherein angelegt ist. Die ganze Lebensspanne scheint kein Nach-außen-Gehen, also eine Außenwirkung möglich gemacht zu haben, sodass ein drittes Leben auf dieser Stufe fast automatisch folgen musste aus der Anlage und Planung dieses zweiten.

Die Freiheit der Seele, sich genügend lange innerhalb der Dimension von Zeit aufzuhalten, ohne unter einen Erfolgszwang im Sinne der Beendigung einer Entfaltungsaufgabe zu geraten, ist absolut. Sie wird jedoch von einem Gegenbedürfnis in gewissen Schranken gehalten, das darin besteht, innerhalb eines bestimmten Rahmens optimale Möglichkeiten zu subsumieren, um das zunächst scheinbar Unmögliche in Tat und Erkenntnis umzusetzen.

Es verhält sich nicht so, dass in dem soeben beschriebenen Leben keinerlei Chancen bestanden hätten, einen der Entfaltungsaufgabe entsprechenden Kulminationspunkt zu erreichen. Hätte diese inkarnierte Seele zum Beispiel ohne Rücksicht auf die eigene Existenzangst und die Familie sich seinen Lehrern geöffnet, ohne Rücksicht auch darauf, ob diese ihn verstanden hätten oder verprügelt oder vergiftet, wäre ein solcher Punkt erreicht worden. Hätte derselbe junge Mann eine sich ihm mehrfach bietende Gelegenheit zur Flucht wahrgenommen, wäre eine Kulmination ebenfalls in den Bereich seiner Möglichkeiten gerückt. Aber dazu besteht weder in Leib noch in Seele irgendeine Verpflichtung, und so war es ihm in sinnvoller Weise gemäß, dies zu unterlassen. Das Entwicklungsziel in jenem Leben war »Ablehnen«.

Da lagen ungefähr zweihundert Jahre Abstand zwischen den Inkarnationen. Ihr habt dies einmal als die zeitliche Obergrenze bezeichnet. Warum dieser relativ große zeitliche Abstand? Fand die Seele keine bessere Inkarnationsmöglichkeit?

Dazwischen lag noch ein Inkarnationsversuch, der jedoch über eine Fehlgeburt im sechsten Monat nicht hinauskam. Ihr wisst, dass die Wechselbewegung zwischen Zeit und Nichtzeit, Raum und Nichtraum weder pauschal für alle Seelen oder für alle Seelenalter festgelegt ist, noch festgelegt werden kann. Gerade für Alte Seelen ist es oft kein leichtes Unterfangen, sich die hoch komplexen Bedingungen zu schaffen oder sie zu finden, die spezifischen Zwecken und Zielsetzungen dienlich sein müssen. Die Inkarnations-Auswahlmöglichkeiten sind dadurch eingeschränkt, die Inkarnationsziele deutlicher definiert und die Inkarnationswünsche strenger abgegrenzt als in früheren Zyklen. Nicht nur die äußeren Umstände, sondern vor allem auch die

Vektoren der Begegnung mit anderen Seelen müssen sorgfältig abgestimmt werden, weil nicht mehr zahlreiche Gelegenheiten in der Zukunft gegeben sein werden, um gewisse Verpflichtungen zu erfüllen oder Verstrickungen aufzulösen.

Hildegards **Seelenfamilie** besteht aus den Energien von »Priestern«, »Künstlern« und »Weisen«. Die »Künstler« sind in der Überzahl. Die Aufgabe dieser Seelenfamilie wird deutlich und fassbar, wenn die übergreifenden Aufgaben ihres Seelenstamms und ihrer Seelensippe herangezogen werden. Der Seelenstamm, zu dem Hildegard gehört, erkundet den Gesichtssinn des Menschen – seine visuellen Kräfte – in jeglicher Hinsicht. Die diesem Projekt untergeordnete Seelensippe von sieben Familien, zu der Hildegard gehört, hat sich zur Aufgabe gemacht, alle Aspekte einer besonderen Fähigkeit des Menschen zu untersuchen, nämlich seinen Gesichtssinn auch dann zu aktivieren, wenn es nichts Konkretes, Aktuelles zu sehen gibt, sondern gerade dann am besten zu schauen, wenn die Augen als Sehkörper geschlossen bleiben.

Von den sieben Seelenfamilien, die Hildegards Seelensippe ausmachen, befasst sich also eine mit dem Schauen von Erinnerungsbildern, eine andere mit der Fähigkeit, noch niemals Dagewesenes zu erblicken als Form der Zukunftsplanung. Eine dritte beschäftigt sich mit der Fähigkeit des Menschen, präzise zu träumen, eine vierte wiederum mit der Möglichkeit eines Menschen, Fantasien zu entwickeln, die weder früher noch in Zukunft, noch in der aktuellen Gegenwart gestalthafte Wirklichkeit erlangen können oder werden, und so weiter.

Hildegards eigene Seelenfamilie bearbeitet eine besondere visionäre Fähigkeit, nämlich geistige Dimensionen in bildhafte Erscheinungen und Strukturen umzusetzen. Euch will scheinen, dass eine solche Seelenfamilien-Aufgabe lediglich von Reifen und Alten Seelen bewältigt werden kann. Doch dem ist nicht so. Seit diese Seelenfamilie ihre körperliche Existenzform in die Wege leitete und damit Erfahrungen machte, haben alle Mitglieder Visionen mannigfaltiger Art entwickelt, auch als Säugling-Seelen. Sie haben ihre Möglichkeiten, geistige Inhalte, göttliche Energien oder dämonische Kräfte in kunstvoll gestaltete Bilder umzusetzen, genutzt und vielerlei unterschiedliche Ergebnisse in materieller und nicht materieller Form hervorgebracht.

Ob eine Säugling-Seele in einem besonders geformten Zweig das Abbild einer Gottheit erblickt oder eine Kind-Seele die Energie einer Höhle einem bestimmten dämonischen Einfluss zuschreibt – dies alles beruht auf der Möglichkeit von Menschen, Nichtmaterielles und daher Ungestaltetes in materielle Formen und Gestalthaftes zu überführen, eben über die Fähigkeit zur visionären Erfassung des Wesentlichen.

Bei der Betrachtung der drei Leben auf der Stufe Alt 3, die jene Seele gelebt hat, die unter anderem als Hildegard von Bingen bekannt geworden ist, lässt sich unschwer erkennen, dass jedesmal ein Schwergewicht auf dem Wunsch und der Fähigkeit liegt, Materieloses in Konkretes, Gestaltloses in Gestaltetes umzuwandeln. Der Sheik beherrschte jene magischen Praktiken, die ihm die Ausübung seiner Lebensaufgabe erlaubten und erleichterten. Der junge Chinese setzte die Ergebnisse seiner Zwiesprache mit den Göttern und Dämonen in Bilder und Gedichte um. Und Hildegard selbst verfügte über eine Vielzahl an Möglichkeiten, das, was sie schaute, in geschriebenes Wort, in Sprache, in gemalte Visionen, in Strukturen und in musikalische Rhythmen zu übertragen.

Selbst ihre medizinischen und paramedizinischen Schriften stellten einen Versuch dar, geistig geschaute Wahrheit in eine konkret zu begreifende und anwendbare Form zu übersetzen.

Im Wesentlichen ging es Hildegard stets um Ordnungen, das heißt darum, in angeblich ungeordneten Bereichen – wie die kosmischen oder universalen Gebilde der transpersonalen beziehungsweise göttlichen Sphären – eine Ordnung zu entdecken, die die Schönheit, die Wahrheit und Bedeutung des Erfahrenen auch anderen erfahrbar und begreifbar macht.

Ein weiteres – wenn auch seelisch jüngeres – Mitglied dieser Seelenfamilie war **Tycho Brahe**. Er war ein Astronom, der das Unfassbare des stellaren Universums in Berechnetes und Berechenbares umsetzen wollte. Er war ein Mensch, der aus der unbegreifbaren Ordnung des als göttlich empfundenen Himmels eine begreifbare und dem Menschen begreifbare Spiegelung des großen Weltgeistes erschaffen wollte.

Wir möchten in Erfahrung bringen, worin der Kulminationspunkt von Alt 3 im dritten Leben auf dieser Stufe bestand.

Die inkarnierte Seele mit dem Namen Hildegard schloss ihre Entfaltung auf der dritten Stufe des Alten Zyklus erst auf ihrem Sterbebett ab. Denn dort gelangte sie zu einer Einsicht und zu einer Aussage, die im Rahmen ihrer Möglichkeiten einen absoluten Höhepunkt an Aufrichtigkeit erreichten. Das war das **Kulminationserlebnis**.

Es war einen Tag vor ihrem endgültigen Ableben. Sie spürte den Zeitpunkt ihres Todes nahen, hatte alle Hoffnung auf eine Besserung ihrer Befindlichkeit aufgegeben und schöpfte nun mehr denn je Hoffnung auf eine immer während Gesundung ihrer Seele in Gott und bei Gott. Als sie sich klar machte, dass sie sehr bald vor ihren Schöpfer treten würde, erkannte sie auch, dass sie vor ihm würde Rechenschaft über ihr Sein und Wirken ablegen müssen, so wie sie es im Rahmen ihres Glaubens verstand.

Da wurde ihr die Einsicht zuteil, dass sie nicht scheiden dürfe, ohne zuvor etwas überaus Wichtiges mitgeteilt zu haben. Sie ließ unverzüglich ihren Beichtvater rufen, obgleich sie schon am Tag zuvor ihre Beichte abgelegt und die Sterbesakramente empfangen hatte, denn man rechnete in jedem Augenblick mit ihrem Tod. Als der Geistliche in ihr Zimmer trat, schickte sie alle anderen hinaus, die sonst stets bei ihr waren, sie pflegten, betreuten, ihr Beistand leisteten, und ließ die Tür verschließen.

Dann begann sie eine nicht ritualisierte Beichte abzulegen, sich ihrem Beichtvater in einer neuen Art und Weise anzuvertrauen und sich selbst dadurch so sehr offen zu legen, wie sie es bislang in ihrem langen Leben niemals getan hatte. Sie teilte ihm mit, was wir in wenigen Worten folgendermaßen zusammenfassen können:

»Ich bekenne vor Gott und den Menschen: Ich habe nicht alles gesagt, was ich von Gott empfangen habe, denn ich hatte Angst. Ich habe das, was ich empfing, nicht selten so verändert, dass es mir keine Nachteile einzubringen vermochte. Ich habe Unerhörtes und Erregendes geschaut, es jedoch nicht ausgesprochen und nicht aufgeschrieben, weil ich es weder verstand noch beurteilen konnte. Und doch weiß ich: Es enthielt göttliche Wahrheit. Ich habe Gott dem Herrn nicht Gehorsam geleistet, als ich der Ehre meines Klosters den Vorrang vor Seiner Ehre zu geben trachtete.«

Und Hildegard fügte hinzu: »Ich beauftrage dich als meinen Beichtvater, alles, was ich dir anvertraut habe, nach deinem Ermessen bekannt zu machen.«

Der Geistliche fühlte sich von Zweifel und Verwirrung erfasst, als er die Worte der sterbenden Äbtissin vernahm. Er versuchte sich einzureden, dass sie angesichts des nahenden Todes in ihrer Schwäche vom Satan in Versuchung geführt worden sei. Er konnte sich zunächst nicht entscheiden, ob er Hildegard eine Bußübung auferlegen sollte oder aber ihr die Absolution erteilen müsste. Die alte Frau auf dem Sterbebett erkannte seinen Konflikt, und in dem Augenblick, als sie mit der ihr vertrauten Klarsicht feststellte, dass ihre eigene Aussage nicht von dem Wunsch nach der Absolution, der Freisprechung von ihrer Sünde und der Vergebung durch den Priester abhängig gewesen war, sondern einem reinen Bedürfnis nach vollkommener Ehrlichkeit entsprungen war – eine Ehrlichkeit, die ihren Sinn, ihr Ziel und ihren Zweck in sich selbst trug und nicht darauf bedacht war, eine Resonanz der einen oder der anderen Art zu erzeugen –, vollzog sich in ihrer Seele das, was wir den Kulminationspunkt der Entfaltung nennen.

Sie wurde frei. Denn mit ihrem Geständnis hatte der Mensch mit dem Namen Hildegard sowohl eine absolute Innenschau als auch eine absolute Außenwirkung miteinander verknüpft. Es wäre durchaus denkbar gewesen, dass sie mit dieser Erklärung wesentliche Anteile ihres Lebenswerkes hätte zunichte machen können. Der Priester jedoch entschied in seiner Not, das Beichtgeheimnis über alles zu stellen und Hildegards Wunsch nach einer wie auch immer gearteten Verbreitung ihrer Selbstkorrektur nicht zu entsprechen. So erfuhr niemals irgendein anderer Mensch von dem Vermächtnis Hildegards. Ihr wurde die Absolution zuteil, und sie starb in einem inneren Frieden, den sie noch wenige Tage zuvor nicht gekannt hatte.

Ich habe da eine Verständnisschwierigkeit. Ich sehe deutlich den Anteil »präzise Innenschau«, der ein wesentliches Stück Ehrlichkeit mehr artikuliert, aber es ist gar keine Außenwirkung dafür erkennbar. Insofern kann ich nicht nachvollziehen, wieso dies eine Kulmination sein kann, zumal sie ja doch andere Anwesende extra hinausgeschickt hatte. Was da beschrieben wird, geschieht doch fast rein innerseelisch.

Die Außenwirkung besteht nicht immer in einer faktischen breiten mitmenschlichen Resonanz von Gesagtem und Getanem. Hildegard hieß die Klosterschwestern sich entfernen, weil sie wusste, dass keine unter ihnen in der Lage war – weder geistig noch menschlich –, diese Beichte so zu hören, wie sie gemeint war. Die Verbindung der Innenschau mit der beschriebenen Außenwirkung bestand darin, dass Hildegard die Erkenntnisse der Innenschau nicht für sich behielt, wie sie so vieles ihr Leben lang für sich behalten hatte. Die Menschen eurer Zeit können sich kaum mehr die Brisanz, die Gefahr und die Not vorstellen, die damals mit einer solchen Aussage vor einem Diener Gottes wie dem priesterlichen Beichtvater verbunden gewesen sind.

Die Außenwirkung bestand des Weiteren auch darin, dass der Priester die erhaltenen Informationen nicht weitergab, jedoch selbst mit diesem Geheimnis und Konflikt leben musste. Er unternahm in der Folge einiges, um bereits vorhandene und verbreitete Codices mit den Schriften der Hildegard zu vernichten oder verschwinden zu lassen. Andererseits aber war auch er von den in ihnen enthaltenen Visionen und Botschaften fasziniert und überzeugt, sodass sein eigenes seelisches Wachstum in der Auseinandersetzung mit dem Material seiner Übermittlerin und der göttlichen Wahrheit dahinter gefördert wurde.

Außenwirkung ist also keineswegs immer identisch mit Breitenwirkung. Hildegard hat zeit ihres Lebens eine große Breitenwirkung erzielt – und Jahrhunderte nach ihrem Tod eine noch viel größere. Die rückhaltlose Offenheit, die auch keinen Einfluss darauf nehmen will, was mit dem Gesagten in der Welt geschieht, ist das Zeichen für eine gelungene Bewältigung der Entfaltungsaufgabe auf der Stufe Alt 3.

Wir wüssten gern, wo sich diese Seele jetzt in ihrer Entwicklung befindet. Wo lebt sie jetzt, oder wie war ihre letzte Inkarnation auf welcher Altersstufe?

Verständlicherweise können wir die weitere seelische Entwicklung mittels verschiedener Inkarnationen nicht in allen Einzelheiten beschreiben und mitteilen. Wir wollen jedoch einen kurzen Einblick in ein Leben auf der Stufe Alt 6 geben, auf der diese Seele sich jetzt in ihrer Entwicklung befindet.

Die Seele, die einst Hildegard von Bingen als Körper und Persönlichkeit erschuf, lebt und wirkt zu der Zeit, in der wir zu euch sprechen, in einem weltweit bekannten Menschen mit dem Namen **Nelson Mandela**. Seine Entfaltungsaufgabe Alt 6, »Durch Sein wirken und auf Tun verzichten«, hat dieser Mann ein Leben lang aufs Schönste bearbeitet und nahezu erfüllt.

Wie stellt sich dieses Sein von Nelson Mandela als Wirkung nach außen dar?

Die Jahre im Gefängnis waren nicht weniger wirkungsreich als die Zeiten politischer Aktivität und Verantwortung. Mandela ist von tiefstem Vertrauen in eine höhere Sinnstruktur und Ordnung erfüllt. Dieses Vertrauen ermöglicht es ihm, auch anderen Menschen Vertrauen einzuflößen und allein durch sein inneres Leuchten eine Veränderung nicht nur in seinem Heimatland, sondern in den Bewusstseinsschichten der halben Erdbevölkerung herbeizuführen, die niemals durch Tun allein hätte bewirkt werden können. Seine aktive Einflussnahme auf die Politik Südafrikas beschränkte sich im Wesentlichen darauf, den Geboten der allfälligen Entwicklung hingebungsvoll und gehorsam Folge zu leisten und sein Leben, seine Gesundheit, seine Familie und seine Freunde als Einsatz zu leisten, damit aus

einer fundamentalen Unrechtshaltung eine humane Verant-
wortlichkeit und Rechtsordnung entstehen kann, die zwar noch
nicht vollendet wurde, jedoch auf historisch lange Sicht betrachtet zur Erfüllung gelangen wird.

Therese von Konnersreuth

Biografische Information: Therese Neumann wurde 1898 in Konnersreuth, einem oberpfälzischen Dorf, geboren. Sie war außerehelich gezeugt worden – und dadurch eine »Schande«, was ihr die Abneigung der streng katholischen Eltern eintrug. Schon als Kind musste sie schwer arbeiten und reagierte auf die Überforderung mit verschiedenen Krankheiten.

Mit sechzehn Jahren wäre sie gern Krankenschwester in Afrika geworden, da aber der Vater im Krieg war, musste sie sich als Magd verdingen, um die Mutter und neun jüngere Geschwister zu ernähren. Von der französischen Front brachte ihr der Vater ein Bild der frommen Karmeliterin Thérèse von Lisieux mit. Resl, wie sie in Konnersreuth genannt wurde, betete jahrelang voller Inbrunst vor diesem Bild um Genesung. Denn sie war immer wieder schwer krank, zeitweilig erblindet und gelähmt. Der Ortspfarrer besuchte das junge Mädchen und bestärkte es in seinem Glauben. 1922 wurde Thérèse von Lisieux selig gesprochen, 1925 heilig gesprochen. Zu beiden Gelegenheiten soll Resl Neumann Heilungsschübe erfahren haben. Dennoch war sie immer wieder bettlägerig. Ihr Zimmer wurde zum Mittelpunkt des Elternhauses, man entband sie von der Arbeit. Täglich kam der Pfarrer, um mit ihr zu reden.

In der Karwoche 1926 traten bei der jungen Frau zum ersten Mal Stigmatisierungen auf. Immer häufiger blutete sie nun nicht nur aus den Kreuzigungswunden, sondern auch aus den Augen. Ihre Imitatio Christi verband sie mit einer Identifika-

*tion mit ihrem Vorbild, der hl. Thérèse von Lisieux. Wie diese
berichtete sie von zahlreichen Visionen. Sie fastete viel, aß nach
1922 angeblich nur noch flüssige Nahrung, soll nach 1927 nur
noch die Hostie mit etwas Wasser zu sich genommen haben.
Solche Kost konnte nicht verhindern, dass sie immer korpulen-
ter wurde. Aufforderungen der Kirche, diese »Wunder« klinisch
beobachten zu lassen, kam Resl nicht nach. Ihr Krankenzimmer
wurde zum Wallfahrtsort; Geistliche feierten an ihrem Bett die
Messe. Die gesamte Familie arbeitete nun für die älteste Tochter, Spenden flossen zahlreich. Über dreißig Jahre lang pilgerten
Tausende von Gläubigen das ganze Jahr über, besonders aber
während der Karwoche, nach Konnersreuth. Sogar der Dalai
Lama suchte Resl auf. In kleinen Gruppen durften die Pilger sie
in ihrem Zimmer betrachten. Man berichtete von zahlreichen
Wunderheilungen.*

*Resl starb 1968. Zu ihrer Beisetzung erschienen 7000 Men-
schen, unter ihnen der bayerische Kultusminister. Ihr Grab ist
Pilgerstätte; ein Anbetungskloster der Marienschwestern vom
Berge Karmel in Konnersreuth trägt ihren Namen. Auch heute
noch ist das Dorf ein viel besuchter Wallfahrtsort. Das Erzbi-
schöfliche Generalvikariat München entschied jedoch schon
1952, »...dass den Vorgängen in Konnersreuth keine andere
als menschliche Glaubwürdigkeit zugesprochen werden kann«.
Diese Auffassung wurde bislang von kirchlichen Stellen nicht
revidiert.*

Wir interessieren uns für eine Frau, die im deutschsprachigen Raum und
besonders in Bayern im 20. Jahrhundert wie eine Heilige verehrt wurde
und die zeit ihres Lebens viel Aufsehen erregt hat. Man nannte sie die
Resl von Konnersreuth. Sie galt als Stigmatisierte, hatte Visionen und
nahm jahrelang weder Speise noch Trank zu sich. Bei den Gläubigen, die
zu ihrem Leidenslager pilgerten, ergaben sich spontan Wunderheilun-

gen, und auch heute noch besitzt Konnersreuth für viele Pilger große Anziehungskraft. Wie kommen solche Phänomene zustande? Um eines besseren Verständnisses willen bitten wir erst einmal um das Seelenmuster von Therese Neumann.

Sie war ein **Künstler** (Energie 2) mit dem Hauptmerkmal der Angst **Märtyrertum** (Energie 3), Nebenmerkmal **Gier** (Energie 5) und Entwicklungsziel **Herrschen** (Energie 7), Modus **Leidenschaftlichkeit** (Energie 6), Mentalität **Spiritualist** (Energie 6), Reaktionsmuster **emotional-motorisch** (Energien 1 und 7), und das Seelenalter war **Jung 5** (Energien 3 und 5).

Die Entfaltungsaufgabe für die Stufe Jung 5 lautet: »Unabhängig von der ursprünglichen Lebenssituation das Leben selbst in die Hand nehmen«. Das bedeutet, sich nicht zum Opfer der Verhältnisse machen lassen, nicht zu resignieren, einen Schritt in die aktive, individuelle und absichtliche Gestaltung der eigenen Umstände tun.

Ihr Seelenweg war der Weg 5: **Weg der Sehnsucht.**

Ihre Seelenfamilie besteht aus den Energien von **Künstlern** (2), **Kriegern** (3) und **Priestern** (6). Die Seelenfamilien-Aufgabe befasst sich mit der Erforschung, wie Willenskraft und Fantasie zugunsten lebensrettender Wirkungen eingesetzt werden können.

Ihre Seelenchiffre lautet: **2 3/5 7 6 6 1/7 3/5 W 5.** Der Schwerpunkt liegt auf der königlich-kriegerischen Aktionsebene (3 und 7), ergänzt durch die Expressivität der »Künstler«- und »Weisen«-Energien (2 und 5). Zwei »Priester«-Energien (6) geben die Art und Weise an, in der dies Leben gestaltet wurde.

Zum Verständnis des Seelenmusters von Therese:
Die Seelenrolle des »Künstlers« (Energie 2) gibt einem Menschen eine besondere Fähigkeit zu Spontaneität, Freude und Einfallsreichtum. Im negativen Pol ist er ein Mensch, der künst-

lich wirkt; seine Einfälle sind wenig originell. (Beachtenswert sind in diesem Zusammenhang die Dokumentar-Filmaufnahmen von Resls »Visionen« im Gemüsegarten, deren Inszenierungen genau den Heiligendarstellungen in der Kunst und auf Andachtsbildchen folgen.)

Das Hauptmerkmal der Angst »Märtyrertum« (Energie 3) entwickelt ein Mensch besonders dann, wenn er unerwünscht auf die Welt kam und so das tiefe Gefühl entwickelt, sich allein durch seine Existenz schuldig gemacht zu haben, und nun glaubt, diese Schuld abtragen zu müssen in einer kriegerisch aufopferungsvollen Art. Ein tiefes Gefühl von Wertlosigkeit glaubt er so durch edle Selbstlosigkeit ausgleichen zu können. – Das Nebenmerkmal der Angst »Gier« (Energie 5) entwickelt sich aus einem ursprünglich als lebensbedrohlich empfundenen Mangelgefühl speziell im Bereich der Ernährung.

Das Entwicklungsziel »Herrschen« (Energie 7) verleiht Führungsqualitäten, eine Fähigkeit zur Selbstbeherrschung und – bei entsprechenden weiteren Matrixvariablen – eine Neigung, sich beherrschen zu lassen. Therese ließ sich zuerst von ihrer Familie und den vielen Erkrankungen beherrschen, dann nahm sie das Heft in die Hand und beherrschte die Situation.

Der Modus »Leidenschaftlichkeit« (Energie 6) verleiht Intensität und Charisma, aber auch eine Neigung zu psychosomatischen Erkrankungen und heftigen Stimmungsschwankungen. Ein Leidenschaftlicher tut die Dinge des Lebens ganz oder gar nicht; er wirkt mitreißend und oft fanatisch.

Die Mentalität des »Spiritualisten« (Energie 6) prägt gutgläubige, sich spirituell verbunden fühlende, oft naive Menschen, die die Ereignisse ihres Lebens und der Welt als zeichenhaft und tief bedeutungsvoll empfinden. Ein »Spiritualist« sucht und empfängt göttliche Führung, aber vieles bildet er sich nur ein – bis hin zu Wahngedanken. »Spiritualisten« scheuen die Überprüfung ihrer Glaubenssätze, da dadurch ihr Weltbild ins Wanken geraten könnte. Die priesterliche Energiequalität dieser Mentalität fördert visionäre Kräfte.

Das »emotional-motorische« Reaktionsmuster (Energien 1 und 7) deutet auf einen sehr empfindsamen Menschen, der von seinen Gefühlen geleitet oder beherrscht wird und ebenso starke Emotionen bei den Mitmenschen auslöst, wie er selbst empfindet. Mit diesem Reaktionsmuster ist die verbale Ausdruckskraft eher begrenzt, dafür die Fähigkeit, Menschen zu rühren und zu bewegen, Mitgefühl zu erregen und Mitgefühl zu entwickeln, äußerst stark.

Die Entfaltungsstufe des Seelenalters Jung 5 (Energien 3 und 5) verbindet Weises mit Kriegerischem. Der gesamte Zyklus der Jungen Seele ist auf die Entwicklung von Ich-Stärke, Willenskraft und Eigeninitiative ausgerichtet. Auf der Stufe 5 geht es darum, ein Schicksal nicht als unabänderlich und gegeben zu betrachten, sich nicht als Opfer der Verhältnisse zu empfinden, sondern aktiv und mit festem kriegerischem Willen die Situation zu verändern, in das Geschehen einzugreifen. Daher erleben diese Menschen, dass sie oft nach Jahrzehnten eine völlig neue und verbesserte Lebenslage aus eigener Kraft, wenn auch oft unbewusst, kreiert haben. In Thereses Fall ist auch ein Weg vom Mangel in die Fülle zu beobachten, ein Phänomen der Energie 5.

Es ist nicht in unserem Interesse, eine Aussage über einen Menschen zu machen, der seine einzigartigen Entscheidungen aus gutem Grund getroffen hat, um diese Entscheidungen als irreführend oder betrügerisch zu brandmarken. Bei allem also, was wir über diese Therese Neumann an Informationen an euch weitergeben, möchten wir betonen, dass es uns dabei nicht um Enthüllungen geht, die das Ziel haben, das Leben und die

Handlungen sowie auch die Wirkungen dieses Menschen einer entwertenden Kritik zu unterziehen.

Da es jedoch für euch um die Frage geht, ob die Phänomene, die man ihr zuschreibt, von einer göttlichen Macht hervorgebracht wurden, sozusagen von einer Instanz, die die Heiligmäßigkeit dieser Frau mit sichtbaren Zeichen unterstreichen wollte, oder ob die ganze Darstellung der Stigmata eine geplante und brillant durchgeführte Inszenierung war oder ob es sich um ein medizinisch-psychisches Symptom handelte, das unter der Kategorie Hysterie zusammengefasst werden kann, wird es uns nicht leicht fallen, unsere Mitteilungen so in Worte zu fassen, dass ihr aus den empfangenen Informationen nicht doch eine Wertung oder Entwertung ableitet.

Wir möchten beginnen, indem wir sagen: Therese Neumann war keine »von Gott Erwählte«. Sie wurde vielmehr von den vielen Menschen, die von ihrem Schicksal ergriffen waren und an ihre Stigmata glaubten, zu einer Heiligen und zu einem Vorbild erwählt. Und das ist nicht weniger wertvoll.

Hinter ihrer gesamten Geschichte und Entwicklung steht – abgeleitet aus dem **Angstmerkmal Märtyrertum** – die Frage nach dem Wert eines menschlichen Wesens in den Augen seiner Mitmenschen und vor denjenigen Glaubensinstanzen, die sich dieses Wesen als übergeordnet setzt. Noch wichtiger als diese beiden äußeren Gradmesser des Wertes ist jedoch die Frage nach dem Selbstwert, der eigenen Einschätzung und den entsprechend dieser Einschätzung unternommenen Anstrengungen, den eigenen Wert unter Beweis zu stellen.

Therese war vorehelich gezeugt und daher ein unerwünschtes und seit seiner Empfängnis mit Abscheu und Abwehr, mit Scham und mit Schande belastetes Kind. Nicht nur die eigene Existenz wurde von Therese schon im Kleinkindalter als Fluch empfunden. Auch an den Schuldgefühlen beider Eltern trug das kleine empfindsame Mädchen schwer, und nicht zuletzt musste es die üble Nachrede und die Hänseleien der dörflichen Nachbarschaft und der Verwandtschaft ertragen.

Während einer frühen mehrmonatigen Abwesenheit vom Elternhaus verfestigte sich die schmerzvolle Empfindung, nicht geliebt und von niemandem als Menschenwesen angenommen zu sein, zu der Gewissheit, von den Eltern ganz zu Recht verstoßen zu werden. Denn das Fortgegebenwerden wurde begleitet von einer Reihe hasserfüllter und schuldbeladener Äußerungen, die dem Kind endgültig klar machten, dass es trotz aller selbstlosen Anstrengung auf die Zuneigung seiner Eltern nicht zählen konnte. Da nun aber auch in der neuen Umgebung nichts als Lieblosigkeit und Kälte zu erfahren waren, gab es für diesen jungen Menschen nur einen einzigen Ausweg, der sich durch die strenge katholische Erziehung als Ventil für die angestauten verzweifelten Aggressionen und Minderwertigkeitsgefühle anbot.

Weil dem Kind von Anfang an stets befohlen worden war, viel zu beten, um seine Seele von der Sünde rein zu waschen, die aufgrund seiner vorehelichen Empfängnis auf ihm lastete, und weil die damit verbundenen Bußübungen bereits zur Gewohnheit geworden waren, entwickelte Therese die Vorstellung, dass sie sich tatsächlich von dem Makel ihrer Zeugung und damit ihrer Existenz reinigen könnte, indem sie, die ohnehin schon weitaus mehr als die allermeisten Kinder zu leiden hatte, dieses Leid zu einem Verdienst ummünzte.

Es entstand also in ihr der vage Gedanke, sie könne sich durch körperliches Leiden ihres Lebens würdig erweisen – und dass dieses Leben umso würdiger und wertvoller sein würde, je mehr sie sich dem Leiden schenkte. Die erste, noch kleinkindliche Lösung bot sich dadurch an, dass Therese den Wert von Krankheit und Bettlägerigkeit entdeckte. Mit den Jahren des

171

Heranwachsens geschah es immer häufiger, dass sie sich mit hohem Fieber und Infektionskrankheiten die notwendige elementare Aufmerksamkeit und Zuwendung besorgte. Es handelte sich auch in diesen Fällen nur um das Allernotwendigste, Lebenserhaltende, doch war es immer noch mehr, als sie sonst gewohnt war. Ihr Alltag zwischen den Krankheiten bestand aus härtester Arbeit und kargem Essen.

Eine weitere Quelle tiefen Kummers ergab sich aus der Erkenntnis, dass die nachgeborenen Geschwister, besonders aber die Knaben, eine wesentlich freundlichere Behandlung durch die Eltern erfuhren. Resl war der Sündenbock der gesamten Familie.

Mit Einsetzen der Menarche entstand für Therese eine neue Quelle der unverständlichen Scham und bestürzenden Entwertung. Da sie nicht wusste, was die Monatsblutung zu bedeuten hatte, und nicht gewohnt war, sich mit ihren Ängsten irgendeinem anderen Menschen anzuvertrauen, sie sogar in einer äußerst deutlichen Isolation von den anderen Familienmitgliedern lebte, erschien ihr die in regelmäßigen Abständen wiederkehrende Blutung wie ein Beweis ihrer Unreinheit und ihres Unwerts, der sie zur Verzweiflung trieb.

Da Therese mit der überwältigenden psychischen Last ihrer Wertlosigkeit nicht leben und arbeiten konnte, entwickelte sie – ohne es zunächst zu bemerken, da sie es für normal hielt – eine zunehmende körperliche Schmerzunempfindlichkeit, die psychosomatisch bedingt war. Sie hatte am ganzen Körper ein Taubheitsgefühl, und wann immer sie sich bei der Arbeit verletzte, konnte sie feststellen, dass sie keinen körperlichen Schmerz empfand, wohl aber reichlich blutete. Sie betrachtete ihre kleinen und größeren Wunden oft mit einer Mischung aus Teilnahmslosigkeit und Neugier, so wie ein Metzger das Ausbluten eines von ihm geschlachteten Tieres ohne Gefühlsbeteiligung betrachten kann. Da sie selbst nicht ahnte, dass ihre Schmerzunempfindlichkeit nicht auch von anderen geteilt wurde, und überdies alle in ihrer Familie sich durch eine extreme Härte den eigenen körperlichen Erscheinungen gegenüber auszeichneten, fiel eine Reihe von Jahren niemandem auf, dass sie sich in der Fähigkeit, keinen Schmerz zu empfinden, von ihren Mitmenschen unterschied.

Als dieses psychopathologische Krankheitsbild dann in Muskellähmungen, Erblindung und andere psychosomatische Krankheitsbilder überging, sie nicht mehr gehen konnte und sich deshalb wirklich zu Bett legen musste, konnte sie einen weiteren Schritt auf eine wachsende Gefühllosigkeit hin unternehmen. Denn ihre Erfahrung mündete in die Erkenntnis, dass es ihr aufgrund einer sehr eigenartigen psychischen Ökonomie umso besser ging, je weniger sie irgendwie geartete körperliche, geistige oder psychische Empfindungen zuließ. Die Familie arbeitete den ganzen Tag schwer, und sie lag allein in ihrer Kammer, kam dadurch zur Ruhe, wurde nicht mehr gehänselt und gequält und erhielt sogar besseres Essen als zuvor.

Natürlich war ihr durch die Ereignislosigkeit ihrer oft Wochen und Monate dauernden Bettlägerigkeit eine neue Möglichkeit gegeben, die Fantasie schweifen zu lassen und eine neue Überlebensstrategie zu entwickeln, die sowohl eine größtmögliche Schonung mit den dadurch gegebenen Freiräumen und Profiten als auch die Möglichkeit eines geheimen Eigenlebens bot. Die Neigung, ein fantasievolles Innenleben zu entfalten, das von niemandem geteilt wurde, und auch alle möglichen Handlungen heimlich zu unternehmen, stellte sich als eine neue Herausforderung dar. Wenn sie gewiss sein konnte, allein im Haus zu sein, stand sie auf, ging im Zimmer auf und ab und legte sich beim geringsten Geräusch eines herannahenden Verwandten schnell wieder zu Bett.

Die Langeweile brachte sie, wie viele junge Mädchen, auch dazu, sich im Spiegel zu betrachten, die Pickel auf der Haut aufzukratzen und andere selbstzerstörerische Handlungen vorzunehmen. Da ihr selbst größere Wunden nicht wehtaten, wurde dies zu einem interessanten Zeitvertreib. Die Monatsblutungen flossen überreichlich und konnten durch die Bettlägerigkeit auch den Angehörigen nicht mehr verheimlicht werden. Die Eltern waren im Übrigen froh über die Krankheit der Tochter, denn sie wurde auf diese Weise davor bewahrt, mit jungen Männern in Kontakt zu treten und womöglich dasselbe Schicksal durch vorzeitige Schwängerung zu erleiden wie ihre Mutter. Und da der Mutter kein Gedanke furchtbarer war, als eine erneute Schande in ihrer Familie erleben zu müssen, unterstützte sie auf ihre Weise die Absonderung und die Bettlägerigkeit der Tochter.

Auch Therese fühlte sich in ihrer Kammer sicher, zumal sie dadurch auch von der schweren Arbeit verschont blieb. Allerdings erwachte mit den Wochen und Monaten ein unbändiger Lebenswille in ihr. Sie wollte ihre Kräfte nicht vollständig verlieren. Und obgleich sie wegen der mangelnden Bewegung an Appetitlosigkeit litt, wuchs doch in ihr der Entschluss, nicht vorzeitig an ihrem Elend zugrunde zu gehen.

Krank zu sein, an interessanten Symptomen zu leiden und dadurch schon in jungen Jahren eine besondere Position in der Familie und in der Verwandtschaft einzunehmen, das hatte ihr einen erheblichen Gewinn eingebracht. Hätte sie dieses jedoch so wahrgenommen, wie wir es ausdrücken, wäre sie an ihren eigenen Schuldgefühlen zugrunde gegangen. Sie musste also, um weiterhin vor sich selbst bestehen zu können, ihre Krankheitssymptome und anderen Leiden in irgendeiner Weise deuten oder überhöhen.

Da sie nur von einer einzigen Person in ihrer unmittelbaren

Umgebung ein wenig Zuneigung empfing, nämlich vom Pfarrer ihrer Gemeinde, der sie aufsuchte, sich an ihr Bett setzte und seinen ganzen Stolz darauf verwendete, seine Vorstellung von Nächstenliebe an diesem in seinen Augen so reinen und frommen Mädchen zu erproben, begann sie – um dieser Beziehung etwas Eigenes entgegenzubringen – damit, dem Pfarrer religiöse Fantasien zu berichten, von denen sie spürte, dass sie ihm Freude machten und ihn beeindruckten.

In den vielen langen und öden Stunden, die sie allein in ihrem Bett verbrachte, ging ihr so manches durch den Kopf, und es war ihr nicht möglich, da sie auch über wenig geistige Bildung verfügte, ihre Fantasien von einer frommen geistigen Schau oder von halluzinatorischen Erscheinungen zu unterscheiden. Je mehr aber der Pfarrer ihre Bilder und Visionen begeistert anhörte, die Inhalte aufgriff und sie dafür lobte, umso häufiger brachte sie diese hervor. Er wiederum schenkte ihr Bildchen und Broschüren, die ihrer Fantasiebildung Nahrung gaben. Ermuntert durch seine Anteilnahme und Unterstützung sowie veranlasst durch ihre eigene von Geburt an deutliche Leidensgeschichte und deren Sublimierung, begann sie sich selbst heimlich als eine Heilige zu sehen und zunehmend auch als eine solche zu stilisieren, da sie spürte, dass sie dadurch zum ersten Mal etwas Außergewöhnliches darstellte und damit auch ihren Wert als Mensch und Jungfrau nachhaltig unter Beweis stellen konnte.

Die Heiligsprechung eines anderen jungen Mädchens mit demselben Vornamen (Thérèse von Lisieux), von dem ihr häufig berichtet wurde und das in jenen Jahren großes Aufsehen erregte, spornte Resl mehr als jemals zuvor dazu an, sich fromm und heiligmäßig zu gebärden und ihre Fantasien mit visionären Versatzstücken auszuschmücken, die sie ihren frommen Büchlein und den Erzählungen des Pfarrers entnehmen konnte.

Nun waren auch Mutter und Vater mit ihrer lästigen Tochter mehr und mehr ausgesöhnt, denn die Kunde von ihrer Frömmigkeit verbreitete sich bald im Dorf und in der weiteren Umgebung. Der Pfarrer war ein guter Leumundträger, und die Nachricht von Thereses ungewöhnlicher religiöser, visionärer Ausdrucksweise warf einen neuen Glanz auf die ursprünglich moralisch kontaminierte Familie zurück. Der Vater behandelte sie jetzt mit mehr Respekt, und in Therese wuchs der Wunsch, von der Jungfrau Maria oder durch den Einfluss der hl. Thérèse von Lisieux geheilt zu werden oder zumindest als geheilt zu erscheinen, denn ihre Krankheiten waren sowohl real als auch nicht real. Ihre Zustände wechselten. Es ging ihr gut und dann wieder schlecht. Sie war gelähmt und konnte dann wieder laufen. Sie hatte Sehstörungen, die jedoch auch wieder nachließen. Allerdings beteiligte sie ihre familiäre Umgebung nicht gern an den gebesserten Zuständen, sondern behielt es für sich, wenn sie spürte, dass sie ihre Beine wieder bewegen und ihre Augen wieder gebrauchen konnte. Die Empfindungslosigkeit ihrer oberen Hautschichten und die nervliche Störung in Händen und Füßen hatten nicht nachgelassen.

Therese befleißigte sich immer größerer Frömmigkeit. Der Heiland, der Gekreuzigte, der für die Menschheit gelitten und sein Leben gegeben hatte, wurde ihr zum höchsten Vorbild. Gerade in der Fastenzeit des Jahres 1926 entschied sie sich, ganz auf feste Nahrung zu verzichten, um sich gebührend auf die Karwoche vorzubereiten. Dieser Nahrungsverzicht kam ihrer Disposition zur Magersucht ohnehin entgegen.

Stärker noch war jedoch ihr Antrieb, den großen Asketen der Kirchengeschichte nachzueifern und auch eine Nachahmung der vierzig Fastentage, die Jesus sich auferlegt hatte, zu versuchen. Sie war sicher, dass ihr eine lange Fastenperiode ebenso wesentliche geistliche Veränderungen bringen würde wie Jesus, der sich dadurch in der Wüste auf sein Heil bringendes Wirken vorbereitete. Als dann die Karwoche kam, beschloss sie halb bewusst und halb aus unbewusstem Antrieb heraus, ihre Imitatio Christi noch weiter zu treiben, und begann mit einem Messer in ihre Hände und Füße, dort wo sie die Wundmale Christi vermutete, tiefe Löcher zu bohren.

Den naiven Familienangehörigen, die von der Frömmigkeit ihrer ältesten Tochter und Schwester einen großen Vorteil im Ansehen der Gemeinde erlangt hatten, erschien das Auftreten von Wundmalen nur wie eine zusätzliche Bestätigung dessen, was sie ohnehin zu glauben begonnen hatten, nämlich dass Therese eine ebenso große Heilige sein könne wie die jungfräuliche Thérèse von Lisieux.

Dennoch waren die vermeintlichen Stigmata für alle, die das Mädchen an Händen und Füßen bluten sahen, eine erschütternde Erfahrung, die ihren christlichen Glauben vertiefte. Denn das Geschehen eines Blutwunders berührt diejenigen, die es sich nicht anders erklären können und wollen, ganz besonders tief. Als Therese feststellte, welchen Erfolg ihr Versuch, sich Jesus auf diese Art und Weise anzunähern, bei den Betrachtern ihrer Stigmatisierungen hervorrief, war es ihr ein Bedürfnis, diese Aufmerksamkeit und Bewunderung, die sie bitter nötig hatte, fortzuschreiben und so weit wie möglich zu verlängern. Schmerzen litt sie kaum. Das Blut zum Fließen zu bringen bereitete ihr eine ganz besondere Befriedigung.

Da nun in der weiteren Öffentlichkeit die aufgetretenen Wundmale gezeigt werden sollten und von allen Seiten die Menschen herbeieilten, um dieses Wunder zu betrachten, bekam Therese das beste Zimmer im Haus, damit die Familie sich nicht schämen musste, und sie behielt es auch. Aus der dunklen Kammer kam sie in ein helles, großes, freundliches und sauberes Zimmer, das mit Blumen und Heiligenbildern geschmückt war.

Hätte sie ihre Selbstverstümmelung unterlassen sollen? Dann wäre sie wieder in das Dunkel der Nichtbeachtung zurückgefallen. Nur solange sie in regelmäßigen Abständen beweisen konnte, dass sie etwas ganz Besonderes, ja etwas Einmaliges und Heiliges darstellte, waren ihr die Zuwendung und begeisterte Aufmerksamkeit ihrer Familie und ihrer gesamten Umgebung, den Pfarrer eingeschlossen, garantiert. Allerdings führten die Bewunderung und anbetende Haltung ihrer Mitmenschen auch zu einer nicht unerheblichen psychischen Gesundung; ein Weiteres trugen das sonnige Zimmer und die vielen Kontakte bei, sodass es Therese nach der ersten Stigmatisierung wesentlich besser ging.

Nun hatte sie lange gefastet und hatte daraufhin Schwierigkeiten, Nahrung zu sich zu nehmen; sie bestand auch auf weiterer Fastenkost, weil sie spürte, dass das Blut besser floss, wenn sie wenig oder gar nichts aß. Deshalb beschloss sie, weiter zu fasten. Zumindest wollte sie beim Essen nicht beobachtet und gesehen werden, denn sie hatte gehört, dass auch der Papst, weil er der von Gott erwählte Statthalter Christi auf Erden ist, beim Essen nicht betrachtet werden darf. Aber sie konnte sich bewegen, sie konnte sehen und aufstehen, und bald war sie so weit wiederhergestellt, dass sie bis zur darauf folgenden Karwoche ein recht normales Leben zu führen vermochte. Doch musste sie weniger arbeiten, sich vielmehr für unerwarteten Besuch bereithalten, statt aufs Feld zu gehen. Sie war nun der bewunderte Liebling der Familie. Alle schauten auf sie. Sie hob sich nicht mehr in negativer, sondern in positiver Weise von ihren Angehörigen und allen anderen Menschen, die sie kannte, ab, und immer wieder geschah es, dass Menschen von weither kamen, um sie zu betrachten und zu berühren.

Später entstand in Therese der Gedanke, dass noch viel mehr Menschen kommen würden, um sie ehrfürchtig zu betrachten und an ihrem Bett zu beten, wenn sie häufiger bluten würde, nicht nur in der Karwoche. Da sie von der mirakulösen Wirkung ihrer Wundmale gehört hatte, wollte sie von nun an als **Märtyrerin** noch viel mehr Gutes für die Menschheit tun. Sie fügte sich also eine weitere Wunde an der Brust zu und huldigte auch – **leidenschaftlich** und religiös-fanatisch wie sie war – der Vorstellung, dass zwei leichte Schnitte unter den unteren Augenlidern, die Blut über ihr Gesicht fließen ließen, eine überzeugende Darstellung ihrer Leiden bieten würden. Auch wenn die Ströme von Blut immer wieder eintrockneten und versiegten, so war es doch weiterhin für Therese ein Leichtes, durch oberflächliches Kratzen und Bohren die Wunden wieder zu öffnen und weitere Blutströme hervorquellen zu lassen. Da von allen Gläubigen, die an ihr Bett traten, eine selbstverständliche Rücksichtnahme gefordert werden konnte, war es nicht schwierig für sie oder ihre Angehörigen zu sagen: »Jetzt braucht Therese Ruhe.« Sie konnte sich dann sowohl von den vielen Besuchern ein Weilchen zurückziehen, als auch ihre Wundmale erneut zum Bluten bringen.

Die Nahrungsenthaltung fortzusetzen war ihr allerdings auf Dauer nicht möglich. Es fiel ihr zwar nicht schwer, immer wieder längere Fastenperioden einzulegen – zum Beispiel wenn eine Überprüfung durch kirchliche Behörden oder ärztliche Beauftragte geplant war –, aber je stabiler ihr psychischer Zustand durch die immer größer werdende Berühmtheit und vor allem durch die Bewegungsfreiheit zwischen den Blutwundern wurde, umso größer wurde auch ihr Bedürfnis nach Essen und besonders nach Speisen, die ihrem Körper gestatteten, den großen Blutverlust wieder auszugleichen. Sie brauchte, um sich wohl zu fühlen, eine eisen- und eiweißreiche, fleischbetonte Kost, die allerdings in keiner Weise mit ihrem Selbstbild, ihren Idealen und ihrer Inszenierung einer fastenden Heiligen zur Deckung zu bringen war. Deshalb musste sie heimlich essen und durfte nie jemanden zum Zeugen ihrer Nahrungsaufnahme werden lassen. Nur zwei weibliche Mitglieder ihrer Familie wussten davon und versorgten sie mit Speisen, um die moralischen und materiellen Gewinne der Familie nicht versiegen zu lassen. Und wie viele, die lange gefastet haben, wurde Therese nun von mächtigen Hungeranfällen geplagt. Das **Nebenmerkmal Gier** spielt hier eine zusätzliche Rolle.

Wir wollen wiederholen: Therese war keine Betrügerin. Sie beabsichtigte nicht, irgendjemanden hinters Licht zu führen oder zu schädigen. Sie folgte ihren inneren Impulsen. Sie war psychisch krank, dabei naiv, ungebildet und schlau. Ihr ganzes Bestreben war darauf gerichtet, zu überleben und das Beste aus ihrer Lebenssituation herauszuholen. Da alle an sie und ihre wunderbare Stigmatisierung glaubten, dauerte es nicht lange, bis sie ihre Selbstbeschädigung gar nicht mehr als solche wahrnahm. Sie glaubte an sich ebenso wie die Pilger, die sie aufsuchten. Das Aufkratzen und Aufbohren der Wunden wurde eine unbewusste Handlung. Keineswegs geschah sie in betrügerischer Absicht.

Auch war ihr nach einiger Zeit nicht mehr klar, dass sie reichliche Mengen an Nahrung zu sich nahm. Sie war vielmehr davon überzeugt, dass sie nichts aß, und konnte dieser Überzeugung auch überzeugend Ausdruck verleihen. Ihre psychische Krankheit hatte zu einer Persönlichkeitsspaltung geführt, die aus einer öffentlichen Person und einer heimlichen Person bestand. Da Therese selbst keine Brücke mehr zwischen diesen beiden Aspekten ihres Wesens schlagen konnte und sie der Öffentlichkeit – auch der familiären – immer nur die Heilige, Demütige, Fromme und Fröhliche zeigte, die bescheidene Magd und Dienerin Christi, die Leidensbraut, war sie selbst von dieser Rolle erfüllt. Die andere Aspektierung ihres Wesens, das kleine liebes- und essenshungrige Mädchen, das nach Aufmerksamkeit gierte und von seinen Größenfantasien überwältigt war, konnte sie nicht mehr wahrnehmen. So ist es ihr gelungen, bis an ihr Lebensende eine kohärente Darstellung ihres überhöhten Ichs aufrechtzuerhalten.

Die Angehörigen ihrer Familie und einige Vertraute des innersten Kreises haben an ihrer Legendarisierung und Überhöhung konsequent und im eigenen Interesse mitgearbeitet. Für alle Beteiligten wäre es vollends unerträglich gewesen, hätte sich die Stigmatisierung Thereses als Selbstverstümmelung und deutliches Krankheitsbild erwiesen. Niemand hatte auch nur das geringste Interesse daran, einer gründlichen Untersuchung dieses Phänomens Raum zu geben. Alle hatten sie ihre eigenen Investitionen in dieses international bewunderte Phänomen: der Pfarrer, die Eltern, die Geschwister und nicht zuletzt Therese selbst.

Was also wäre dabei herausgekommen, wenn sich das Ganze als ein kollektiv gefördertes Betrugsmanöver herausgestellt hätte? Alle, die der heiligmäßigen Therese Neumann ihre Unterstützung gegeben hatten, wären unter Schimpf und Schande zusammengebrochen. Einige hätten sich in den Selbstmord getrieben gesehen. Es war also eine absolute Notwendigkeit, das einmal aufgebaute Bild aufrechtzuerhalten.

Mir fällt auf, dass diese Frau ihre Entfaltungsaufgabe (Jung 5: »Unabhängig von den Lebensumständen das Leben in die Hand nehmen«) sehr präzise gelebt hat. Ist das Teil der Sinnhaftigkeit des Vorgangs?

Das ist ein wesentlicher Teil ihrer Lebensbewältigung. Des Weiteren konnte sie ihr Ziel Herrschen in einer Weise leben, die sonst in ihrer Familie nicht möglich gewesen wäre. Sie befleißigte sich einerseits einer enormen Selbstbeherrschung, die allerdings von Angst gespeist wurde, und andererseits konnte sie ihre gesamte Familie dominieren, weil sie diejenige war, die ihr und ganz Konnersreuth zu Ruhm, Ehre und Ansehen verholfen hatte.

Für eine Junge Seele ist es weder wichtig noch notwendig, ein Leben in besonderer Weise dem Ziel zu widmen, liebevoll, edel, aufrichtig und problembewusst zu sein. Eine Junge Seele muss vielmehr danach trachten, die Entfaltung des Ichs in den Vordergrund zu stellen – koste es, was es wolle. Der Wunsch nach einem gewissen Ausmaß an Macht und Ansehen ist allenthalben zu verzeichnen.

Das ist einleuchtend. Wir haben uns ja bisher wenig mit Jungen Seelen beschäftigt, und daher ist es sehr wertvoll, dies einmal an einem Beispiel zu begreifen. Was ich noch nicht verstehe: Ihr habt gesagt, Angst sei ein Haupthindernis bei der menschlichen Entwicklung und eine gewisse Angstfreiheit sei eine Voraussetzung für menschliche Entwicklung. Bei einer solchen psychischen Erkrankung liegt doch ein hoher Angstpegel vor, so wie ich das verstehe. Wieso ist das kein Hindernis in der Entwicklung? Oder anders gefragt: Macht es denn keinen Unterschied für die Entwicklung, ob jemand psychisch krank oder psychisch gesund ist?

Wir haben gesagt, Angst ist ein wichtiger Motor für die Entwicklung. Die Bewältigung von Angst in der einen oder der anderen Form ist gleichermaßen wirksam für die Entfaltung der Seele. Ob ein Mensch seine Angst durch eine psychische Abspaltung bewältigt oder indem er seine Angstproblematik therapeutisch durcharbeitet, ist gleichgültig.

Eine Kind-Seele wird ihre Ängste immer anders zu ihrem seelischen Fortkommen einsetzen als eine Reife oder eine Alte Seele. Wir haben auch immer gesagt, dass es für eine Seele vor dem Übergang in das Reife Stadium nicht möglich ist, ihre Angst als solche zu erkennen und zu benennen. Sie muss sie immer verdecken, verdrängen oder kompensieren, um ihre anderen, notwendigen Stärken entwickeln zu können, auch um ihren inneren Aufträgen – zum Beispiel in Bezug auf die karmatischen Bedingungen ihrer Existenz – gerecht werden zu können. Da eine Junge Seele kaum über eine erhöhte Bereitschaft oder Fähigkeit zur Selbstreflexion verfügt, geschieht vieles, das die seelische Entwicklung weitertreibt, nahezu unbewusst. Und wie ihr wisst, haben wir bislang immer darauf bestanden, dass Bewusstheit in der seelischen Entfaltung keineswegs immer eine Rolle spielt.

Therese – die wir in diesem Fall als ein Beispiel nehmen – hat niemandem in ihrem Leben etwas Böses zugefügt. Ihr hingegen ist viel Böses angetan worden. Allein darin liegt schon eine wesentliche Leistung, dass sie die Misshandlungen, die ihr zugefügt worden sind, nicht an andere weitergegeben hat. Ihr Ausweg, um dies zu unterlassen – und ein Ausweg, der der Stufe **Jung 5,** also einer tief greifenden Wandlung im Laufe eines Lebens, entsprach –, war die Selbstbestrafung und Selbstverstümmelung. Damit lebte sie den Minuspol ihres **Hauptmerkmals Märtyrertum.** Bis zu der Spaltung ihrer Persönlichkeit waren ihre Schuldgefühle unerträglich. Danach ging es ihr besser. Diese Stadien sind notwendige und unverzichtbare Erfahrungen als Voraussetzung für spätere Entfaltungsaufgaben, die mit Schuld und Unschuld und ihrer Aufhebung zu tun haben.

Bitte sprecht noch über die große Begeisterung, die diese Frau bei vielen Menschen ausgelöst hat. Was hatten die Betrachter, die Pilger von ihr? Worin bestand ihre Wirkung?

Eine religiös geprägte Sensation wird immer und überall überaus großes Aufsehen erregen. Eine solche Sensation spricht vielerlei Schichten im Menschen an. Gläubige, die nach Beweisen suchen für die Realität und die Berechtigung ihres Glaubens, fühlen sich von Wundern ganz besonders angezogen. Ein Mensch, der auf seine Weise der allgemein gültigen Norm oder den physischen Gesetzmäßigkeiten enthoben ist, wirkt wie ein vermittelnder Zwischenträger zwischen dem allgemein Menschlichen und dem Göttlichen.

Menschen, die sich aus eigener Kraft dem Göttlichen nicht zuwenden können, brauchen Vermittler, an die sie sich unmittelbar um Fürbitte wenden können. Und auch hier gilt wiederum der Grundsatz, dass Glaube Berge versetzt. Es ist also durchaus nicht undenkbar, dass ein Mensch, der am Bett der Therese oder auch nur in ihrem Angedenken ein inbrünstiges Gebet spricht und sich der Möglichkeit öffnet, geheilt oder aufgerichtet zu werden, eine solche Heilung auch erfährt. Eine an Stigmatisierung fromm leidende Person, die nicht wie ein bereits verstorbener Heiliger entrückt ist, sondern eine Gelegenheit bietet, in ihrer ganzen Menschlichkeit als etwas Übermenschliches wahrgenommen zu werden, ist für Gläubige aller Religionsgemeinschaften von besonderem Wert, da sie eine Hilfe darstellt in der Konkretisierung dessen, was glühender Glaube zu bewirken vermag.

Ein Weiteres jedoch soll gesagt werden: Der Wunsch Thereses, Jesus Christus nachzueifern in der Bereitschaft, das Leid der Welt zu tragen und auf sich zu nehmen, und ihre offensichtliche Fähigkeit, ihre Wunden zum Bluten zu bringen, bot all jenen, die ihr verehrend zu Füßen fielen, eine Möglichkeit, ihr eigenes Leid, die inneren und äußeren Schmerzen und Krankheiten, an Therese zu delegieren. Dies ist kein ungewöhnlicher, sondern durchaus ein allgemein bekannter psychischer Vorgang, der in vielen Familien und zahlreichen menschlichen Gemeinschaften vollzogen wird. In ihrer Wirkung auf die Pilger, Kranken und Schaulustigen erfüllte die Seele von Therese im Übrigen auch ihren **Weg der Sehnsucht.** Ihre eigene Sehnsucht, eine reine Gottesmagd und Heilige zu sein, stillte die Sehnsucht derer, die von ihr das Heil ersehnten.

Therese hatte aufgrund ihrer psychischen Struktur tatsächlich eine wesentlich erhöhte Bereitschaft, das Leid anderer Menschen auf ihren Schultern zu tragen. Sie hatte die gesamte psychische Belastung beider Eltern »ausgebadet« und war es gewohnt, dass man die eigenen Konflikte und körperlichen Erkrankungen an sie weiterreichte. Sie war in ihrer Familie von Anbeginn diejenige gewesen, auf die alles übertragen wurde. Und so hatte sie eine Fähigkeit entwickelt, die Übertragungen anderer anzunehmen. Dies ist so von Therese aus gesprochen; aber für einen Gläubigen ist es nicht wichtig, ob eine solche Fähigkeit und Bereitschaft tatsächlich besteht, denn er kann auch eine hölzerne Statue anbeten und ihr sein Leid anvertrauen. Wesentlich ist die entsprechende Hingabe und demütige Glaubenshaltung, die so etwas für möglich hält und vollzieht.

Wie ist Therese mit ihrer Entfaltungsaufgabe umgegangen, die verlangt, dass sie sich aus eigener Kraft aus einer schwierigen Lebenslage befreit?

Getragen von ihrer Seelenrolle, angespornt durch ihre Fantasie und getrieben von ihrer Angst, ist es Therese gelungen, sich aus einer äußerst benachteiligten Ausgangssituation durch eigene Kraft herauszuarbeiten, aus einer Minderwertigkeit eine Hochwertigkeit entstehen zu lassen und dabei gleichzeitig ihre eigenen Interessen als Individuum, als Frau, als Gläubige und als Tochter zu pflegen. Außerdem gelang es ihr, indem sie ihr Leben selbst in die Hand nahm und es nach Künstlerart gestaltete, auch andere in ihren Wirkungskreis einzubeziehen, sich eine neuartige geistige Familie zu erschaffen, sich in mancher Hinsicht Freiheit und Unabhängigkeit zu erwerben und ihre Position zu festigen, indem sie die Mitglieder ihrer Familie in ihre eigenen Ziele einspannte. Ihre Seele konnte damit eine Festigkeit und Fertigkeit erwerben, die darin bestand, dass sie sich nicht vollkommen von anderen Menschen determinieren ließ. Sie löste sich damit weitgehend aus der Bestimmung durch Vorgegebenes. Dies ist eine große Leistung für eine Junge Seele, die zugleich doch noch nach Kriegerart der Gruppe und dem Wir-Gefühl verpflichtet bleibt.

Der für jede fünfte Stufe typische Umschlagpunkt vollzog sich in der Karwoche, als sie zum ersten Mal ihre Wunden öffentlich zeigte. Sie wurde von einer Erleidenden zu einer Leidenden, die ihre Fähigkeit zu leiden beherrschte. Aus einem Opfer wurde eine Handelnde. Dies war das dritte und letzte Leben auf Stufe Jung 5.

Das **Kulminationserlebnis** hingegen, das die Entfaltungsstufe zum Höhepunkt brachte und abschloss, vollzog sich erst kurz vor ihrem Tod. Es ist zu erblicken in der teils heilsamen, teils bitteren Erkenntnis, dass auch derjenige, der sein Schicksal in die eigene Hand nimmt, es doch irgendwann wieder abgeben muss. Die Einsicht, die Therese entwickelte, dass der Gott, an den sie glaubte, sich anschickte, ihr angesichts des Todes die Dinge auch wieder aus der Hand zu nehmen, gab ihr einerseits ein Gefühl von Ohnmacht, andererseits aber auch ein Empfinden von Erfüllung. Die ungeheure Anstrengung, die sie unternommen hatte, um alles unter Kontrolle zu halten, wich von ihr. Sie schied mit einem Gefühl von Befriedigung und Demut. Und sie konnte zum Schluss Dankbarkeit dafür aufbringen, dass ihr die letztendliche Entscheidung über ihr Leben von einer anderen, göttlichen Instanz abgenommen wurde.

Bitte sprecht über Zusammensetzung und Aufgabe ihrer Seelenfamilie.

»Künstler«, »Priester« und »Krieger« bilden die Zusammensetzung der **Seelenfamilie**, der Therese Neumann angehörte. Die
»Künstler« sind in der Überzahl. Die Aufgabe dieser Seelenfamilie bewegt sich um die Frage: Wie können Willenskraft und
Fantasie zugunsten lebensrettender Wirkungen eingesetzt werden? Dabei geht es sowohl um die Selbstrettung als auch um die
Bereitschaft, andere zu retten.

Weil sie eine Junge Seele war, hat Therese Neumann diese
Aufgabe zunächst einmal auf sich selbst bezogen gelebt. Sie hat
starke Willenskraft und gesteigerte Fantasieleistungen aufge-
bracht, um das Beste aus ihrer schwierigen Lebenslage zu machen. Sie hat sich damit selbst das Leben gerettet, dass sie ihren
Willen und ihre Einbildungskraft zu Höchstleistungen ansporn-
te. Durch ihre Anstrengung, aber auch durch ihr Vorbild, hat
sie sodann dazu beigetragen, dass eine Reihe von Menschen, die
ihr Lager aufsuchten und die bei ihr Trost fanden, ebenfalls eine lebensrettende Wirkung von ihr ausgehen spürten. Allein
schon der Wunsch, sie aufzusuchen und sie zu sehen, spornte
die Willenskraft vieler Kranker an, die zuvor in Hoffnungslo-
sigkeit verfallen waren. Durch ihr Beispiel, wie sie sich aus tiefster Not, aus langjähriger Krankheit und Bettlägerigkeit wieder
gesundet hatte, wirkte sie lebensspendend auf viele.

Gibt es eine uns bekannte Persönlichkeit in ihrer Seelenfamilie?

Ohne dass es im Zentrum seines Interesses und seiner Aufmerksamkeit stünde, hat **Reinhold Messner**, der Bergsteiger,
zeit seines Lebens viel Fantasie und Willenskraft dafür aufge-
bracht, in Gefahr geratenen Bergkameraden das Leben zu retten. Auch er selbst hat mehrere gefährliche Situationen erlebt,

in denen er seine ganze Vorstellungskraft und seinen Durchhaltewillen zusammennehmen musste, um lebend herauszukommen.

Die Vorleben auf der Entfaltungsstufe Jung 5: Das erste Leben der späteren Therese Neumann auf der Stufe Jung 5 zeigt diese Seele als Tochter eines wohlhabenden Mannes in einem Fürstentum in Nordindien (Anfang des 19. Jahrhunderts). Aufgrund von Kriegshandlungen, Brandschatzungen und Umstürzen wurde dieses behütete junge Mädchen in die Gefangenschaft und in den Besitz eines Mannes aus einem angrenzenden Gebiet verschleppt. Ihre Lebensumstände veränderten sich vollkommen. Sie war in fremder und feindseliger Umgebung, zwar jung und schön, aber als Tochter des Feindes verachtet und zu dienenden Arbeiten gezwungen. Durch das Leid verschlimmerte sich ihr gesundheitlicher Zustand, und es kostete sie alle Anstrengung ihrer hohen Intelligenz und große Willenskraft, unter diesen veränderten Bedingungen nicht zugrunde zu gehen. Ihr Stolz litt über alle Maßen, ihre Lebensträume waren zerschlagen, die Familienbande zerstört, ihre soziale Identität zerschmettert. Um unter diesen Umständen ihre Integrität zu bewahren und zu überleben, plante sie die Flucht aus der Festung, in der sie als Dienerin eingesperrt war. Sie wartete auf den Tag, an dem eine große Festlichkeit stattfinden sollte, und bereitete sich und ihre Umgebung in einer Weise darauf vor, dass sie ganz besonders unbekümmert und fröhlich tat, so als könne ihr nichts Schöneres passieren, als an dem Fest teilzunehmen. Zu dem Fest gehörte eine Prozession, ein Umzug, an dem alle weiblichen Personen tanzend und singend beteiligt waren. Auch erschienen große Bevölkerungsmassen zu diesem Fest, und es gelang ihr, sich während der Prozession aus dem Festzug zu lösen und in der Menge unterzutauchen. Sie zog mit einem durchreisenden Kaufmann aus der Stadt heraus, der sie reizvoll fand und dem sie eine von mehreren Frauen wurde. So hatte sie mit List und Willenskraft ihre Situation verändert und auch insofern ihr Leben gerettet, als sie an Resignation zugrunde gegangen wäre, wenn sie sich nicht zur Flucht aufgerafft hätte.

In einem **zweiten Leben** auf der Stufe Jung 5 war diese Seele inkarniert in einem männlichen Körper. Es handelte sich um einen Soldaten, der im Krimkrieg in der Nachschubversorgung eingesetzt war, in der Etappe. Er war in der Feldküche beschäftigt – ein sehr gutmütiger und gutherziger Mensch und gleichzeitig recht durchtrieben und auch nicht gerade ehrlich. Dieser Mann setzte seine ganze Schlauheit dazu ein, sich und eine Reihe von Menschen – andere Soldaten, die ihm sympathisch waren, aber auch Einheimische – mit Nahrung zu versorgen. Er zweigte ab, was er nur konnte, ließ alles mitgehen, was nicht niet- und nagelfest war, verteilte großzügig von den Gütern, die ihm durch die Unaufmerksamkeit seiner Vorgesetzten in den Schoß fielen, und war fest entschlossen, von diesem Krieg, so gut es ging, zu profitieren, statt daran zugrunde zu gehen. Gleichzeitig half er auch vielen alten Menschen und hungrigen Kindern unter den feindlichen Russen, die schweren Zeiten zu überstehen und nicht Hungers zu sterben.

Es handelte sich um einen einfachen Mann, der aus einer ländlichen und ruhigen Umgebung in England plötzlich an die Kriegsfront im Krimkrieg verschlagen wurde. Er hatte sich die Teilnahme am Krieg wie ein großes und lustiges Abenteuer vorgestellt und wurde nun plötzlich mit Grauen, Entsetzen und Hunger konfrontiert. Allerdings hatte er Zugang zu den Lebensmitteln, weil er mit Nachschub und Versorgung beschäftigt war, und er sah, dass es den englischen Soldaten unendlich viel besser ging als den Menschen in der Gegend, die als Kriegsschauplatz diente. Und sein Mitgefühl, aber auch seine Fähigkeit, Nahrungsmittel zu organisieren, gaben ihm die Möglichkeit, eine Menge Dinge zu verteilen – ungeordnet, also nicht aus karitativen, religiösen oder ideologischen Gründen, sondern nur, weil ihn ein rohes, raues Mitleid packte mit den hungrigen Kindern und den alten Leuten.

Das entscheidende Erlebnis war auch hier wieder eine Unterbrechung zwischen zwei Lebensphasen auf der fünften Stufe der Entfaltung in jedem Zyklus. Es war ein plötzliches Entdecken einer vollkommen neuen Einstellung zum Leben und die Fähigkeit, sich von einem obrigkeitsgläubigen und stark autoritätsorientierten Menschen zu einem Mann zu entwickeln, der bereit ist, die ganze Kraft seiner Vorstellung dafür einzusetzen, auch auf unehrliche Weise Nahrungsmittel zu verschaffen, um zu überleben und anderen beim Überleben zu helfen.

Die **Abfolge der drei Leben** zeigt, dass im ersten Leben die Gemeinschaft in die Überlegung »Wie kann ich überleben?« nicht mit einbezogen wurde. Der Hauptimpuls bestand in der Frage: »Wie kann ich mich retten? Was muss ich tun, was muss ich mir einfallen lassen, um aus dieser Situation zu entkommen?« Die junge Frau nahm ihr eigenes Leben und ihr Schicksal selbst in die Hand und trug ein erhebliches Überlebensrisiko. Es ging ihr um die Bewahrung ihrer Freiheit beziehungsweise um ihre Befreiung aus einem Zustand der Sklaverei, aus einem vor allem psychischen Elend, denn ihr Stolz hatte sehr gelitten. Nach gelungener Flucht konnte sie stolz auf sich sein. Das zweite Leben zeigt eine Entwicklung insofern, als die Erfindungskraft und Fantasie nicht nur für die eigene Person und zu Selbstzwecken eingesetzt wurden. Das Mitgefühl mit anderen spielt hier eine große Rolle. Die Lust am Abzweigen von Nahrungsmitteln und am Unterlaufen der Vorschriften war umso größer, je mehr Freude gespendet und je mehr Hunger gestillt werden konnte. Im dritten Leben wurden sowohl die persönlichen eigenen Belange gepflegt als auch eine Breitenwirkung. Jedoch ging es diesmal nicht nur um körperliche Nahrung, sondern mehr um das Spenden überlebenswirksamer Impulse. Die Energie 5 mit ihrer Fülle, Großzügigkeit und einer Angst vor Mangel ist überall in den Existenzen auf dieser Entfaltungsstufe spürbar.

Ich nehme an, diese Seele ist jetzt auf der Astralebene?

Diese Seele – nunmehr jedoch auf der Entfaltungsstufe Jung 6 – ist bereits wieder inkarniert. Sie lebt zum Zeitpunkt dieser Durchgabe (1996) als vierjähriges Kind in der Familie eines Terroristen und Freiheitskämpfers in Nordirland. Die Familie, in der das Kind aufgezogen wird, lebt in großer Angst vor Entdeckung und Strafe, vor Gefängnis und plötzlichem Tod. Und schon aus der Wahrnehmung des kleinen Kindes wird deutlich, dass die ständige Angst und das Sich-verbergen-müssen eine direkte Konsequenz des Verhaltens des Vaters sind. Dieses Kind kann nicht normal wie seine Altersgenossen aufwachsen, sondern muss sich ständig unauffällig benehmen, darf nichts ausplaudern, darf sich nicht zeigen – und wird sich im Laufe der nächsten Jahre in eine heftige Auseinandersetzung mit der Lebensweise und den Überzeugungen der Eltern hineinbegeben. Die Entfaltungsaufgabe von Jung 6 heißt: »Die Ereignisse des Lebens als Frucht der eigenen Handlungsweise verstehen«.

Osho

Biografische Information: Rajneesh Chandra Mohan wurde 1931 in Zentralindien als Sohn eines kleinen Tuchhändlers geboren. Seine Familie gehörte der strengen Jaina-Religion an. Als Ältester von sieben Geschwistern wuchs er bis zu seinem siebten Lebensjahr beim Großvater auf. Ab 1951 besuchte er ein College in Jabalpur, begann 1955 ein Philosophiestudium, wurde 1957 Dozent am Rajpur Sanskrit College und ein Jahr später Professor für Philosophie an der Universität Jabalpur.

Nach eigenen Angaben erlangte er als 21-Jähriger die Erleuchtung. 1966 verließ er die Universität, um sich ganz seinen öffentlichen Vorträgen und Meditationsveranstaltungen auf dem heiligen Berg der Jainas, Mount Abu, zu widmen. Zu dieser Zeit fand seine Lehre unter Zehntausenden seiner Landsleute Widerhall. Er wurde mit dem hinduistischen Würdetitel Bhagwan (»Der Gesegnete«) angeredet.

In Bombay begegneten ihm die ersten Menschen aus dem Westen. Bald galt er als Guru der Vertreter der neuen Humanistischen Psychologie aus den USA und England. In bewusstem Kontrast zur asketischen Tradition des indischen Wandermönchtums gründete er die Neo-Sannyas-Bewegung und bezog 1974 seinen Aschram in Poona (Pune). Die Kleidung seiner Anhänger, zuerst Orange (im Hinduismus und Buddhismus die traditionelle Farbe der spirituellen Suche), später Rot, erregte Aufsehen und oft heftige Ablehnung in Ost und West. Die Neo-Sannyasins wollen nach der Lehre ihres Meisters ein Leben der

Meditation und Verinnerlichung mit Tanz, Sexualität, Lachen, Kreativität und Wohlstand verbinden. Therapiegruppen aller Richtungen, die darauf angelegt waren, freudlose, selbstschädigende Verhaltensmuster zu lösen, erregten Aufsehen, führten aber auch zu manchen Exzessen. Unter den Anhängern Rajneeshs – Hindus, Christen, Moslems, Jainas, Juden, Zen-Buddhisten und Agnostiker mit überdurchschnittlichem Bildungsniveau – befanden sich Menschen aus aller Welt, besonders aber viele Deutsche. Täglich hielt Rajneesh Vorträge, abwechselnd auf Englisch und auf Hindi. Die von ihm entwickelten neuartigen Meditationsformen entsprachen dem Bedürfnis westlich geprägter Menschen. Therapie als Ergänzung der Meditation und freizügige Sexualität entfremdeten ihn zunehmend der indischen Mentalität.

1982 wurde in Oregon, USA, auf einer Fläche von 250 qkm die Kommune Rajneeshpuram gegründet. Sie weitete sich bald zu einer Kleinstadt mit Stausee und Flughafen aus, war weitgehend selbst versorgend und nahm zeitweilig bis zu 20 000 Besucher auf. Aus verständlichen Gründen stieß dieses Projekt bald auf Kritik und Ablehnung bei der einheimischen konservativ-christlichen Bevölkerung. Sheela, die Leiterin der Kommune, machte sich einiger schwerer Vergehen schuldig. Rajneesh wandte sich von ihr ab, wurde aber 1985 festgenommen und ausgewiesen. 1986 kehrte er nach Poona zurück; der indische Aschram wurde neu aufgebaut. Seit 1989 ließ er sich Osho (Japanisch: »Religiöser Lehrer«) nennen. Er starb im Januar 1990.

Seine Seelenrolle war die eines **Weisen** (Energie 5), sein Hauptmerkmal **Gier** (Energie 5), Nebenmerkmal **Ungeduld** (Energie 7), Entwicklungsziel **Ablehnen** (Energie 2), Modus **Macht** (Energie 5), Mentalität **Zyniker** (Energie 3), Reaktionsmuster **motorisch-intellektuell** (Energien 7 und 2), und das Seelenalter war **Alt 7** (Energien 5 und 7), viertes und letztes Leben, letzte Inkarnation.

Seine Seele beschritt den Weg 6: **Weg der Stille.**

Seine Seelenchiffre lautet: **5 5/7 2 5 3 7/2 5/7 W 6**. Die Expressionsebene mit der »Weisen«-Energie (5) und der »Künstler«-Energie (2) ist hier dominant und wird kraftvoll unterstützt von der »Königs«-Energie (7).

Seine Seelenfamilie besteht aus 58 Prozent **Weisen** (5). Der Rest sind **Könige** (7).

Erläuterungen zum Seelenmuster von Osho:
Ein »Weiser« (Energie 5) braucht Kontakt und Beziehung, Aufmerksamkeit und Publikum. Er verfügt über eine verschmitzte Art von gütigem Humor, die auch ohne Worte auskommen kann. »Weise« lieben die Fülle, das Großartige, Breitangelegte. Sie sind mitteilsam, sogar wenn sie schweigen. Ein »Weiser« in seiner Liebe hat viel zu geben und viel zu sagen; er schenkt guten Rat und Lebensweisheiten. In seiner Angst, nicht vernommen zu werden, kann ein solcher Mensch auch bedrängend wirken durch hohles Gerede oder Schwatzhaftigkeit.
»Gier« (Energie 5) ist die Angstseite der »Weisen«-Rolle. Der Gierige schwankt zwischen einem Bedürfnis nach Überfluss in allen Dingen und leidvoller Askese. Er ärgert sich über Mitmenschen, die »noch alles Mögliche brauchen«, und verzehrt sich vor Neid, wenn jemand etwas hat, das ihn begehrlich macht. Eine elementare Angst vor Mangel steckt hinter diesem Hauptmerkmal. – Das Nebenmerkmal »Ungeduld« (Energie 7) bezieht sich auf die Angst, das eigene Leben, die eigene Bestimmung, das Notwendige zu versäumen. Der Ungeduldige hat ein Problem mit der Zeit und ihrem linearen Ablauf. Er würde gern alles gleichzeitig tun und erleben. Da dies nicht möglich ist, fürchtet er, das Wesentliche zu verpassen, und verfällt dann in

Entscheidungsschwäche oder Lethargie. Ungeduldige wirken oft sehr charmant und dynamisch.

Das Entwicklungsziel »Ablehnen« (Energie 2) prägt Menschen von großer Klarheit, Direktheit und innerer Konsequenz. Diese Menschen haben Abstand und brauchen Distanz, um zu klarer Urteilskraft zu gelangen. Sie können besser Nein sagen als die meisten anderen, wenn sie es auch nicht immer tun. Ihr Ja ist dann umso strahlender. Da sie ehrlich und geradeheraus wirken, machen sie sich nicht immer nur Freunde und gelten als kritisch. Sie befürchten, abgelehnt zu werden, was auch häufig eintrifft, und verleugnen deshalb nicht selten ihre aufrichtige Meinung.

Der Modus »Macht« (Energie 5) verleiht – liebevoll eingesetzt – große Autorität und weisen Einfluss. Die machtvolle Wirkung eines Menschen teilt sich mit und setzt sich durch. Er wird respektiert, und sein Rat ist gesucht. Angstvoll gelebt führt er zur Bevormundung. Menschen mit diesem Modus haben aber auch Konflikte mit Autoritäten und lassen sich leicht bevormunden.

Die Mentalität des »Zynikers« (Energie 3) bewirkt, dass ein Mensch sich traut, den Finger auf die Wunden der Unwahrheit zu legen. Dies kann geschehen, indem er die Lebenslügen, Schwächen und Fehler der Mitmenschen herablassend schmäht. Handelt oder spricht er jedoch nicht aus seiner Angst heraus, sondern im Namen der Liebe, wird er mit dem Messer seines Scharfsinns behutsamer umgehen. Statt zu destruktiver, verletzender Kritik kommt es dann zu »heilsamen Verletzungen«, wie bei einem Arzt, der operieren muss, um seinem Patienten zu helfen. Zyniker sind mit ihrer kriegerischen Kraft oft mutig, können aber nicht immer den rechten Ton für ihre Enthüllungen der Wahrheit finden.

Das Reaktionsmuster »motorisch-intellektuell« (Energien 7 und 2) führt zu starker Bewegung im Bereich der Gedanken

und aller anderen mentalen Energien. Durch seine oft mitrei-
ßende rhetorische Begabung, seine klare Ausdrucksfähigkeit
und seine intellektuelle Beweglichkeit, die die Gedanken des
Gegenübers blitzschnell erfasst, kann ein Mensch mit diesem
Reaktionsmuster bei seinen Zuhörern ohne große Anstrengung
ebenfalls eine geistige Bewegtheit auslösen, die zu tiefen Ein-
sichten, revolutionären Ideen oder Veränderungen in der Ein-
stellung gegenüber der Wirklichkeit führen kann. Nicht selten
verfügen motorisch-intellektuelle Menschen auch über einen
schnellen Witz. In der Angst reden sie zu viel und zu schnell.

Das Seelenalter Alt 7 (Energien 5 und 7) verbindet die kom-
munizierende Wirkung des »Weisen« mit der Würde und Ver-
antwortung des »Königs«. Es ist die letzte Stufe der Entfaltung
einer Seele in einem menschlichen Körper. Mit dem letzten Le-
ben wird der gesamte Inkarnationszyklus abgeschlossen. Oft
wählt die Seele jetzt noch eine besonders konfliktreiche Matrix,
denn sie besteht nun ihre Meisterprüfung in der Bewältigung in-
nerer Herausforderungen.

Der »Weg der Stille« (Energie 6) ist priesterlich-intuitiv, nach
innen lauschend und Frieden spendend. Selbst in der Hektik des
Alltags strahlen Menschen mit diesem Weg Ruhe und Besinn-
lichkeit aus; ihre innere Stille teilt sich mit, auch wenn sie reden
oder handeln, lachen oder wüten.

Die **Aufgabe der Seelenfamilie** von Osho Rajneesh ist es, Menschen mit ihrem optimalen Potenzial in Kontakt zu bringen; ihnen Möglichkeiten ihrer menschlichen Existenz vor Augen zu
führen mit allem, was Menschsein umfassen und bedeuten
kann, ein den Umständen entsprechendes Bewusstsein für die
Schönheit des irdischen Daseins zu vermitteln und ihnen zugleich Kommunikationsformen zu den Schönheiten nicht materieller Existenzformen zu eröffnen. Die Verknüpfung zeitge-

bundener Aspekte mit zeitübergreifenden Dimensionen innerhalb eines Individuums gehört zu ihren Aufgaben.

Was war in dem letzten Leben Alt 7 seine Art und Aufgabe, mit diesem Seelenfamilienthema umzugehen?

Als einer der letzten Inkarnierten seiner Seelenfamilie war es die Aufgabe und der Wunsch dieses Menschen, möglichst vielen begreifbar und erfahrbar zu machen, dass Menschsein sowohl vollkommen erfüllte Lebenslust als auch zugleich vollkommene Leere und Aufgehen in einem Bereich sein kann, in dem Lust keine Bedeutung mehr hat.

Er wollte zeigen, dass eine größere Fülle irdischen Wohlseins zugleich eine größere Nähe zu den göttlichen Dimensionen im Menschen und für den Menschen nach sich zieht. Er hatte erkannt: Nicht ein Entweder-oder, sondern das simultane Erleben dieser scheinbar widersprüchlichen Formen des Seins führt zu einer besonderen Form der Ekstase und Entgrenzung, die auf keine andere Weise zu erreichen ist.

Sein Weg 6, der **Weg der Stille**, ist zu erkennen und zu erspüren in der Art und Weise, wie es Rajneesh gelang, durch die eigene Stille ungeahnte Bereiche der Leere und der Stille im anderen Menschen zu aktivieren. Aus seiner Erfahrung mit wahrhaftiger, authentischer Stille entwickelte er auch seine Meditationsformen, die das natürliche Entstehen von Phasen des inneren Nichts unterstützen.

Erklärt das auch, warum er Phasen von sehr viel Sprechen und dann Nicht-mehr-Sprechen hatte?

Selbst sein Sprechen hatte Aspekte, die Stille im Zuhörer erzeugten. Wenn einer redet, muss der andere zuhören. Und wenn

Worte nicht nur Inhalte, sondern auch eigentümliche Energien übermitteln, entsteht im Zuhörer eine mehrschichtige Empfangsbereitschaft. Durch die Worte ist der Geist beschäftigt und somit abgelenkt. Die eigentliche dahinter liegende Botschaft von der Überflüssigkeit aller Worte wird erst dadurch begreifbar.

Gibt es ein historisches Beispiel eines anderen Seelenfamilienmitglieds?

Der 14. Dalai Lama, ebenfalls ein »Weiser«, gehört zu dieser Seelenfamilie. Sowohl Rajneesh als auch das spirituelle Oberhaupt der Tibeter wussten und wissen um diese innere Verbindung, doch haben sie es immer für ratsam gehalten, nichts davon verlauten zu lassen. Sie würden die Verbindung auch nicht in dieser Weise benennen, wie wir es tun. Wesentlich bleibt, dass beide in vergleichbarer Weise an derselben Grundaufgabe beteiligt sind, dass beide in unterschiedlicher Weise daran ihr Werk tun.

Der jetzige Dalai Lama ist seelisch ein wenig jünger. Sein Seelenalter ist Alt 5. Seine Seelenrolle ist »Weiser«, sein Weg der fünfte Weg: »Weg der Bemühung«, Hauptmerkmal »Selbstverleugnung«, Nebenmerkmal »Ungeduld«, Entwicklungsziel »Akzeptieren«, Modus »Ausdauer«, Mentalität »Realist«, Reaktionsmuster »intellektuell-emotional«.

Das Oberhaupt der Tibeter lebt seine Seelenfamilien-Aufgabe zum einen dadurch, dass er zugleich weltlicher als auch geistlicher Führer seiner Volksgemeinschaft ist; zum anderen dadurch, dass er sich wie kein anderer Dalai Lama vor ihm in das Weltliche begeben hat, ohne seine spirituelle Autorität dadurch infrage zu stellen oder zu verlieren. Im Gegenteil hat er erst dadurch eine weltweite spirituelle Autorität erworben, indem er sich aus der rein religiösen, verinnerlichten, aber auch isolierten Welt, die sein Amt ihm vorgab, gelöst hat, um die Botschaft, die er als Mensch und als Amtsträger zu verbreiten hat, hinauszutragen. Dasselbe hat Rajneesh getan. Beide sind »Weise« mit »königlicher« Würde. Beide lieben das Leben und das Lachen.

Ich möchte zur Person Rajneesh zurück. Ich bitte um eine Beschreibung der seelischen Entwicklung dieses Individuums.

Schon kurze Zeit nach seiner Geburt wurde den Eltern deutlich, dass sie ein seltsames und merkwürdiges Kind in die Welt gesetzt hatten. Und schon als es noch in zartem Alter war, fühlten sie sich der Herausforderung, die mit der Erziehung dieses ungewöhnlichen Knaben verbunden war, nicht gewachsen. Deshalb gaben sie ihn zum Großvater, der ein kluger, verständnisvoller und erfahrener Mann war. Er eignete sich vorzüglich als Erzieher für einen jungen, unersättlich neugierigen, zungenfertigen und sprachgewandten Menschen. Die Eltern hingegen, die weitere Kinder aufzuziehen hatten, konnten seine liebenswürdige Ungebärdigkeit nicht zügeln.

Auch hatte der Großvater viel mehr Zeit, sich um den Jungen zu kümmern, mit ihm zu reden, ihm Aspekte des Lebens und Zusammenhänge aufzuzeigen, die er brauchte, um die Welt, in die er hineingeboren war, zu verstehen. Dieser Großvater war zudem ebenfalls eine Alte Seele, die für die Unangepasstheit und für die ungewöhnlichen Bedürfnisse des Enkels Verständnis aufbrachte. So wurden dem kleinen Mohandas frühe Lebensjahre geschenkt, die von Einfühlung, Unterstützung und seelischer Förderung geprägt waren.

Umso schmerzlicher war für ihn der frühe Tod dieses Großvaters, der in ihm eine Wunde riss, die niemals mehr verheilte. Andererseits war es für die spätere Entwicklung dieses Menschen von entscheidender Bedeutung, dass er bereits als junger Mensch begriff, wie existenzielles Alleinsein sich in ihm auch auf reale, konkrete Weise manifestierte. Und so schmerzlich es für eine »Weisen«-Seele auch ist, auf den normalen, gewöhnlichen und engen zwischenmenschlichen Kontakt verzichten zu müssen, war es doch für Rajneesh als Alte Seele im Zustand der Abschlussinkarnation unverzichtbar, sich nicht mehr auf die seit jeher gewohnte familiäre Weise zu binden. Er wollte, musste und konnte durch den Tod seines Großvaters lernen, die Kommunikation mit seinen Mitmenschen auf andere Weise zu pflegen: mit einer inneren Unabhängigkeit, die ihm gestattete zu sagen, was er zu sagen hatte, und zu tun, was er zu tun hatte, ohne die Angst vor Liebesentzug oder -verlust.

Weil nun niemand mehr da war, der ihn mit einer Liebe lieben konnte, die auch er selbst mit seiner von vieltausendjähriger seelischen Entfaltung geprägten Vorstellung von Liebe schenken konnte, gab es auch niemanden mehr, dessen Liebe er auf irgendeine Weise hätte aufs Spiel setzen können. Alle späteren Verbindungen und Beziehungen basierten auf dem Prinzip des Gebens und Gewährens. Sie waren auf das Nehmen nicht mehr angewiesen.

Der Tod des Großvaters – so schmerzhaft er von dem Heranwachsenden auch empfunden wurde – schenkte ihm zugleich eine nie gekannte Freiheit, da er ihn von der letzten Bindung befreite, die als unfrei, weil abhängig, verstanden werden konnte. Denn die Entfaltungsaufgabe dieses letzten Lebens wie auch der drei vorangehenden lautet: »Empfangen, ohne zu schenken, und schenken, ohne zu empfangen«. Diese Möglichkeit kann nur ein Mensch in Anspruch nehmen und bewältigen, der nicht mehr gebunden ist und deshalb keine Angst mehr vor dem Bruch dieser Bindung haben kann. Alles Geben war von nun an nicht mehr an die Bedingung geknüpft, etwas zurückzuerhalten; und alles Empfangen war nunmehr unabhängig davon, ob er zuvor etwas geschenkt hatte.

Heißt das, dass der Tod des Großvaters bereits den Kulminationspunkt der Entfaltungsaufgabe hervorgebracht hat?

Das heißt es nicht. Dieses Ereignis kann jedoch als eine unabdingbare Voraussetzung für die Bewältigung der letzten Wegstrecke verstanden werden.

Wie hat sich von da an seine seelische Entwicklung weiter gestaltet?

Um sein Seelenmuster verstehen und deuten zu können, muss zweierlei berücksichtigt werden. Zum einen, dass die Variablen dieser Matrix bei einer Alten Seele, die ihr letztes Leben im Körper eines Menschen lebt, nicht mit denselben Maßstäben gemessen werden können wie bei jüngeren oder sehr viel jüngeren Seelen. Alle Merkmale sind in ihrer Energie auf den Abschluss einerseits und die immense Erfahrung einer Seele, die ihren Abschied nimmt, andererseits gerichtet. Alle Energien werden in diesen Dienst gestellt.

Zum anderen ist es notwendig, sich daran zu erinnern, dass das Seelenmuster dieses Menschen nach dem Erleuchtungserlebnis, das ihn mit 21 Jahren ereilte, gewissermaßen eine nie da gewesene Prägung erhalten hat, eine Qualität, die mit der Matrix eines Inkarnierten, der solches nicht erlebt hat, kaum verglichen werden kann.

Nicht das Seelenmuster mit seiner Polarität wurde transzendiert und somit außer Kraft gesetzt. Vielmehr bleibt notwendigerweise eine Pulsation vorhanden, die eine Vorbedingung für ein Weiterleben und eine gesteigerte Lebendigkeit ist. Aber die Schwingung oder Frequenz an den Polen ist dermaßen erhöht, dass – weil die Ausschläge zwischen Plus und Minus extrem groß sind – doch das Minus des Erleuchteten der Frequenz des Plus eines weniger entfalteten Individuums entspricht.

Abgesehen davon ist selbstverständlich: Solange ein Mensch noch Mensch ist, einen Körper bewohnt und daher den Gesetzmäßigkeiten dieser Körperlichkeit unterworfen ist, können gewisse Bereiche irdischen Daseins wie zum Beispiel die biologische Überlebensangst nicht vollständig eliminiert werden. Und so hat auch Osho Rajneesh immer dann, wenn es ihm körperlich schlecht ging, er sich überanstrengt hatte oder in sonstiger Weise um seine Gesundheit fürchten musste, eine Ausstrahlung entwickelt, die nicht identisch ist mit derjenigen, die er zu Zeiten großen Wohlbefindens hatte. Dies erklärt einige scheinbare Widersprüche, Ungereimtheiten und Seltsamkeiten, die nur jenen unerklärlich vorkommen, die sich unter einem Zustand der Erleuchtung eine totale Transzendenz aller menschlichen Eigenschaften und Charakteristika vorstellen – eine Vorstellung, die in keiner Weise mit dem übereinstimmt, was das eigentliche Zentrum und Ziel einer so genannten Erleuchtung ist, nämlich die vollkommene Menschlichkeit.

Ein Mensch, der im Einklang mit den Sehnsüchten seiner Seele den Sprung in die Ungewissheit von Einheit und Freiheit gewagt hat, wird sich mit den Plus- und Minuspolen seines Seelenmusters nicht mehr über seine Psyche und sein Bewusstsein identifizieren. Er wird sich vielmehr distanzieren können, und aus seiner Freiheit heraus ist ihm auch die Möglichkeit gegeben, das vorliegende Potenzial bis an die äußersten Grenzen zu treiben, zu übertreiben oder auch zu verlachen, es zu benutzen wie ein raffiniertes Musikinstrument, um ihm die reinsten und feinsten Töne zu entlocken, die Menschen zum Klingen bringen können.

Erleuchtet zu sein bedeutet in dieser Definition, alle Möglichkeiten des individuellen Seins restlos auszuschöpfen in dem Bewusstsein, dass es die letzte und somit auch im besten Sinne ultimative Gelegenheit sein wird, um damit eine Wirkung zu erzielen.

In diesem Sinne bedeutet der Ausdruck »aus dem Vollem« oder »aus der Fülle zu leben« die maximale und optimale Ausschöpfung aller Dimensionen, die durch das Seelenmuster, den Weg, die Zusammensetzung der Seelenfamilie und die überwältigende Erfahrung aller zurückliegenden Leben gegeben sind.

In bestimmten östlichen Traditionen ist man der Meinung, dass mit dem Erleuchtungserlebnis auch das Rad der Inkarnationen verlassen wird. Ihr habt uns früher bereits erläutert, dass dies nicht so ist. Aber hier scheint beides zusammenzufallen: das letzte Leben und die Erleuchtung. Bezieht sich euer Kommentar auf dieses spezifische Ereignis?

Wir sprechen in erster Linie von Osho Rajneesh und seiner spezifischen Verbindung des letzten Lebens auf der Stufe Alt 7 mit diesem besonderen Erlebnis. Eine ähnliche Erlebnisqualität kann sich auch schon in früheren Stadien der seelischen Entfaltung vollziehen. Dann bedeutet es jedoch nicht zugleich, dass damit die restlichen Anforderungen an das Menschsein nicht mehr erfüllt werden müssten. In diesem Fall jedoch ist alles erfüllt gewesen. Andererseits gibt es durchaus auch Seelen, die ihr letztes Leben auf der Stufe Alt 7 abschließen, ohne ein Ereignis dieser Art bewusst erlebt zu haben.

Kann man die Erleuchtung auch »unbewusst« erleben?

Wenn zum Beispiel ein Mensch geistig behindert ist, wird er das Erleben nicht in gleicher Weise verstehen, einordnen und nutzen können. Und doch kann er sein letztes Leben abschließen. Das letzte Leben und damit den Inkarnationszyklus zu vollenden ist an sich schon ein Höhepunkt, der nicht überboten werden kann. Für alle, die dieses Stadium erreicht haben – und jeder Mensch erreicht es früher oder später –, ist ein ekstatisches Abschlusserlebnis bereitet. Man kann es ebenso wenig anstreben wie vermeiden. Doch die spezielle Qualität eines Bewusstseinsorgasmus, wie er in dem zu erläuternden Beispiel von Rajneesh stattfand, unterscheidet sich von den Abschlussekstasen, die sich über Jahre und Jahrzehnte wiederholt manifestieren oder auf die Stunde des Todes beschränkt sein können, je nach den letzten Erfordernissen des betroffenen Individuums. Ein Erlebnis wie das, welches wir einen Bewusstseinsorgasmus genannt haben, ist jedoch denen vorbehalten, die sich im Anschluss daran spezifischen Herausforderungen stellen und die Aufgabe haben, zu lehren, zu prägen, Vorbild zu sein, zu beeinflussen und zu verändern.

Wer oder was bestimmt eine Seele zu dieser herausragenden Aufgabe?

Es ist immer die jeweils größte übergeordnete Organisationseinheit eines seelischen Individuums (der Seelenstamm = die 7 x 7 zusammengehörenden Seelenfamilien), die sich im Gleichklang mit der Seelensippe (7 Seelenfamilien) und der eigenen Seelenfamilie bereitfindet, einen ihrer Angehörigen bei einer solchen Aufgabe zu unterstützen. Jedoch kann dies nur gelingen, sofern das Individuum mit seinem Entfaltungszustand das Seine dazu beiträgt. Das Individuum erkennt während dieses Bewusstseinsorgasmus in vollkommenem Maß seine Einbindung in sein Ganzes und darüber hinaus die Vernetzung dieses Teilganzen mit allen anderen Bereichen der Existenz. Diese Erkenntnis behält ihre Gültigkeit. Sie ist nicht rückgängig zu machen. Doch wäre sie nicht jedem Individuum zuträglich oder nützlich. Energetische Ereignisse dieser Art bleiben nicht ohne Folgen. Daher finden sie nur selten statt.

Das kreiert ein neues Rätsel. Was sind denn die Folgen eines solchen Ereignisses?

Wir sprachen davon, dass seelische Individuen, die dieses erlebt haben und danach weiterleben, die Aufgabe haben zu wirken. In dieser Hinsicht zeigt die Wirkung ihre Folgen auf andere seelische Individuen. Dabei handelt es sich oft um eine große Anzahl von Mitmenschen, aber nicht immer. Die Wirkung lässt sich, von den seelischen Welten aus betrachtet, nur an ihrer Intensität messen, nicht an der Menge von Individuen, die von ihr berührt werden.

Wenn ich mich recht erinnere, beschreibt Rajneesh, wie er dieses Erleuchtungserlebnis durch intensive Übungen herbeigeführt hat und dann kurz vor diesem Erlebnis mit allen Übungen aufhörte. Inwiefern ist es die Anstrengung des Individuums und inwiefern ist es ein Geschenk größerer Einheiten, dass dieses Erlebnis stattfindet?

Beide Seiten tragen das Ihre dazu bei. Von Anstrengung kann jedoch nicht wirklich die Rede sein. Eine Alte Seele in diesem Stadium kann das, was sie umtreibt, und alle Sehnsüchte, denen sie nicht widerstehen oder ausweichen kann, als innere Impulse bezeichnen oder auch als spirituelle Übung; aber dies sind nur Namen. Jeder Spaziergang in der Natur hat bei Rajneesh ebenso wie jede Stunde des Schlafes oder jede sportliche Betätigung und jeder meditative Zustand dazu beigetragen, dass er unaufhaltsam auf das zuging, was ihm bereitet war.

Jedoch ohne die energetische Vorbereitung und Unterstützung seiner Seelenfamilie, seiner Sippe und seines Seelenstammes wäre dies nicht möglich gewesen. Wenn wir jedoch so sprechen, erzeugen wir eine künstliche Trennung der Energien, die vielmehr als vernetzte Gesamtwirkung zu denken sind.

Rajneesh hat häufig darüber gesprochen, dass es in diesem energetischen Zustand für ihn schwierig war, im Körper zu bleiben. Könnt ihr uns versuchen zu vermitteln, was es heißt, als Erleuchteter noch so viele Jahre im Körper zuzubringen?

Wir deuteten bereits an, dass die Mitteilung, die Vorbildfunktion und die Lehrtätigkeit eines in dieser Weise von seinem seelischen Ganzen Beauftragten eine immense Herausforderung darstellt. Da es sich beim Träger dieser Aufgaben und Botschaften um einen Menschen handelt, besitzt er eben auch einen menschlichen Körper, der mit einer gesundheitlichen Voraussetzung und mit besonderen Lebensumständen verbunden ist. Nun will aber Übermenschliches mit Menschlichem sich nicht ohne weiteres verbinden lassen. Was hier zu leisten ist, kann als eine übermenschliche Leistung bezeichnet werden. Leisten jedoch muss sie ein Mensch.

Dies erfordert eine Anstrengung, die Nichtwissenden schwer begreiflich ist und von ihnen nicht nachvollzogen werden kann, denn jemand, der einerseits zum Abschluss der Entfaltungsstufe Alt 7 gelangt ist und andererseits die Ganzheit, die Einheit und Freiheit geschaut hat, kennt keinen Impuls mehr, nach Weiterem zu streben, kein Bedürfnis, weiterzuleben, sich am Leben zu erhalten. Die ursprünglichen Triebe sind schwach geworden und drohen zu erlöschen. Nur die indirekte Speisung mit Energie durch die verstärkte Unterstützung der Kräfte des Selbst (= Seelenfamilie, -sippe, -stamm), die an die Stelle der individuellen Antriebskräfte treten, erlaubt ein Fortwirken, das außerdem erforderlich und wünschenswert, ja notwendig und unverzichtbar ist für eine kleinere oder größere Anzahl lernwilliger Seelen, deren Anliegen auf andere Weise nicht befriedigt werden können. Denn ebenso wenig wie eine einzelne Seele im Netzwerk der seelischen Welten unverbunden – das heißt ohne Ver-

bindung mit allen anderen Seelen ihrer Art – existiert, so existiert auch ein Mensch mit dem, was er zu geben und zu nehmen
hat, immer im Zusammenspiel eines großen mitmenschlichen
Kollektivs, das durch ein Regelwerk von Notwendigkeiten geprägt ist.

Wir haben zuletzt darüber gesprochen, wie schwierig es für einen Erleuchteten ist, im Körper zu bleiben. Es wäre nun für unser schlichtes
menschliches Verständnis sehr hilfreich, wenn ihr uns einige konkrete
Beispiele geben könntet, welche Schwierigkeiten dieser Erleuchtete zum
Beispiel mit seinem Körper hatte.

Wir sagten, dieses Erleuchtungserlebnis wurde dadurch ausgelöst, dass ein Mensch seine Umhüllung durch das Ganze und
seine Bezogenheit darauf unwiderruflich erkennt. Diese Erkenntnis führt zu einem essenziellen Ungetrenntsein, zu einem
Zustand der Entgrenzung in das seelische Kollektiv hinein.
Aber Seelen sind nicht nur entkörperte energetische Einheiten,
sondern sie wohnen gleichermaßen auch in den Körpern der
den Erleuchteten umgebenden Menschen. So ist es nun für jemanden in diesem Zustand der Entgrenzung fast unmöglich –
jedenfalls äußerst schwierig –, Grenzen zu setzen, sie wahrzunehmen oder respektieren zu lassen.

Da die Auflösung oder das Hinausschieben von Grenzen natürliche Folge der Erkenntnis ist, gleichzeitig aber der Mensch
mit seiner begrenzten Körperlichkeit weiterleben will und soll,
muss er verstärkt Schutz suchen, je nachdem, wie es seinem Ge-
sundheitszustand jeweils entspricht. Und weil ihm dies nun besonders schwer fällt – denn die Notwendigkeit einer Begrenztheit oder Abgrenzung mag sich wohl seinem Geist aufdrängen,
nicht aber seinem Bedürfnis entsprechen –, braucht er liebende
Freunde um sich herum, die diese Grenzen für ihn setzen, ihn

bewahren vor energetischen Übergriffen, vor Vereinnahmung, vor Ausbeutung. Ausbeutung kann zwar auf der Ebene der energetischen Wirkung nicht eintreten, wohl aber auf der Ebene der physischen Kraft und Verfügbarkeit, denn diese ist durch die beschriebene Entgrenzung, die sowohl eine Lust als auch eine Fähigkeit, als auch eine Art Behinderung ist im Vergleich zu den natürlichen Grenzen, die andere Menschen haben.

Ein anderes Thema wäre Schlaf: Verändert sind Schlafbedürfnis, Schlaftiefe und alles, was jemand, der seine Einbindung in das Ganze erkannt hat, im Schlaf erlebt und leistet. Für einen Menschen in dieser Verfassung, die als eine Gesamtverfassung bezeichnet werden kann, in der Physis, Psyche, Geist und Seele einer elementaren Veränderung unterliegen, ist die Qualität des Schlafes nicht mehr deutlich von der Qualität des Wachseins zu trennen. Meditative Zustände, Trancezustände, luzides Träumen, bewusstes Entspannen, Tiefschlaf und leichtes Schlummern gehen unaufhörlich ineinander über. Das, was unter anderen Umständen als Absence bezeichnet wird, ist der Normalzustand eines Erleuchteten. Er weilt mit seinem Bewusstsein im Ganzen und muss sich, um sich anderen Menschen mitzuteilen, fast gewaltsam zurückrufen in eine Kommunikationsform, die sich – um gültig zu werden – auf die Bewusstseinsebene der ihn umgebenden Mitmenschen begibt.

Das natürliche Bedürfnis eines Erleuchteten wäre – sofern er nicht besondere Lehraufgaben zu erfüllen hat wie dieser Osho Rajneesh –, in Zurückgezogenheit und Versenkung eine ekstatische Erfahrung von der Auflösungsfähigkeit von Zeit und Raum, von Beziehung und Selbst-Erfahrung zu machen. Ein Erleuchteter braucht in diesem Sinne den Mitmenschen nicht mehr, da er eine Überfülle anderer Bezogenheiten unaufhörlich erlebt. Wohl aber braucht er seine Mitmenschen, um mit dem elementar Menschlichen, mit Nahrung und Schutz, versorgt zu werden.

Und ein Drittes wollen wir erwähnen: Der Körper eines Erleuchteten ist von einer unbeschreiblichen Fragilität. Nur noch wenig hält ihn zusammen, und auch die Verfallserscheinungen sind rascher und lästiger. Ein Erleuchteter wird erleben, dass seine Zähne zum Beispiel leichter und schneller erkranken. Doch wenn er nicht zahnlos herumlaufen möchte, muss auch er zum Zahnarzt gehen, und die Schmerzen, die er dort erleidet, sind nicht geringer als bei jedem anderen, der eine solche Behandlung benötigt, sondern im Gegenteil um ein Vielfaches verstärkt – im Verhältnis zu seiner überhöhten Empfindlichkeit. Zwar wird er sich mit diesem körperlichen Schmerz nicht mehr vollständig identifizieren oder ihn zu vermeiden trachten, da er zu einer elementar menschlichen Erfahrung gehört, aber dies bedeutet nicht, dass sein Körper weniger darunter leidet.

Was die Ernährung betrifft, wird sich ein Erleuchteter weniger für den Lustgewinn, den andere aus der Nahrung beziehen, begeistern können. Vielmehr geht es darum, dem Körper das Notwendige zuzuführen. Osho Rajneesh hat sich mit einer sehr reduzierten und monotonen Diät einverstanden erklärt, da er die Erfahrung gemacht hat, auf diese Weise länger im Körper bleiben zu können und somit auch länger sein Werk tun zu können.

Nun erlebt ein Mensch ja am Ende seines letzten Lebens außerdem den irdischen Abschluss seines Weges, in diesem Fall des Weges 6. Wie gestaltete sich dies bei Rajneesh? Und wo ist der Unterschied zu dem »Bewusstseinsorgasmus«, wie ihr die Erleuchtung nennt?

Wir nennen das Abschlusserleben am Ende des **Weges der Stille** in einem Menschenkörper »Erlösung«. Da dieser Zustand der »Erlösung« – oder, in Bezug auf andere Wege, der »Erkenntnis« (Weg 5), der »Erhellung« (Weg 2) und so weiter – erst beim

Übergang vom letzten Leben in den letzten Tod stattfindet, kann er weder aufrechterhalten noch mitgeteilt werden. Daher kann er auch nicht mit der Wirkung eines anderen Individuums oder mit der Seinsqualität dieses Individuums verglichen werden. Ein Mensch, der diesen Zustand erreicht, wie Osho Rajneesh bei seinem Tod, ist kein Mensch mehr. Er wird niemals wieder ein Mensch sein. Er ist erlöst von allem, was das Menschsein von nicht menschlichen Seinsformen unterscheidet. Eine Lust und eine Last sind von ihm genommen. Nichts bleibt innerhalb der Welt mehr zu tun. Alle Individualität ist jetzt aufgehoben.

Das aber kann von einem lebenden Menschen, und sei er auch noch so weit entwickelt, sonst niemals behauptet werden. Selbst wenn jemand seine Ich-bestimmte einzigartige Persönlichkeit weitgehend aufgelöst hat und sein Bewusstsein zeitweilig mit dem seiner Seelengeschwister verschmilzt, ist die Individualität des Lebendigen noch vorhanden. Im Gegenteil: Wir könnten sagen, dass niemand individueller und somit auch origineller – mit anderen Worten mehr er selbst –, ist als gerade ein Mensch auf der Entfaltungsstufe Alt 7 – und dies umso mehr noch nach einem Bewusstseinsorgasmus, der ihm seine Vollständigkeit und Vollkommenheit vor Augen geführt hat.

So wird es verständlich, dass alle wahrhaftig Erleuchteten und großen Meister sich fundamental voneinander unterscheiden. Die Individualität ist sozusagen auf die Spitze getrieben, aber nicht über die Definitionen des angstvollen Ego, sondern über die Erfahrung der Erfüllung menschlicher Bedingtheit, die zugleich zu einer bedingungslosen Menschlichkeit hinleitet.

Ihr sprecht davon, dass ein Erleuchteter im Schlaf etwas Besonderes erlebt und leistet, das offensichtlich der Durchschnittsmensch nicht erlebt und leistet. Was ist damit gemeint?

Der Schlaf und die Traumtätigkeit eines Erleuchteten dienen Zwecken, die nicht identisch sind mit denen durchschnittlicher Träumer. Ihr wisst, dass zum Beispiel ein Großteil aller Träume Angstträume sind oder die Bewältigung von angstvollen Zuständen über das Traumgeschehen ermöglichen. Ein Erleuchteter ist im Wesentlichen über seine psychische Angst hinausgewachsen. Sie beschäftigt ihn weder bewusst noch unbewusst so sehr, wie sie seine Mitmenschen prägt. Dadurch wird des Nachts viel Energie frei. Und hinzu kommt, dass ein Erleuchteter – wie wir schon andeuteten – auf leichte, natürliche und selbstverständliche Art in meditative Zustände fällt, die die Funktion von Schlaf und Traum teilweise ersetzen. In Meditation und meditativem Zustand klärt sich vieles, was Menschen, die nicht meditieren oder natürliche meditative Zustände nicht zulassen können, im Traum bewältigen müssen.

Wir sagten, Energie wird frei. Diese Energie fließt in eine zunehmend ungehinderte Kontaktaufnahme mit der eigenen Seelenfamilie und anderen seelischen Kräften und Einheiten, die schon immer ein Bestandteil des Unbewussten waren, schon immer auf dieser unbewussten Ebene erlebt und gelebt wurden. Nun aber werden sie in den Bereich des kognitiven Bewusstseins gehoben. Die Kontaktaufnahme selbst erfolgt mit einem luziden Bewusstsein. Die Verschmelzung mit der eigenen Ganzheit kann tagsüber während jener Formen der Aktivität, die eine gewisse Normalität und Ablenkung erfordern, nicht in so reinem Maß erfolgen wie in den Stunden des Schlummers, die jeder Mensch braucht, um seine Körperfunktionen aufrechterhalten zu können und seine Kraft zu regenerieren. Ein Erleuchteter also, der sich zur Ruhe begibt und sich im Ozean der Ganzheit auflöst, während er seinen Geist mit seinem Körper zur Ruhe legt, geht auf in seinem seelischen Kollektiv und nutzt in diesem Zustand auch den Informationsfluss, die Beglückung transpersonaler Liebe und die Möglichkeit der energetischen Aufladung. Am Ende eines solchen Lebens, wie Rajneesh es geführt hat, wird dies alles selbstverständlich geworden sein: das Aufgehen im Ganzen, das Verfügen über das Wissen des Kollektivs und die bedingungslose transzendente Liebe. Aber solange ein Mensch noch lebendig ist und in einem Körper weilt, kann er dies nur im Schlaf vollkommen erfahren.

Und es ist und bleibt mit einer gewissen Leistung und Anstrengung verbunden, die für Außenstehende fast unmerklich ist und auch von dem Betroffenen so gewohnheitsmäßig vollzogen wird, dass ihm die Anstrengung als solche nicht bewusst wird. Sie ist auch nur eine solche im Verhältnis zu der Anstrengungslosigkeit, die nach dem letzten Tod erfahren werden wird. In dieser Hinsicht, nicht im üblichen Sinn, sprachen wir von einer Arbeit.

Ihr habt nun schon darauf angespielt, wie der Erleuchtungszustand sich im Laufe der Jahre verändert. Ihr habt auch einmal gesagt, man könne Erleuchtung sogar wieder verlieren. Ihr habt das damals so formuliert: »Manche sollten eher sagen: Ich war erleuchtet.« Ich möchte also fragen: In welcher Weise hat sich dieser Zustand über die Jahre bei Rajneesh verändert?

Wir sagten in einem anderen Zusammenhang, dass ein Zustand der Erleuchtung auch in seiner höchsten Qualität verloren gehen oder vermindert werden kann. Dies gilt in aller Regel für jene, die ein Erleuchtungserlebnis auf der vierten, fünften oder sechsten Entfaltungsstufe des Zyklus der Alten Seele haben. Es fällt ihnen schwer, nicht, weil sie nicht wollen oder aus verschiedenen Gründen ihre eigene Erfahrung zunichte machen, sondern weil es ihnen nicht gelingt, jenen Zustand aufrechtzuerhalten, denn dieser ist naturgemäß labil, solange der Ausnahmezustand keine dauerhafte Entsprechung im allgemeinen Energieniveau einer seelischen Entwicklungsstufe findet.

Setzt also die Angst – besonders jene, die durch das Hauptmerkmal geprägt wird – aus irgendeinem Grund verstärkt wieder ein, auch als Reaktion auf ein solches Entgrenzungserlebnis, das gerade aufgrund seiner Entgrenzung Angst erzeugen kann, dann kann sich das Gewonnene nach und nach wieder verflüchtigen. Es wird eine Zeit lang anhalten, auch von anderen zu empfinden und zu sehen sein. Aber es geschieht nicht selten, dass nach fünf oder zehn Jahren eine Art Rückfall in Strukturen zu beobachten ist, die nicht einmal vor dem Erleuchtungserlebnis in dieser massiven Form bestanden haben. Das Erlebnis als solches wird sehnsüchtige Erinnerung. Die gelebte Wirklichkeit jedoch entspricht weder auf der Erkenntnisebene noch auf der Energieebene diesem Gipfelzustand. Das Tal hinter dem Gipfel kann tief und dunkel sein. Und so können wir das Geschehen wie eine abenteuerliche Bergbesteigung beschreiben, die wohl auf der Höhe des Gipfels erhebende Ausblicke und Panoramen beschert, aber nicht gewährleistet, dass auf immer Schlechtwetterwolken und Nebel, Sturm und Kälte den Gipfelstürmer verschonen werden. Und der Abstieg kann nicht nur außerordentlich mühsam, sondern auch sehr gefährlich sein. Wenn der Bergsteiger stürzt und in eine tiefe Spalte fällt, wird er sich daraus nicht aus eigener Kraft befreien können.

Das war jetzt eine äußerst wichtige Ergänzung. Ich versuche noch einmal zusammenzufassen, was im Laufe der Jahre gesagt wurde. Erleuchtungserlebnisse in diesem beschriebenen Sinn sind ab Alt 3 möglich. Für die allermeisten ist es ein Abschlusserlebnis, das heißt, sie verlassen anschließend ihren Körper und sterben. Wenn es länger andauert, hat der Mensch in der Regel die Aufgabe zu lehren. Und nun tut sich sozusagen etwas Drittes auf: Es gibt Menschen, die das Erlebnis länger überleben, vielleicht auch lehren, aber bis zu Alt 6 unter Umständen diesen Abstieg oder Absturz erleben. Habe ich das jetzt richtig dargestellt?

Der Absturz ist nicht unausweichlich. Je weniger Anforderungen ein Erleuchteter an sich selbst stellt und je weniger Erwartungen oft unsinniger Art an ihn gestellt werden, desto leichter wird es sein, einen Sturz in die Abgründe zu vermeiden. Wir sagten, das Hauptmerkmal, das ja den allermeisten Menschen nicht bekannt oder bewusst ist, stellt den gefährlichsten Fallstrick unterhalb des Gipfels dar. Je nach Hauptmerkmal kann es zu einer falschen Demut (»Selbstverleugnung«), einer falschen Askese (»Gier«), zu falschem Stolz (»Hochmut«), zu falscher Entschlossenheit (»Starrsinn«) und so weiter kommen.

Natürlich wird die Angstprägung eines vor kurzem durch ein Erleuchtungserlebnis geprägten Menschen nicht grob oder auffällig sein. Sie wird dennoch zu subtilen Selbstbetrugsmanövern führen, die sich in ihrer Tragweite erst nach Jahren zu enthüllen pflegen. Darin liegt weder eine Absicht noch der Wunsch, den Schülern oder Bewunderern Unwahres vorzuspiegeln. Es zeigt lediglich, dass der Betroffene noch eine Wegstrecke vor sich hat, dass ihm die notwendigen Entfaltungsschritte und das, was ihm bis zum allerletzten Lebensende noch zu lernen bleibt, in Aussicht gestellt wird. Erleuchtet werden heißt eben nicht, mit allem abgeschlossen zu haben, sofern es nicht am Ende von Alt 7 geschieht.

Die ursprüngliche Frage war: Wie entwickelte sich der Erleuchtungszustand von Rajneesh nach seinem 21. Lebensjahr? Er hat ihn ja wohl eine ungewöhnlich lange Zeit aufrechterhalten.

Dreißig Jahre sind eine lange Zeit von einem Individuum aus betrachtet, das mit einem Teil seines Wesens bereits alle Köstlichkeiten einer Beziehung zu Raum- und Zeitlosigkeit pflegt. Und während dieser gut dreißig Jahre musste auch Rajneesh seinen Weg noch finden, und weder machte er es sich leicht, noch wurde es ihm leicht gemacht von seinen Mitmenschen. Aber das soll nicht bedeuten, dass ihm solches eine Last war. Wir haben angedeutet: Die Entfaltungsstufe Alt 7 weist ein Maximum und Optimum an Individuation auf, und es steht zu erwarten, dass ein vollkommen entfaltetes und freies seelisches Individuum sich nicht nur Freunde macht unter den Mitmenschen, sondern auch auf erhebliches Unverständnis und auf Feindseligkeit stößt.

Ein Mensch in diesem Stadium seiner Entfaltung wird kaum auf den Gedanken kommen, auf irgendeine Konvention, auf irgendeine angstvolle Schutzmaßnahme der Gesellschaft Rücksicht zu nehmen oder sich ihr gar zu beugen. Es ist also in Rajneeshs Fall nicht nur die Lust an der Provokation, die gewiss durch einige seiner Matrixvariablen (Ziel »Ablehnen«, Mentalität »Zyniker«) ebenfalls gegeben war, sondern eine geradezu lustvolle Naivität des Umgangs mit den Mitmenschen, die ihn seine Erfahrungen machen ließ mit der Andersartigkeit und den für ihn oft ebenso unbegreiflichen Reaktionen derer, die ihm begegneten.

Da waren zum einen eine große Unbekümmertheit, zum anderen aber auch zwei besondere Aspekte seiner Existenz, die sein Trachten und Wirken in bestimmte Bahnen lenkten: die überaus hohe Liebesfähigkeit und außerdem das Bewusstsein von einem inneren Auftrag, der seinen Möglichkeiten und Fähigkeiten in vollem Maß entsprach. Im Laufe der Jahre lernte er, seine Lust an Spiel und Provokation in den Dienst dieses Auftrags zu stellen, statt sie allzu unbekümmert auszuleben.

Im Übrigen soll nicht einmal angedeutet werden, dass Rajneesh trotz aller endgültigen Entfaltung frei war von der Pulsation seines Seelenmusters. Auch er musste, um lebendig zu bleiben, immer wieder die Frequenz seiner Minuspole berühren, um sich dann erneut zu den Höhen seiner Pluspole aufschwingen zu können. Man ginge fehl in der Annahme, dass er den Zustand seiner Erleuchtung verloren hätte in dem Moment seines Kontakts mit den eigenen Minuspolen.

Ihr habt gesagt, dass ein Erleuchteter seine Matrix anders lebt als andere Menschen. Deswegen bitten wir euch, einmal anhand der Archetypen von Rajneesh zu erläutern, wie er sie gelebt hat: Er war ein »Weiser« mit dem Hauptmerkmal »Gier«.

Auch wenn die Tatsache, dass Rajneesh sowohl ein Erleuchtungserlebnis hatte, als auch sein letztes irdisches Leben lebte, als Phänomen getrennt untersucht werden kann, fließt doch beides in diesem Menschen zusammen. Und so kann die Art und Weise, wie er sein Seelenmuster, seine Matrix, lebte, nicht auf die Erleuchtung allein zurückgeführt werden.

Wer die **Seelenrolle eines Weisen** bekleidet, wird in diesem Stadium seiner Entfaltung und in diesem Zustand vornehmlich das Prinzip der Kommunikation, des Mitteilens, in den Vordergrund seines Erlebens rücken. Die zwei Pole (Pluspol »ausdrucksvoll«, Minuspol »redselig«), die weiterhin ihre Gültigkeit behalten und deren Realisierung die Vorbedingung für eine weitere lebendige Lebensspanne sind, ergänzen dieses Anliegen.

Rajneesh war ausdrucksvoll in höchstem Maß und redselig in höchstem Maß. Nur unterscheidet sich seine Redseligkeit von der Geschwätzigkeit vieler anderer »Weiser« dadurch, dass er von wenigen Ausnahmen abgesehen – stets etwas Wesentliches zu sagen hatte. Wesentlich war ihm der Akt der Kommunikation: Das bedeutet Bereitschaft, unaufhörlich seine Botschaft in die Welt zu senden und auch auf das Echo, das sie erzeugt, erneut einzugehen. Seine Ausdruckskraft wie auch sein essenzielles Bedürfnis, Beachtung zu finden, sicherten ihm die weltweite Resonanz, die er für den Abschluss seines existenziellen Werkes benötigte.

Humor als eine spirituelle Methodik einzusetzen entsprach seiner Erfahrung als einem »Weisen«. Er wusste aus vieltausendjähriger Erfahrung, dass gewisse Bereiche des menschlichen Geistes, die zum entspannten Dasein notwendig sind, nur über ein Lachen erreicht werden können. Seine Gewohnheit, keinen seiner unzähligen Vorträge zu halten, ohne ihn mit einem oder mehreren Witzen abzuschließen, ist ein Ausdruck seiner voll erblühten »Weisen«-Essenz.

Die Güte und Akzeptanz, die einen »Weisen« am Ende seiner langen Lebensreise kennzeichnen, verbanden sich in wohltuender Weise mit seiner von mitmenschlichen Bindungen befreiten Liebesfähigkeit. Dies kann jedoch nicht bedeuten, dass er sich als einer gab, der alles akzeptiert, zulässt und vergibt. Denn er wusste sich genötigt, stets dann wie Jupiter seine Blitze in die Welt zu schleudern und damit auch einzelne seiner Schüler zu treffen, wenn es ihm für deren Entwicklung unabdingbar erschien.

Ein »Weiser« wie er schwieg, auch wenn er redete, und war beredt, auch wenn er schwieg. Lange Phasen der indirekten, nonverbalen Mitteilung unterbrachen die jahrelangen täglichen Belehrungen, und doch hatte beides eine vergleichbare Wirkung, denn nicht auf die Worte als solche kam es ihm an, obgleich er zeit seines Lebens ein großartiger Wortkünstler war, sondern auf die Verbindung, die zwischen dem, der sie sprach, und dem, der sie hörte oder las, entstand. Dies pflegte er Kommunion zu nennen, und diese Kommunion war für ihn als »Weisen« seine besondere und höchste Form mitmenschlicher Gemeinsamkeit.

Wie lebte er sein Hauptmerkmal »Gier«, das heißt eine frühe, tief fixierte und zum Seelenmuster gehörige Angst vor Mangel? Die Pole sind »selbstzufrieden« und »unersättlich«.

Ein Erleuchteter unterscheidet sich von seinen Mitmenschen in erster Linie dadurch, dass er über seine Angst hinausgewachsen ist. Und wenn er diesen Zustand aus den angedeuteten Gründen nach und nach nicht wieder verliert, lebt er sein Hauptmerkmal, das ihm ebenso wie alle anderen Variablen des Seelenmusters erhalten bleibt, in einer wesentlich veränderten Form. Rajneeshs **Hauptmerkmal der Angst** war **Gier**, und hinter dieser »Gier« lag bei ihm – wie bei jedem anderen Menschen mit diesem Hauptmerkmal – eine Angst vor Mangel. Am Tag seiner Erleuchtung erkannte er, dass es für ihn keinen Mangel mehr geben konnte. Alles, was er brauchte, war in überreichlichem Maß vorhanden und würde vorhanden sein bis zur Stunde seines leiblichen Todes.

Und weil er nun frei war von der Angst vor Mangel, konnte er beginnen, mit ihr zu spielen. Er lernte sie in einer Weise einzusetzen und zu leben, dass er dieses Hauptmerkmal seiner Angst fruchtbar für sich und seine Mitmenschen machen konnte. Um sein Spiel zu verstehen, darf nicht vergessen werden, dass es sich hier um das letzte Leben auf der Erde handelte. Osho Rajneesh war ein Mensch, der um dieses Ende wusste. Und daher war es ihm – im Übrigen auch aufgrund seiner Seelenfamilien-Aufgabe – ein großes Anliegen, aus der Fülle zu leben, seine persönlichen Bedürfnisse in überreichlichem Maß zu erfüllen und alle Möglichkeiten auszuschöpfen, die ihm eine irdische Existenz zum allerletzten Mal gewähren würde.

Nun musste er jedoch recht bald nach seiner Erleuchtung feststellen, dass seine Bedürfnisse nach materiellen Gütern auf ein Minimum reduziert worden waren. Mehr noch als zuvor genügte es ihm, ein bequemes Bett, saubere Nahrung, gutes Wasser und viel Ruhe zu haben. Hinzu kam jedoch der Wunsch, sich alle Bücher und Schriften besorgen zu können, die sein Interesse fanden und ihn bei seiner Aufgabe, als Inder Menschen aus dem Westen zu belehren und zu erreichen, unterstützen konnten.

Diese Haltung begleitete ihn gut zwanzig Jahre. Dann stellte er fest, dass er sein Hauptmerkmal noch auf zwei weitere Arten leben und einsetzen konnte. Zum einen wuchs sein Wunsch, mehr und mehr Menschen mit seiner Botschaft zu erreichen, und er ahnte, dass er diesen Drang bis zuletzt nicht verlieren würde. Doch spürte er, dass dies nur zu einem sehr geringen Teil von der Angst, nicht genügend Wirkung zu erzielen, geprägt war. Sein überwundenes Hauptmerkmal unterstützte ihn vielmehr dabei, seine Ziele zu erreichen.

Und wenig später entdeckte er, dass er die Aufmerksamkeit der Medien und auch potenzieller Schüler, die nur über die Veröffentlichung in den modernen Medien des Westens und Ostens zu erreichen waren, ganz besonders nachhaltig zu erringen vermochte, wenn er sich in einem wesentlichen Punkt von den anderen der zahlreichen indischen Gurus unterschied, nämlich in einer offen zur Schau gestellten, angreifbaren und geradezu absurden Gier nach dem Inbegriff allen Reichtums, dem Rolls Royce. Daher beauftragte er die Leiter seiner Stiftung, einen nach dem anderen davon anzuschaffen, und er erlaubte seinen wohlhabenden Schülern auch, ihm viele dieser Wagen zu schenken. Sie gehörten niemals ihm persönlich, erfüllten aber den Zweck, den Rajneesh anstrebte.

Dieser Zweck war vielschichtig. Zum einen konnte er beobachten, dass sich an dem Skandalon der schieren Anzahl seiner etwa hundert Rolls-Royce-Spielzeuge die Geister schieden, die Spreu vom Weizen getrennt wurde. Denn er sagte sich: »Wer sich dadurch von meiner eigentlichen Botschaft ablenken lässt, ist nicht der Schüler, den ich brauche.« Auch dienten diese Wagen denen, die sich seine Schüler nannten, dazu, ihn nicht mit einem Pseudoideal von Askese (als verdrängter Form von »Gier«) in eins zu setzen und ihn in einer Weise zu verehren, wie er es nicht haben wollte.

Die meisten blieben aber bis zuletzt verunsichert, fanden ihre eigenen materiellen Bedürfnisse gespiegelt und sahen sich veranlasst, ihren Meister zu rechtfertigen, in Schutz zu nehmen oder zu kritisieren, waren auch aufgerufen, ihre eigene Scham angesichts eines so überaus gierigen Meisters zu betrachten. Seine berühmten wertvollen Armbanduhren dienten einem ähnlichen Zweck, doch erregten sie weniger Aufmerksamkeit, zumal er die Gewohnheit hatte, sie großzügig zu verschenken.

In einer Nation, die im 20. Jahrhundert als absolute Hochburg des Materialismus gilt wie die USA, bot es sich an, sich als ein spiritueller Führer zu präsentieren, der das, was nicht einmal die Reichsten der Reichen tun würden, in einer Weise zu übertreiben pflegte, die alle Welt verunsicherte und stutzig machte. Denn der übrige Lebensstil von Rajneesh war und blieb weitgehend bedürfnislos und bescheiden, wenn er auch niemals die Vorstellung entwickelte, sich kasteien oder körperliche Pein erleiden zu müssen, um seiner Berufung und Bestimmung gerecht zu werden. Sein Anliegen war vielmehr, sich wohl zu fühlen und gesund zu erhalten, um seine Aufgaben erfüllen zu können. Er war auch überzeugt davon, dass durch die Tatsache, im 20. Jahrhundert geboren zu sein, ihm die Möglichkeit offen stand, die Annehmlichkeiten dieses Jahrhunderts zu nutzen. Sie stellten für ihn zugleich ein Anrecht und eine Verpflichtung dar, dies auch zu tun.

Das Hauptmerkmal mit den Polen »unersättlich« und »selbstzufrieden« wurde demnach durchaus gelebt und erfüllt, wenn auch auf einem Bewusstseinsniveau und in einer Funktionalisierung, wie man sie sonst selten finden kann.

Bitte sprecht über Rajneeshs Entwicklungsziel »Ablehnen«, die Pole sind »Vorurteil« und »Urteilskraft«.

Wir gehen weiterhin davon aus, dass wir das Entwicklungsziel eines Erleuchteten während seiner letzten Inkarnation beschreiben. Dadurch wird erst verständlich, dass das **Ziel Ablehnen** mit seinen charakteristischen Eigenschaften mit höchster, letztendlicher Intensität und Klarheit gelebt wurde.

Rajneesh war ein Mensch von großer Urteilskraft. Es war ihm gegeben, einen Menschen, sowie er mit ihm in Berührung kam – und dies musste nicht mit physischer Präsenz zugleich verbunden sein –, zu beurteilen, ihn einzuschätzen, ihn durch und durch zu erkennen und sein besonderes Potenzial auf den unterschiedlichsten Ebenen seiner Existenz auszumachen.

Das Ziel »Ablehnen«, auf dieser Stufe der Erkenntnis mit Leben erfüllt, führt zu exquisiter mentaler Klarheit, zu einer durchdringenden Fähigkeit, alles Uneigentliche mit neutraler Distanz abzulehnen und dadurch das Eigentliche zum Vorschein kommen zu lassen. Solange Rajneesh am Leben war, musste er jedoch auch in irgendeiner Weise den Minuspol dieses Ziels auf dem ihm entsprechenden Niveau leben, und so ist zu beobachten, dass er mit großer Unbekümmertheit und einer nonchalanten Freiheit auch seinen Vorurteilen Lauf ließ, wenn er mit seiner Urteilskraft aufdeckte, wie gerade jene, die von vielen für vollkommen gehalten werden – nämlich die spirituellen Lehrer, die Meister, Gurus und die Religionsgründer, deren Worte im Allgemeinen weder diskutiert noch angezweifelt werden dürfen –, Fehler haben und Widersprüche aufweisen, die die meisten ihrer und auch seiner Schüler nicht aufzudecken wagten. So setzte Rajneesh seine lässige Art, jene Vorurteile auszusprechen, die andere haben, aber kaum zu denken wagen, ein, um an den Grundfesten falscher Überzeugungen oder unreflektierter Glaubenshaltungen seiner Schüler zu rütteln.

Und gewiss gab es auch Gelegenheiten, in ebenso unbekümmerter Art und Weise die Schattenseiten seiner Psyche zum Ausdruck zu bringen, indem er in der großzügig-unbekümmerten Art, die allen »Weisen« eigen ist, auch Vorurteile äußerte, die auf mangelnder Kenntnis der Zusammenhänge und Hintergründe oder auf einer persönlichen Abneigung – das heißt einem persönlichen Ablehnen – beruhten und jenen gegenüber geäußert wurden, die ihn persönlich angriffen, die seine Vorstellungen nicht teilten, die ihn belästigten und verfolgten oder die ihm unsympathisch waren. Dazu gehörten viele Politiker.

Wesentlich für das Verständnis dieses Ziels ist zu begreifen, dass ein Mensch, der zum letzten Mal das Ziel »Ablehnen« in seiner umfassenden Form anstrebt und lebt, geradezu dafür sorgen muss, dass er möglichst häufig abgelehnt wird, denn sonst ist die energetische Wirkung des Ziels nicht komplett. Und gewiss kann beobachtet werden, wie von Anfang an – also schon zu Beginn seines Lebens und bis zu seinem Ende – eine Steigerung der zunehmend weltweiten Ablehnung zu verzeichnen war. Rajneesh war in diesem Sinn keineswegs ein Opfer von Feindseligkeiten, Unverständnis und politischen Machenschaften. Er legte es absichtlich und unbewusst aufgrund seines Ziels »Ablehnen« darauf an, Ablehnung hervorzurufen, um zum einen seine eigene Urteilskraft zu stärken, zum anderen die Urteilskraft seiner Schüler zu wecken und zum dritten genüsslich seine eigenen Vorurteile haben zu können.

Als erleuchtet kann die Art und Weise begriffen werden, in der er selbst diese inneren Vorgänge betrachtete und begriff. Denn wenn er auch in seinen Vorträgen seinen Impulsen freien

Lauf ließ und seine Vorurteile und seine Kritik nicht zensierte, war es doch so, dass er sich im privaten Bereich darüber höchlichst amüsierte und sich über seine eigene Aufregung nicht aufregen konnte.

Zu guter Letzt wollen wir noch darauf aufmerksam machen, dass die dualen Aspekte der Matrix, in diesem Fall die Entwicklungsziele »Ablehnen« und »Akzeptieren«, bei einem Erleuchteten miteinander verschmelzen und zu einem gemeinsamen Ausdruck von Expressivität werden.

Die Fähigkeit einer Alten Seele im Zustand der Erleuchtung zur akzeptierenden Liebe und besonders auch zur bedingungslosen Selbstliebe bedeutet vor allem, keine Maske zu tragen, alle falschen Gesichter fallen zu lassen und sich der Welt genau so zu zeigen, wie ihr im Augenblick zumute ist. Dies kann sich für jemand, der in der Gegenwart und im Augenblick lebt, jederzeit ändern. Deshalb wäre es niemals sinnvoll, das, was an Rajneesh so anstößig wirkte und Ablehnung hervorrief, als seinen einzigen oder wahren Charakter zu beschreiben. Ein solcher Mensch ist nicht durch und durch gut im Sinne einer unangreifbaren und unantastbaren Heiligkeit. Seine Meisterschaft besteht gerade darin, nicht mehr vollkommen sein zu wollen, sich nicht mehr als vollkommen – im Sinne uneingeschränkter Fehlerlosigkeit – der Welt präsentieren zu müssen. Erst in dieser Weise kann eine sehr Alte Seele oder ein Erleuchteter Vorbild für die Selbstakzeptanz seiner Mitmenschen werden. Erst wenn jemand über die Selbstablehnung hinausgewachsen ist, kann er anderen zeigen, was Selbstakzeptanz bedeutet. Und so kann auch das Ziel »Ablehnen« zu einem Höhepunkt und Endpunkt gebracht werden. Denn wer es ablehnt, sich selbst etwas vorzumachen und in der Welt eine uneigentliche Rolle zu spielen, dringt zu seiner letzten Wahrheit vor und zeigt auf, welche Wirkung sie hervorbringen kann.

Bitte sprecht über Rajneeshs Modus »Macht«, den negativen Pol »Bevormundung«, den positiven Pol »Autorität«.

Ein Mensch kann **Macht** auf vielerlei Weise einsetzen und ausleben. Wir haben an anderer Stelle gesagt, dass »Macht« in der Bedeutung eines Modus – das heißt, in der Art und Weise, wie ein Seelenmuster gelebt wird – in erster Linie ein Faktor der Ausstrahlung und Wirkung ist und nur in geringem Maß eine Form des Handelns.

Ein Mensch mit dem Modus »Macht« verfügt über Autorität. Und es ist für einen Erleuchteten, der sich berufen fühlt, Schüler anzunehmen und sie auf dem Weg ihrer spirituellen Entwicklung zu geleiten, sehr von Vorteil, wenn er über diesen Modus verfügt, der ihm eine uneingeschränkte Autorität verleiht, um die er daher nicht besorgt sein muss.

Rajneesh hat den Pluspol seines Modus in vollem Maß in Anspruch genommen und trotzdem immer betont, dass jeder seiner Schüler über eine eigene innere Autorität verfügt, die sogar die seine außer Kraft zu setzen vermag. Denn die Autorität, die Rajneesh ausübte, bestand in den durch eigene energetische Erfahrung gestützten Aussagen einer Lehre, deren Theorie prinzipiell auch von vielen anderen verbreitet wird. Und er wusste, dass letztlich nur jemand, der eine vergleichbare Prägung erhalten hat, verstehen kann, was er zu sagen hatte. So setzte er vielfach seine Autorität dazu ein zu bekunden, das, was ihm an energetischer Ausweitung widerfahren sei, sei auch anderen möglich, und seine Schüler hatten Anlass, ihm dieses zu glauben.

Der Minuspol der »Bevormundung« hatte für Rajneesh zwei Aspekte. Der eine war, dass er sich geistig von niemandem bevormunden ließ, es in seinem privaten und körperlichen Umfeld jedoch geradezu genoss, sich auf eine fürsorgliche Art bevormunden zu lassen. Der zweite Aspekt bestand darin, dass er es ablehnte, seine Schüler zu bevormunden und ihnen Vorschriften über ihre Lebens- und Denkweise zu machen, wie sie es nicht selten gewünscht hätten. Aus eigener Erfahrung rief er sie vielmehr auf, es ihm gleichzutun und sich von niemandem – auch von ihm nicht – bevormunden zu lassen, sondern ihre eigene innere Autorität zu fühlen und ihr zu folgen. Er sprach oft von Authentizität und innerer Wahrheit und meinte damit auch dieses: die Macht der eigenen, individuellen Autorität zu spüren und sie anzuerkennen.

Eine machtvolle Ausstrahlung prägte jede seiner Aussagen und seiner Handlungen. Er war in der Lage, machtvoll zu reden, machtvoll zu schweigen, machtvoll abzulehnen, machtvoll Güte auszustrahlen und machtvoll seine Gier auszudrücken. Seinen Schülern – und ganz besonders den Frauen unter ihnen – legte er immer wieder nahe, ihre eigene »power« zu bejahen und auszudrücken. Solange er mit einer größeren Anzahl persönlicher Schüler in Berührung kam und seine abendlichen Energie-Darshans veranstaltete, setzte er seinen Modus »Macht« auch bei der Übertragung körperlicher Kräfte ein und bewirkte in dieser Form eine besondere und unvergessliche Art der Initiation. Auch den Blick seiner Augen setzte er vielfach als Mittel seiner Macht ein.

Was meint ihr zu seiner Aussage, dass viele seiner Schüler erleuchtet werden könnten?

Wenn er sagte: »Jeder von euch kann erleuchtet werden«, oder in anderer Form: »Jeder von euch ist erleuchtet, weiß es nur nicht und lebt nicht entsprechend«, hatte dies verschiedene Gründe und Funktionen. Zum einen war ihm deutlich, dass sich eine ungewöhnlich große Anzahl Alter und sehr Alter Seelen unter seinen Schülern befand, und er wollte ihnen Hoffnung machen, sich innerhalb eines von ihm geschaffenen Energiefeldes zu entspannen und alles, was ihnen möglich sein würde, zu erreichen. Auf die Anzahl kam es ihm niemals an. Er wollte mitteilen und teilen, wie es einem »Weisen« entspricht. Niemals hat er sich angemaßt, erkennen zu können oder zu wissen, welche oder wie viele seiner Schüler erleuchtet werden könnten in dem endgültigen und konkreten Sinn, wie er es selbst erfahren hatte. Er wusste jedoch: Es ist möglich. Und wären es nur zwei oder drei gewesen, ihm hätte es genügt. Zum anderen war ihm sehr wohl klar, welchen hohen Wert das Ziel und das Thema der Erleuchtung unter seinen Schülern besaß, besonders unter seinen ehrgeizigen westlichen Schülern. Und er nutzte diese Sehnsucht, um ihnen auf ihrem Weg behilflich zu sein, soweit er sie geleiten konnte.

Wenn dieses Thema der Erleuchtung besprochen wird – gerade auch in Hinblick auf die Anzahl seiner Schüler, die er dazu hinleiten wollte –, darf eines nicht vergessen werden: Erleuchtung äußert sich bei den wenigsten Menschen in einer Weise, dass anschließend eine umfassende Lehrer- oder Meisterschaft möglich ist oder angestrebt wird. Und außerdem hat eine größere Anzahl von Schülern Rajneeshs zeitlich begrenzte Erleuchtungserlebnisse gehabt, deren überwältigende Wirkung sich mit den Jahren aus den bereits genannten Gründen ein wenig verflüchtigte.

Jemand, der wie Rajneesh ein Angebot macht, ist in mancher Hinsicht zu vergleichen mit einem renommierten Universitätsprofessor, der den Abiturienten eines Gymnasiums von seiner Position und seiner Karriere erzählt und diesen Abiturienten in Aussicht stellt, dass sie ebenfalls Professor werden können, wenn sie nur das richtige Fach fleißig studieren und das beherzigen, was er für sich als wirksam und förderlich erkannt hat. So könnte angenommen werden, dass jeder Abiturient, der willens ist, ein solches Ziel anzustreben, es auch erreicht. Wie aber die Wirklichkeit zeigt, sind einige nicht begabt genug, andere nicht fleißig genug, einem dritten fehlt es an Durchhaltekraft, ein vierter wählt das falsche Studienfach, ein fünfter hat nicht genug Glück und so weiter. Und dennoch muss der Professor die Chance, einen Lehrstuhl zu erringen und zu bekleiden, als gegeben hinstellen. Er darf niemals sagen, es sei fast unmöglich, nahezu ausgeschlossen, will er den geeigneten Nachwuchs motivieren.

Bitte sprecht über Rajneeshs Mentalität »Zyniker«, Minuspol »herabsetzend«, Pluspol »kritikfähig«.

Durch die Herabsetzung, die die **Mentalität eines Zynikers** in den Augen seiner Mitmenschen oftmals erfährt – weil sie vor der kriegerischen Energie, die er einsetzt, um seinen Weg zur Wahrheit zu finden, Angst haben –, wird es zunächst überraschen, dass die Seele von Rajneesh in ihrem Inkarnationsmuster die Einstellung eines »Zynikers« gewählt hat und mit der entsprechenden Mentalität die Welt, die Wirklichkeit und die Wahrheit begriff. Denn die Menschen sehen fast immer nur den Minuspol: die verletzende, zersetzende Art und Weise, wie ein »Zyniker« seine Kraft einsetzen kann. Seltener sehen sie den Segen einer ausgeprägten Kritikfähigkeit, denn nur wenige wissen Kritik wirklich zu schätzen, selbst wenn sie aufbauend und heilsam ist. Und wie ein Erleuchteter mit dieser Mentalität umgeht, bietet vielen älteren Seelen ein Beispiel und Vorbild, das sich nicht auf die Mehrzahl der jüngeren und nicht erleuchteten Seelen übertragen lässt.

Sprechen wir nun also von einem erleuchteten »Zyniker«. Und wenn wir dies so formulieren, meinen wir damit einen Menschen mit der Mentalität eines »Zynikers«, der sich seiner selbst in höchstem Maß bewusst ist. Dies bedeutet auch, dass er seine Fähigkeiten und Kräfte gezielt und liebevoll einsetzt, soweit es ihm irgend möglich ist.

An dieser Stelle möchten wir ein verbreitetes Missverständnis ausräumen, das auch durch allerlei historische spirituelle Traditionen gestützt wird. Man behauptet nämlich, ein Erleuchteter sei und handle ausschließlich aus einem entgrenzten Bewusstsein heraus und weise im Unterschied zu allen anderen Menschen keinerlei unbewusste Anteile in seiner Psyche mehr auf. Dem ist jedoch nicht so. Wohl aber ist der Anteil an kognitivem Bewusstsein unvergleichlich viel höher als der gewöhnlicher Menschen. Und auch der Zugang zur kosmischen Bewusstheit ist wesentlich erweitert. Dies bedeutet jedoch nicht, dass ein Erleuchteter keinerlei unbewusste Regungen mehr erlebt. Sein Körper könnte nicht funktionieren, wenn es so wäre. Gewiss kann durch Übung allerlei unter Kontrolle gebracht werden, was sich normalerweise der Kontrolle entzieht: die Atmung, Teile des Stoffwechsels, die Träume. Doch bleiben Reste im Unbewussten, die auch ein Mensch nach einem Erleuchtungserlebnis braucht, um überhaupt leben zu können. Sonst würde er von Informationen derart überflutet werden, dass er keinen klaren Gedanken mehr fassen könnte, sich vielmehr dagegen wehren müsste, und gerade dieses zeichnet den Zustand nach einem Erleuchtungserlebnis nicht aus.

Wenn nun ein Mensch wie Rajneesh im Nachhinein feststellt, dass Regungen und Motivationen, die aus seinem Unbewussten aufgestiegen sind, sich manifestiert haben, geht er anders damit um als üblich. Solange er lebt, hat er auch einen Schatten. Dies ist eine allgemein gültige Feststellung. Also sagen wir, auch ein Erleuchteter hat einen Schatten. Wenn er diesen jedoch bemerkt, dann unterdrückt er ihn nicht, er schämt sich seiner nicht. Er betrachtet ihn vielmehr mit einem wohlwollenden, liebevollen Interesse. Er rechtfertigt sich nicht, er entschuldigt sich nicht – weder vor sich selbst noch vor irgendeinem anderen Menschen. Solches meinen wir, wenn wir sagen, ein Erleuchteter trägt keine Maske.

Aber das ist jetzt verwirrend für mich. Im ersten Teil der Durchsage war vom nicht kognitiv bewussten Anteil die Rede. Und jetzt werden diese Anteile plötzlich mit dem Schatten gleichgesetzt. Das verstehe ich nicht.

Nicht kognitive Anteile, die sich zum Beispiel auf den Minuspol der »zynischen« Mentalität beziehen, sind notwendigerweise von Angst geprägt. Diese Angst stammt aus den Bereichen des Unbewussten.

Aber sehe ich das richtig, dass das Unbewusste erheblich mehr ist als diese Schatten?

Erheblich mehr!

Es ging ja gerade um neutrale oder positive Informationen, die überspielt werden.

Es geht um alle Informationen. Wie bereits anlässlich des Entwicklungsziels »Ablehnen« gesagt wurde, das den Pluspol »Urteilskraft« hat, wurde auch der Pluspol der »zynischen« Mentalität von Rajneesh in meisterlicher Weise eingesetzt. Kritikfähigkeit bedeutet im Wesentlichen Unterscheidungsfähigkeit, die dazu führt, einem Menschen eine Wahrheit über ihn selbst oder die Umstände, in denen er lebt, mitteilen zu können und dieses in einer Weise zu tun, dass der Hörende sich nicht verschließen muss, sondern die Kritik annehmen kann, selbst wenn es nicht sofort geschieht.

Während es sich bei dem Ziel »Ablehnen« um eine »Künstler«-Energie (Energie 2) handelt, ist die Mentalität des »Zynikers« von einer »Krieger«-Energie geprägt (Energie 3). Das bedeutet, sie ist notwendigerweise schärfer, aggressiver, schmerzhafter und wird in den meisten Fällen als Angriff empfunden. Jedoch haben wir sie auch früher schon einmal mit einer notwendigen Operation verglichen, die eine Voraussetzung für spätere Heilung darstellt. In dieser Weise hat Rajneesh seine Fähigkeit, seine Schüler, aber auch andere Mitmenschen zu kritisieren und zu »operieren«, um sie zu heilen, vornehmlich benutzt.

Es war ihm ein Anliegen, allerlei geistige Geschwüre, Geschwülste und andere Auswüchse wie mit einem scharfen Skalpell zu beschneiden oder zu entfernen. Er sah darin eine seiner zentralen Aufgaben und hat dies bis zuletzt getan. Es ist wichtig zu begreifen, dass eine ernst gemeinte Schülerschaft im Umkreis dieses Menschen stets auch eine Bereitschaft implizierte, sich in dieser Weise »operieren« zu lassen.

Dadurch wurde jedoch niemals vollständig ausgeschlossen, dass bisweilen auch Herabsetzendes im Sinne des Minuspols eines »Zynikers« geäußert wurde oder Äußerungen als herabsetzend empfunden wurden von jenen, die sich mit Rajneeshs Operationsmethoden nicht einverstanden erklären wollten oder konnten.

Ein »Zyniker« auf dieser Ebene der Selbsterkenntnis hat keine Bedenken, seine Kritik auszusprechen, und braucht auch bisweilen die Befriedigung, die der lustvollen Vorstellung entspringt, dem einen oder anderen einen kräftigen Hieb versetzt zu haben. Doch wer wird einem großen Arzt, der Tausenden von Menschen mit seinen Operationen zur Wiederherstellung ihrer Gesundheit verholfen hat, nachtragen, wenn ihm zuweilen auch Behandlungsfehler unterlaufen oder er das eine oder andere Mal nicht in seiner optimalen Verfassung ist? Ein »Zyniker« muss aufgrund seiner kriegerischen Energie zurückschlagen, wenn er angegriffen wird, und er wird dies stets mit einem scharfen Schwert tun und nicht mit einer Gummikeule.

Ist da eine Parallele zu Sokrates, den ich verstehe als Alt 7 und »Zyniker«? Kann man den »Zyniker« auch über diese historische Figur verstehen?

Ihr fragt nach **Sokrates**, der ebenfalls alle Kräfte des Zynismus im Pluspol wie im Minuspol zu nutzen verstand, um zu seiner eigenen Wahrheit durchzudringen und zugleich seine Mitmenschen mit der Wahrheit, die hinter ihren Schutzlügen verborgen lag, zu konfrontieren. Dies ist eine Mentalität, die Illusionen zerschmettert und mit einer aggressiven Energieform arbeitet. Dass diese Energie auch Aggressionen erzeugt, versteht sich von selbst. Sokrates hat dies am eigenen Leibe zu spüren bekommen, doch war es ihm letztlich gleichgültig, denn er war sich der Konsequenzen seiner Mentalität und des daraus resultierenden Aktionszwangs durchaus bewusst. Er nahm nicht nur in Kauf, dafür verfolgt und verurteilt zu werden, sondern hat diese Erfahrung geradezu gesucht. Da man nach über zweitausend Jahren noch voller Bewunderung von ihm spricht, war dieser Entschluss für die Menschheit äußerst wertvoll.

Woher kommt die Bewunderung?

Die kriegerische Furchtlosigkeit von »Zynikern« ist es, die Bewunderung hervorruft, die mutige Konsequenz, die den Prägungen und Notwendigkeiten des eigenen Seelenmusters entspricht und damit das Inkarnationsziel erfüllt. Wir machen zum Abschluss noch darauf aufmerksam, dass eine Alte Seele es sich selten in ihrem letzten Leben auf dieser Erde leicht macht, sondern vielmehr entweder körperliche Umstände sucht, die sie noch einmal mit einer Extremsituation konfrontieren, oder ein Seelenmuster wählt, das hoch komplexe und brisante Variablen miteinander verbindet und damit eine kaum zu überbietende Herausforderung darstellt. Dann wird euch klar, wie ein Seelenmuster, das unter gewöhnlicheren Umständen zu einem konfliktbeladenen Charakter führen muss, bei einem Menschen wie Rajneesh durch die letzte Inkarnation und das Erleuchtungserlebnis zu einer neuartigen und flammenden Bereicherung des Großen Ganzen wird, als dessen Teil er sich erkannt hat.

Bitte sprecht über Rajneeshs Reaktionsmuster »motorisch-intellektuell«.

Mit dem **Reaktionsmuster motorisch-intellektuell** war es Osho Rajneesh ein Leichtes, über die Äußerung seiner Gedanken den Geist anderer Menschen in Bewegung zu setzen, ja einen Aufruhr in ihnen zu entfachen – bis hin zu Umstrukturierungen ihrer Denkweise und zu einer hellen Empörung, die nicht selten heilsame und erkenntnisfördernde Wirkung besaß.

Im Zusammenspiel mit seiner »Weisen«-Essenz, deren Energie Mitteilsamkeit und Gesprächigkeit fördert, war die Fähigkeit dieses großen und eindrucksvollen Redners, über sein gesprochenes und geschriebenes Wort Bewegendes und Umstürzlerisches in die Welt zu setzen, von nachhaltiger Wirksamkeit.

Doch auch er ließ sich bewegen und erregen durch das, was religiöse oder spirituelle Lehrer vor ihm gesagt hatten, und er orientierte seine Ansprachen im Wesentlichen an den Schriften seiner Vorläufer, die wiederum geistige Bewegungen in der Welt ausgelöst hatten.

Zugleich sollte auch ein wesentlicher Teil seiner Wirkung und Hinterlassenschaft, nämlich die Entwicklung und Verbreitung von Bewegungsmeditationen, im Zusammenhang mit dem

»motorisch-intellektuellen« Reaktionsmuster verstanden werden. Nur weil er selbst bereits in seiner Jugend erfahren hatte, wie sich sein in Denkmustern verharrender Verstand jeweils klärte und beruhigte, nachdem er sich heftig bewegt hatte, konnte er diese Erkenntnis auch anderen schenken.

Sein eigener Geist, mit der spezifischen Prägung durch sein Leben und seine Erlebnisse, blieb bis zuletzt in Bewegung und auch flexibel. Sein Reaktionsmuster gestattete ihm, sich von einer Erkenntnis zur nächsten fortzubewegen und alles hinter sich zu lassen, was sich in der Vergangenheit bewegt hatte, inzwischen aber erstarrt oder irrelevant zu sein schien.

Ein Kennzeichen seiner ureigenen Art, dieses Reaktionsmuster zu leben, war einerseits sein Bedürfnis, seinen Körper regelmäßig zu bewegen, andererseits aber auch die täglich zu beobachtende Tatsache, dass jegliche Körperbewegung nachließ, sobald sein Geist die Aufgabe, sich zu bewegen, übernahm. Wenn er redete, bewegte er sich kaum. Wann immer er dies tat, wurde Bewegung an seine Schüler weitergeleitet. Er forderte sie auf, abwechselnd sowohl still zu sitzen, als auch zu tanzen. Und in ihm selbst verschmolz beides zu einer Einheit.

Ist das Reaktionsmuster auch der Grund, warum er gern schnell Auto und geradezu halsbrecherisch Motorboot fuhr?

Freude an Bewegung war von Anfang an vorhanden, und da Rajneesh keine Angst vor dem Tod hatte, erschien es ihm besonders lustvoll, seine eigene passive und aktive Bewegung auf einen gefährlichen Höhepunkt zu treiben.

Es ist auffällig, dass er jenen menschlichen Aspekt besonders häufig kritisierte, den er den »mind« nannte. Hängt das mit seiner intellektuellen Orientierung zusammen?

Zu einem gewissen Anteil kann dies bejaht werden. Jedoch ging es ihm nicht in erster Linie um unreflektierte Verhaltensmuster. Er wollte vielmehr alles in Bewegung bringen, was der »mind«, der rationale und doch so unlogische Verstand, als gegeben festzulegen versucht und was die Flexibilität, das Empfinden und Wahrnehmen im Hier und Jetzt behindert.

Wie lebte er seine Entfaltungsaufgabe Alt 7: »Empfangen, ohne zu schenken, und schenken, ohne zu empfangen«? Worin bestand der Kulminationspunkt?

Die Entfaltungsaufgabe erlebte ihren **Kulminationspunkt** und fand ihre Erfüllung, als Rajneesh die Entscheidung fällte, sich auf längere Zeit nicht mehr verbal mitzuteilen, sondern seinen Schülern ein mehrjähriges Schweigen zuzumuten. Er, der als »Weiser« so sehr aus der Mitteilung und dem Kontakt lebte, gab seinem Impuls nach, auf die tägliche Energiespeisung durch eine große, hingebungsvolle Zuhörerschaft zu verzichten – und somit auch auf das, was seine Schüler ihm durch ihre Gegenwart, ihre Aufmerksamkeit, Liebe, Bewunderung und Offenheit aktiv zu geben versuchten.

Er leitete damit eine Phase ein, in der er durch sein reines Dasein seinen Schülern etwas schenkte, ohne von ihnen im täglichen Kontakt die gewohnte Dankbarkeit und Verehrung zurückzuerhalten; und gleichzeitig empfing er von ihnen indirekt eben diese Dankbarkeit und Verehrung, obgleich er ihnen nicht mehr dasselbe schenkte wie in den zahlreichen Jahren zuvor: seine Präsenz und Energie. Die Beziehung zwischen ihm selbst, seinen Schülern und der Welt war nunmehr zurückgeführt und konzentriert auf eine rein absichtslose energetische Wechselwirkung. Rajneesh war seither nicht mehr von der Absicht erfüllt, irgendetwas Spezielles bewirken zu wollen. Vielmehr ging es nur noch um ein Zulassen und Beobachten dessen, was passieren würde, wenn er seinem eigenen Impuls und Wunsch zu schweigen nachgeben würde.

Als er nun sah, wie seine Wirkung und Wirksamkeit nicht nur unvermindert anhielten, sondern sogar noch anwuchsen, erkannte er, dass er auf dem richtigen Weg war, über sein Schweigen zu wirken, wie es auch seinem **Weg der Stille** entsprach. Als er später jedoch begriff, dass dieses Verharren in der Stille und die damit verbundene Nichteinmischung in die Geschehnisse, die dadurch ihren Lauf nahmen, auch bewirkte, dass ihm Unangenehmes geschah, wie es in den letzten Monaten in den USA mehr und mehr deutlich wurde, verstärkte dies noch seine grundsätzliche Haltung, sich möglichst keiner einzigen Gabe des Lebens aktiv zu entziehen, und er empfing weiterhin, ohne eine Zensur am Empfangenen auszuüben, und schenkte weiterhin, was er zu schenken hatte – auch Schmerzliches.

Erst als er durch eine Entwicklung der Umstände nicht nur sich, sondern sein Lebenswerk und das Wohl der sich ihm anvertrauenden Menschen gefährdet sah, entschloss er sich, wieder zu reden und in einer veränderten Art und Weise in das Geschehen einzugreifen. Wie schon am Beispiel von Franz von Assisi erläutert, ist es im Anschluss an ein Kulminationserlebnis oft notwendig, noch über dieses bereits schon erreichte Ziel hinauszuwachsen und mit dem Gefühl einer neuen Freiheit dasjenige wieder infrage zu stellen oder zunichte zu machen, was kurz vorher als Höhepunkt des inneren und geistigen Lebens empfunden wurde.

»Empfangen, ohne zu schenken, und schenken, ohne zu empfangen« ist darüber hinaus das Thema der gesamten letzten Inkarnation gewesen, vom alltäglichen und privaten Bereich bis hin zu der Meister-Schüler-Beziehung, die nur scheinbar eine kausale Abfolge und Bindung der beiden Aspekte dieser Entfaltungsaufgabe enthält. Ein Meister schenkt, ohne zu empfangen, weil das, was er empfängt, nicht wirklich von ihm gebraucht und benötigt wird. Ein Meister empfängt, ohne zu schenken, denn die Liebe seiner Schüler ist nach seiner eigenen Erkenntnis und in seinem Bewusstsein nicht Bedingung oder Ergebnis dessen, was er ihnen gibt. Der Meister weiß, dass weder an das Schenken noch an das Empfangen Bedingungen geknüpft sind. Die Schüler erleben es oftmals anders.

Ihr macht jetzt sozusagen eine Unterscheidung zwischen einem spirituellen Lehrer und einem Meister. Heißt das, Meister in diesem Sinne kann nur jemand sein, der die Stufe Alt 7 erreicht hat, weil ja diese Entwicklungsstufe Voraussetzung dafür ist, dass eben dies geschehen kann?

Gewiss ist die letzte seelische Entfaltungsstufe eines menschlichen Inkarnationszyklus die Voraussetzung dafür, dass das geschehen kann, was wir beschrieben haben. Doch ist Meisterschaft im Allgemeinen nicht so eng zu fassen, denn jeder ist ein Meister für diejenigen, die ihn als Meister aus einem eigenen Bedürfnis heraus anerkennen, abhängig von ihren Entfaltungsaufgaben und eben dem Seelenalter, das ihr Erkenntnisinteresse prägt. Die Definition eines Meisters ist im Wesentlichen bedingt durch das, was spirituelle Schüler jeweils lernen wollen.

Die Vorfälle in der Kommune in Oregon führten zu ihrer Auflösung unter unangenehmen Umständen. Viele haben sich gefragt, wie es denn in der Umgebung eines erleuchteten Meisters möglich war, dass derartig negative Umstände überhand nehmen konnten und am Ende alles zusammenzubrechen drohte.

Die Einrichtung einer großen spirituellen Gemeinschaft, eines überdimensionalen Aschrams, in dem Tausende Menschen sich selbst begegnen und sich entwickeln können, war der Lebenstraum von Rajneesh. Als »Weiser« legte er überdies großen Wert auf Gemeinsamkeit und Kommunikation zwischen den Suchern und Lernenden. Doch war ihm von Anfang an auch bewusst, dass eine solche Gemeinde von kleinstadtähnlichem Umfang dieselben Strukturen – wenn auch in abgewandelter Form – aufweisen musste wie jegliche andere Art mitmenschlichen Zusammenlebens, wenn sie einen gewissen Umfang überschreitet.

Wir haben bereits gesagt, Rajneesh war es aufgrund seiner Seelenfamilien-Aufgabe ein wesentliches Anliegen, Menschen zu ihrem kompletten Potenzial hinzuführen. Solange Menschen leben, beinhaltet solches Potenzial immer auch die dunklen Aspekte ihrer Persönlichkeit. Das Gute in erweiterter Form verstärkt und erweitert zugleich immer auch das Schlechte. Rajneesh war ein großer Experimentator. Und so, wie er seine einzelnen Schüler durch die Betonung therapeutischer Selbsterfahrung dazu aufrief, ihre Ängste und Schattenseiten zu zeigen und zu durchleben, statt sie ängstlich zu verbergen oder zu leugnen, hielt er es auch mit seiner Kommune in der Stadt Rajneeshpuram. Er erlaubte ihr, »sich zu zeigen«.

Jedoch war er hoffnungsvoll davon ausgegangen, dass jene Mitglieder, die Machtgelüste und Intrigenlust an sich entdecken würden, auch die Kraft besitzen würden, sie nicht zum Schaden der Kommune einzusetzen. Als er dann feststellen musste, dass er sich in diesem Punkt geirrt hatte, war dies auch für ihn selbst ein bitterer und schmerzlicher Lernprozess. Einerseits hatte er nicht das Bedürfnis, einzugreifen in etwas, das sich fast selbsttätig zu strukturieren schien. Andererseits erschreckte ihn die von einigen Personen in der Kommunenleitung betriebene gezielte Ausbeutung der Vertrauensfähigkeit seiner Schüler (die bei den meisten zu einer Vertrauensseligkeit verkümmert war). Allzu viel wurde in seinem Namen angeordnet und stieß deshalb selten auf Widerstand. So sah er sich am Ende genötigt, seine Anhänger aufzurütteln und sie dazu aufzurufen, ihre Urteilskraft wieder einzusetzen, statt blind zu gehorchen. Er hatte nicht bedacht, dass es nur wenigen gegeben ist, dieselbe Urteilskraft zu entwickeln wie er selbst. Andererseits schien es ihm heilsam, seine Schüler eine Erfahrung von spiritueller Hybris machen zu lassen.

Was verblüfft, ist, dass er die Leitung der Kommune selbst eingesetzt hatte und es ihm ein Leichtes gewesen wäre, diese Leitung wieder abzusetzen, sobald er feststellte, dass diese eine Richtung einschlug, die er nicht erwartet hatte. Warum ist das nicht geschehen?

Es muss berücksichtigt werden, dass dieser Meister durch seine zurückgezogene Lebensweise jahrelang nicht ausreichend informiert worden war, und erst als seine Intuition ihm sagte, dass die Atmosphäre in der Kommune sich verändert hatte, durchbrach er seine selbst gewählte Isolation, um sich notwendige Informationen zu verschaffen. Um die Kommune in dieser Größe und mit diesem Anspruch aufzubauen, brauchte er nicht nur devote Meditierer, sondern Führungskräfte mit großer Ich-Stärke. Die Liebe dieser Menschen zu sich selbst und zum Meister reichte nicht aus, um sie vor den Fallstricken ihres Machtstrebens zu bewahren. Das war ihm selbst Schmerz und Lehre zugleich.

Warum hat er seinen Namen zum Schluss von Bhagwan zu Osho geändert?

Dies hatte viele miteinander verbundene Beweggründe. Einer davon war sein Bedürfnis, immer wieder von neuem seine Schüler auf die Probe zu stellen und immer wieder die Spreu vom

Weizen zu trennen, alte verhärtete Muster aufzubrechen und die Vorstellungen seiner Schüler in Bewegung zu halten.

Ein anderer Grund war seine zunehmende Erkenntnis, dass seine Lehre sich auch in Zukunft im Wesentlichen an Menschen aus dem Westen und weniger an Menschen aus dem Osten wenden würde und dass das, was er zu sagen und zu geben hatte, in jenen, die er ursprünglich gar nicht in Betracht gezogen hatte, viel mehr bewirkte als bei seinen indischen Landsleuten. Er wollte deshalb weniger als je zuvor mit dem häufig verwendeten indischen Ehrentitel eines Guru – Bhagwan – angeredet werden. Seine Gewohnheit zu provozieren und alles abzulehnen, was ihm nicht mehr angemessen erschien, tat ein Übriges. Jene unter seinen Anhängern zu schockieren, die allein im Klang seines Namens eine tranceartig süße Schläfrigkeit suchten, zeitigte unmittelbare Wirkung.

Ein weiterer Grund war ein Entgegenkommen seinen Schülern aus Japan gegenüber, die als Bürger eines stark verwestlichten, industriellen Landes sich von seinen indischen Landsleuten wesentlich unterschieden, zugleich aber eine östlich geprägte Psyche aufwiesen, wie sie in Europa und den USA nicht zu finden war. Er wollte ihnen etwas geben, das Halt und Orientierung spendete. In der Tat konnte beobachtet werden, dass sich nach der Umbenennung sehr viel mehr Japaner seinen Lehren zuwandten und eine neue Einstellung zum Leben entwickeln konnten.

Die Vorleben auf der Stufe Alt 7: Die Aufgabe, die auf dieser letzten Entfaltungsstufe der menschlichen Seele zu bewältigen ist, lautet: »Schenken, ohne zu empfangen, und empfangen, ohne zu schenken«. Auf eurer Erde ist es für eine Seele, die dieses Stadium ihrer Entfaltung erreicht hat, nicht leicht, Inkarnationsmöglichkeiten zu finden, wo dieses geübt und vollzogen werden kann. Denn die Dynamik von Geben und Nehmen prägt in der euch allen vertrauten Form des Handels – nicht nur mit materiellen, sondern auch mit geistigen Gütern – das irdische Leben.

Die Seele jenes Menschen, der Jahrhunderte später unter dem Namen Rajneesh bekannt wurde und sein letztes Leben lebte, war in seinem ersten Leben auf dieser Stufe geprägt von Armut und Elend. Der ... Er lebte ... Sie lebte – die Seele ... lebte das Leben eines Straßenkindes ...

Ich muss das mit der Chronologie klarkriegen ... Es war vielleicht nicht das erste, Moment, es ist vielleicht etwas durcheinander ... Die Chronologie ist anders, ich muss erst mal die drei Vorleben aufzählen, damit ich das klarkriege und nicht verliere, denn die Bilder sind sehr stark und sind da ... also:

Das **erste Leben** war in einer tantrischen Gemeinschaft in Tibet, wo diese inkarnierte Seele zu einer Führungspersönlichkeit in den oberen Rängen der spirituellen Hierarchie wurde. Das **zweite Leben** war das eines Straßenkindes in New York des frühen 19. Jahrhunderts; das **dritte Leben** als ein Mädchen aus gutem Hause, das mit 22 Jahren an der Schwindsucht starb ...

... oder ... Moment ... Ich sehe also ein junges Mädchen, und ich sehe die Schwindsucht, aber das ... nein ... das mit dem guten Haus stimmt nicht. Es handelt sich um eine begabte Schauspielerin und Tänzerin, die sehr früh an der Schwindsucht starb.

Wo?

In Europa, ja.

Wo?

Muss ich genau hinsehen. Eine Italienerin, die dann auch in England auftrat, und dieser Straßenjunge hatte jüdische Eltern. Ich kann jetzt nicht ins Detail gehen. Ich muss erst mal die Chronologie sehen.

Jetzt sollten wir aber bitte in das erste Leben zurückgehen. Das Tantra-Leben war auch um diese Zeit?

Nein, viel früher, spätes 14. Jahrhundert.

Das heißt, es sind fünfhundert Jahre dazwischen?

Ja. – Ich muss erst die Bilder betrachten, dann kann ich mich von den Bildern lösen und den Text der Quelle sprechen.

Die Verbindung der Entfaltungsaufgabe mit der umfassenden Aufgabe der Seelenfamilie fand ihre erste Erfüllung in einem Leben als Mönch und später als Vorsteher einer tantrisch-buddhistischen Sekte in Tibet. In diesem Rahmen konnte die Verbindung von Diesseitigem und Jenseitigem, körperlicher Lust und spiritueller Erfahrung, von Verankerung im Irdischen, Begrenzung im Sinnlichen und Entgrenzung ins Übersinnliche in einer wohltuenden Verbindung erfahren werden.

Mönchsein bedeutete in diesem Leben nicht, auf die Erfahrung kanalisierter Sexualität zu verzichten. Für das spätere Abschlussleben als Osho Rajneesh war die Möglichkeit, auf diese Erfahrung zurückzugreifen, besonders wichtig.

Warum?

Sie erlaubte Sexualität als integralen Bestandteil spiritueller Entfaltung in die neu zu erschaffende, umfassende Erfahrung zu integrieren, sodass Menschen des 20. Jahrhunderts diesen Teil des Lebens, den sie zuvor als unheilig gebrandmarkt hatten, diese wesentlichen Aspekte ihrer Energie also, nicht mehr ausgrenzen mussten.

Das Leben als Tantriker lehrte diese Seele, körperliche Lust als etwas Heiliges kennen zu lernen und sie in ritualisierter Form als sakrale Handlung innerhalb eines von buddhistischen Prinzipien geprägten Lebenswandels zu verstehen.

Der Seele dieses »Weisen« auf dem »Weg der Stille« tat die klösterliche Gemeinschaft, in der sowohl das Zusammensein als auch die Ruhe und Isolation gepflegt wurden, besonders gut. Der schon als Knabe in dieses Kloster Eingetretene wurde als Erwachsener zum Vorsteher und spirituellen Leiter dieser Gemeinschaft gewählt und galt auch als vorbildlicher Berater und Ratgeber in weiten Teilen der aristokratischen Bevölkerung außerhalb des Klosters.

Ein Weiteres lernte diese Seele in der beschriebenen Inkarnation, nämlich das Männliche und das Weibliche im Menschen als vollkommen gleichwertige Elemente zu begreifen, sie miteinander in Verbindung zu bringen, nicht nur im Kontakt mit dem anderen Geschlecht, sondern auch in sich selbst. Wie es häufig der Fall ist, wird eine sehr Alte Seele sich in erster Linie als Mensch empfinden und erst in zweiter Linie als Repräsentant des männlichen und weiblichen Genus. Der Tantriker pflegte in sich maskuline und feminine Eigenschaften und verstand es auch, sich als Mann in archetypisch weiblicher Weise zu öffnen für Inspirationen und Kräfte, die so von außerhalb in sein aktuelles Wesen eindringen konnten.

Hast du zu diesem Leben Fragen?

Wie zeigt sich die Entfaltungsaufgabe in diesem Leben?

Sobald er zum Vorsteher dieses Klosters gewählt worden war, hatte er innerhalb der mönchischen Gemeinschaft keine Pflichten mehr außer der Bereitschaft, sich verehren zu lassen und dafür seine besondere Erfahrung in Weisheit, Güte und Rat zu spenden. Für alles andere war gesorgt und wurde gesorgt. Im Rahmen seines Kultes wurde im Übrigen jedes Geben zu einem Nehmen und jedes Nehmen zu einem Geben, denn tantrische Sexualität trennt nicht zwischen dem Spender und dem Empfänger, der erzeugten und zunächst erhöhten und dann transzendierten sexuellen Energie.

So wurde die Entfaltungsaufgabe in tief befriedigender Weise erfüllt und erfahren auf verschiedenen Ebenen des Alltags und des Bewusstseins, unterstützt von zahlreichen, die Entgrenzungen fördernden Exerzitien, die ihrerseits für eine solch Alte Seele leicht zu bewältigen waren und ihre eigene Beglückung in sich trugen. Die innere Stille, die aus ihnen erwuchs, die meditative Haltung allem Sein und Handeln gegenüber, gestattete diesem Menschen nach seinem Tod mit 46 Jahren eine lange astrale Ruhephase, die währte, bis die Umstände eine weitere günstige Konstellation boten, unter ganz anderen Vorzeichen die Entfaltungsaufgabe und die Seelenfamilien-Aufgabe zu erleben.

Für die **zweite Inkarnation** wählte diese Seele den Rahmen einer anderen Weltreligion. Ein jüdisches Kind, dessen Eltern kurz nach ihrer Ankunft als Folge der unter unwürdigen Bedingungen gestalteten Schiffspassage starben, sah sich mit fünf Jahren heimatlos, obdachlos, ohne Schutz, Kleidung und Nahrung auf den Straßen der aufstrebenden Großstadt New York allein gelassen und mit der Aufgabe konfrontiert, für sein Leben durch Betteln und Stehlen von Nahrungsmitteln und Geld zu sorgen.

Ein Frühjahr und einen Sommer lang bis in den Herbst hinein lief das Kind barfuß in den Straßen herum, scheu und verängstigt einerseits, andererseits immer erfahrener und klüger im Kampf um das nackte Überleben. Es schlief im Freien und hatte nur wenig Gesellschaft, es sei denn durch andere herumstreunende Kinder. Eines Tages wurde der kleine Junge entkräftet aufgesammelt von Angehörigen einer karitativen Organisation und erfuhr so eine zweite Variante des bedingungslosen Gebens und Nehmens. Die erste war das Betteln und Stehlen gewesen.

Das Kind konnte nichts geben und hatte nichts zu geben. Doch es wurde gespeist und gebadet, gekleidet und belehrt. Letzteres war besonders schwierig, da es die Sprache seiner Wohltäter nicht sprach, denn das aus Deutschland stammende Kind hatte während der vorangegangenen Monate nur wenige rohe Ausdrücke des amerikanischen Idioms aufgeschnappt.

Als die Betreuer und Pfleger des Waisenhauses, in dem sich der Junge nun befand, beim Baden entdeckten, dass der Knabe beschnitten war, gerieten sie in Konflikte, denn es erschien ihnen untragbar, einen Juden in ihrer christlichen Institution zu behalten, es sei denn, er würde getauft. Und auch dann – fürchteten sie – könnten sie ihn nicht als einen der ihren betrachten. So beratschlagten sie, ob sie ihn fortgeben sollten in ein anderes, ein jüdisches Waisenhaus oder eine Familie suchen, in der er seiner Religion entsprechend aufwachsen würde. Einige empfahlen die Taufe, weil so eine Seele dem Höllenfeuer entrissen werden könnte; andere wiederum waren von einem gewissen Respekt gegenüber der angestammten Religion dieses Jungen getragen und suchten eine bessere Lösung.

Wesentlich für diese Periode seiner Kindheit war jedoch die intuitiv wahrgenommene Zuwendung, die in dem Ringen um die richtige Lösung dieses schwierigen, konfliktträchtigen Falls gesucht wurde. Für ein anderes Kind wären gewiss nicht solche Umstände gemacht worden. Doch darf nicht übersehen werden, dass es sich bei dem inzwischen Sechsjährigen um eine sehr Alte Seele mit einer entsprechenden Aura und Ausstrahlung handelte, deren Wirkung auch an den Betreuern im Waisenhaus nicht abprallte. Der Kleine war ihnen fremd und ein wenig unheimlich. Doch spürten sie, sie müssten mit ihm anders verfahren, als es ihnen ihre Prägung und Erziehung sonst vorgeschrieben hätte.

Das Waisenhaus war einem Kuratorium unterstellt, zu dem einige einflussreiche und wohlhabende Bürger der Stadt gehörten. Ihnen wurde der Fall unter dem Siegel der Verschwiegenheit vorgetragen. Der Kleine galt als Kuckucksei im Nest, und wie ein junger Kuckuck verlangte er besondere Aufmerksamkeit. Einer der Aufsichtführenden im Kuratorium war nun gut befreundet mit einer aufstrebenden jüdischen Familie in der Stadt und bewegte diese Freunde dazu, den Jungen im Haushalt aufzunehmen. Dies geschah, und so erhielt der Kleine, der wiederum aufgrund seines seltsamen, auffälligen Wesens sich der besonderen Aufmerksamkeit der neuen Familie gewiss sein konnte, eine liebevolle Erziehung und Förderung, die ihm auch durch seine leiblichen Eltern – hätten sie denn überlebt – nicht zuteil hätte werden können.

Er wurde gefördert, bekam gute Lehrer, die ihn nicht nur in den Kenntnissen und Wissenschaften seiner Zeit unterrichteten, sondern auch in den gesellschaftlich üblichen Künsten wie Musik und Tanz, Malen und Reiten. Da er sich als gelehriger und angenehmer Schüler erwies und überdies trotz seiner frühen Traumatisierung umgänglich und liebenswert war, wurde er mehr und mehr in den Schoß der Familie aufgenommen, zumal die Gattin seines Wohltäters zunächst keine eigenen Kinder hatte und er somit als eine willkommene Bereicherung des Familienlebens empfunden wurde. Man hatte der jungen Frau gesagt, dass sie aufgrund einer frühen Erkrankung keine Kinder haben würde. Dies erwies sich jedoch als Irrtum. Sie bekam zwei Kinder, als der Junge, von dem wir erzählen, bereits in der Pubertät war. Bis dahin war er das einzige Kind im Haus, und obgleich er niemals offiziell adoptiert wurde, wurde er doch mit den Jahren wie ein Sohn behandelt und geachtet.

Auch in dieser Familie konnte der junge Mensch die Erfahrung machen, dass er, ohne dass man mehr als die allernotwendigsten Bedingungen an ihn stellte, viel Zuneigung und auch materielle Güter als Geschenk empfing, obgleich er dafür scheinbar nichts Entsprechendes zu geben vermochte. Andererseits schenkte er durch seine Existenz und seine schlichte Anwesenheit der Familie und besonders der jungen Frau, die in ihrer Kinderlosigkeit deprimiert und unglücklich gewesen war, große Freude, einen zunehmenden Lebensinhalt und einen Trost in ihrem weiblichen Schmerz. Er empfing all die Segnungen eines wohlhabenden Hauses, musste sich nach den Erfahrungen, die er als Straßenjunge gemacht hatte, nicht mehr um sein Überleben sorgen, konnte sich mit seinen vielfältigen Gaben entfalten und zudem die Welt jüdischer Frömmigkeit in einer außerordentlich positiven und zugleich aufgeklärt-freigeistigen Ausprägung erleben.

Ihr habt mal gesagt, dass die größte zeitliche Distanz zwischen zwei Leben in der Regel etwa zweihundert Jahre beträgt. In diesem Fall, wenn ich es recht verstehe, sind es ja fünfhundert Jahre. Es handelt sich also um eine extrem lange Spanne. Ich denke, wir müssten jetzt eine Erklärung hören, wie es dazu kommt.

In diesem Fall – und das kann jeweils nur individuell geklärt werden – sind zwei Faktoren heranzuziehen. Das eine ist das Alter der Seele mit den ihr entsprechenden eingeengten Inkarnations-Rahmenbedingungen. Der andere Faktor besteht in einer Sättigung der Seele durch ein spirituell äußerst befriedigendes Leben (in Tibet), das in fast allen Teilen den Notwendigkeiten der individuellen Seele und der Seelenfamilie entsprach, ohne aber zu einem Kulminationserlebnis zu führen. Diese Sättigung bewirkte in diesem Fall, dass der Aufenthalt in der Astralwelt einen nach menschlichen Maßstäben langen Zeitraum umfasste, denn der Inkarnationswunsch war zunächst einmal befriedigt und wurde erst neu geweckt, als sich eine besondere, auch harte Herausforderung – gepaart mit den entsprechenden Inkarnationsherausforderungen – einstellte.

Das kann ich nicht nachvollziehen, denn das würde ja heißen: Die Seele, die sich in Deutschland inkarnierte, konnte voraussehen, dass die Eltern auswandern und sterben würden und das Kind dann von einer wohlhabenden Familie übernommen würde. Ihr habt uns aber gesagt, dass ein Leben gar nicht so genau geplant werden kann. Diesen Zusammenhang verstehe ich nicht.

Deine Vorstellung ist ein wenig zu detailliert. So detailgetreu kann es die Seele weder voraussehen noch planen. Wohl aber kann sie entsprechend der urmenschlichen Bedürfnisse eine Inkarnation planen, in der größter Mangel umschlägt in eine entsprechende Fülle. Solch eine Dynamik oder kontrastierende Abfolge liegt im Bereich der Planungsmöglichkeiten. Jedoch ist in diesem Plan wie auch in allen anderen Inkarnationsplänen die Kooperation mit den Lebensplänen anderer Seelen zu berücksichtigen. In dem beschriebenen Fall müssen zwei Seelen ihr Leben geben, um die Not herbeizuführen, und andere Seelen müssen wiederum bereit sein, ihre Grenzen zu überwinden, um ein elternloses Kind bei sich aufzunehmen.

Es ist für mich schwer zu verstehen, weil ihr einmal sagt, Alt 7 braucht sehr spezifische Bedingungen, und andererseits sagt ihr, diese sehr spezifischen Bedingungen sind aber eigentlich nicht so genau zu planen. Sie sind aber dann doch zu planen. Ich merke, da habe ich vom Logischen her Schwierigkeiten. Wahrscheinlich verstehe ich da etwas nicht.

Von der astralen Welt aus konzipiert, handelt es sich um eine Vision passender energetischer Felder, die ihre eigene Anziehungskraft kreieren. Die Seele in der astralen Welt erkennt nur die Anziehungskraft, die wie magnetisch auf den Inkarnationswunsch wirkt. Im inkarnierten Zustand ist das mit anderen eingekörperten Seelen verwobene Einzelschicksal zu erkennen. Dies enthält konkrete Einzelheiten.

Wie verlief dieses Leben in New York weiter?

Seine Zieheltern bekamen zwei Töchter. Diese Mädchen liebten und verehrten ihren älteren Bruder, als sei er ein leiblicher Verwandter. Die Familie war ungewöhnlich harmonisch in ihren Beziehungen. Dies führte dazu, dass die Eltern, die sich eines zunehmenden Wohlstands erfreuten, auch ihr Vermögen unter die drei Nachkommen zu gleichen Teilen vererbten. Die beiden Mädchen heirateten ebenso wenig wie der junge Mann, obgleich dies gegen die Gepflogenheiten in der jüdischen Gemeinde verstieß. Sie bildeten nach dem Tod der Eltern einen gemeinsamen Haushalt, nahmen darin eine Reihe von elternlosen Kindern auf und setzten ihr Vermögen zur Gründung einer Stiftung ein, die ihrerseits elternlosen Kindern, besonders von jüdischen Einwanderern, ein Zuhause bieten sollte.

So wurde der Mensch, von dem hier die Rede ist, ein allseits verehrter Philanthrop und vermochte auf diese Weise vieles zu geben, ohne von denen, die empfingen, Entsprechendes zurückerhalten zu können. Das Leben, das er bis zu seinem Tod in seinen fünfziger Jahren führte (um 1870), war erfüllt und befriedigend, vor allem aber von Liebe gekrönt, einer Liebe, die auf geschlechtliche Verbindung weitgehend verzichtete, sich vielmehr im Spenden und Empfangen von Wärme und Zuneigung manifestierte.

In seiner Gesellschaftsschicht wurde dieser Mann zwar als ungewöhnlich und seltsam in seinen Bedürfnissen empfunden, jedoch verehrte man ihn auf diskrete Weise wie einen Heiligen der High Society. Die Berührung mit dem Judentum in einer wenig orthodoxen Prägung ermöglichte dieser Seele, eine besondere Heiterkeit mit einer ausgesprochen individuellen Frömmigkeit zu verbinden und auch zu erfahren, dass Wohlstand und Glaube, Überfluss und Frömmigkeit sich nicht widersprechen müssen. In Hinblick auf die Seelenfamilien-Aufgabe war dies ein wichtiger Schritt der gelebten Erkenntnis, denn in fast allen Leben zuvor waren zwar Sinnenlust und materielles Auskommen eine wichtige Thematik, aber es hatte noch niemals ein Leben gegeben, das nach einer kurzen Periode des Darbens eine so vollkommen behäbige und sorgenfreie Daseinsform, die beides integrierte, ermöglicht hätte.

Da das unmittelbare Vorleben in Tibet sich mit der Verbindung von Sexualität und Religiosität zentral befasst hatte und es dort zu einer wohltuenden Lösung gekommen war, konnte in dem New Yorker Leben auf das Ausleben von Sexualität nahezu verzichtet werden. Die drei Sprösslinge des jüdischen Hauses, ebenfalls sehr Alte Seelen, waren sich in dem Wunsch nach Sublimierung ihrer körperlichen Bedürfnisse in eine andere Form von Liebe hinein einig und wirkten dementsprechend im Rahmen ihrer Gesellschaft.

Es scheint in den verschiedenen Leben Alt 7 dieser Seele um eine Beschäftigung mit den Weltreligionen zu gehen. Ich habe noch nicht begriffen, was das spezifisch Jüdische an dieser eben beschriebenen Erfahrung war. Gibt es etwas besonders Jüdisches, das hier gelebt und erfahren wurde?

Die Moralität und Ethik gerade dieser jüdischen Familie, die im Rahmen ihrer Religion ohne Konflikte verwirklicht werden konnte, war das passende Umfeld für eine sehr Alte Seele. Es ist keineswegs so, dass sich Seelen auf der Entfaltungsstufe Alt 7 in ihren Inkarnationen grundsätzlich noch einmal mit verschiedenen Weltreligionen befassen. Das Leben einer wohlhabenden Familie in New York bot dieser Seele die entsprechenden Entfaltungsmöglichkeiten, die sie benötigte, um mit dem Thema Üppigkeit, Wohlstand und Frömmigkeit auf neuartige Weise umgehen zu lernen.

Also war das Jüdische in diesem Fall, verglichen mit Tibet, eher ein äußerlicher Rahmen?

Äußerlich ja, aber keineswegs unbedeutend. Denn die Religiosität der Zieheltern spielte in der Prägung des Kindes eine große Rolle. Sie konnten lieben, ohne die christliche Sündenstrenge. Sie wussten ihre Zuneigung zu dem Kleinen getragen von der Zustimmung in ihrer Gemeinde und bildeten durch das zu ihnen gekommene Kind endlich eine Familie, die den Vorstellungen ihrer Gläubigkeit entsprach. Der Knabe konnte im Haushalt dieser Zieheltern eine Religiosität kennen lernen, die von Freude und Dankbarkeit geprägt war. Die »Königs«-Energie dieser Entfaltungsstufe Alt 7 wollte auch noch einmal gelebt werden.

Ich bitte nun darum, mit dem dritten Leben auf der Stufe Alt 7 fortzufahren.

Die **dritte Inkarnation** folgte recht schnell. Bereits 1888 wurde in Neapel ein Mädchen geboren, das sich schon früh durch besondere Expressivität, schauspielerisches Talent, starke Wirkung auf die Mitmenschen und exquisite Schönheit auszeichnete. Der Vater war Straßensänger und Schmierenkomödiant. Die Mutter gebar noch zahlreiche weitere Kinder. Die gesamte Familie bildete bald einen kleinen fahrenden Zirkus, der durch die Dörfer und Kleinstädte Süditaliens zog.

Alle Kinder hatten im Wanderzirkus ihre Aufgaben und wurden zu allerlei Kunststückchen abgerichtet. So hatte die Familie ein zwar mageres, aber doch genügendes Auskommen. Die heranwachsende Tochter fiel zunehmend durch ihre schöne Stimme auf. Sie wurde mit zwölf Jahren von einem Adeligen entdeckt, der die Kosten für eine gute Gesangsausbildung zu übernehmen bereit war. Dies führte dazu, dass sie mit sechzehn Jahren bereits im neapolitanischen Opernhaus auftrat und ihr Publikum zu Begeisterungsstürmen hinriss.

Die Familie, in die dieses Mädchen mit Namen Annalisa hineingeboren worden war, pflegte die typische süditalienische Frömmigkeit, in der die Verehrung der Heiligen, aber auch Aberglaube und Wunderglaube eine erhebliche Rolle spielten. Annalisa besuchte regelmäßig die Messe, legte die Beichte ab und tat alles, was von einer tugendhaften jungen Frau erwartet wurde. Sie hatte dennoch keine Aussicht, in ihrer Tugendhaftigkeit wahrgenommen und geachtet zu werden, denn ein Mädchen wie sie, das auf der Bühne auftrat, sang und tanzte, galt als eine Randerscheinung der Gesellschaft, und Tugendhaftigkeit schien in absolutem Widerspruch zu dieser zweifelhaften gesellschaftlichen Stellung zu stehen.

Je mehr Annalisa nun unterstellt wurde, dass sie notgedrungen eine sündige Person sei, desto mehr bemühte sie sich, dieses zu widerlegen. Ihr adeliger Gönner hätte sie gern zu seiner Geliebten gemacht, jedoch widersetzte sie sich diesem Ansinnen erfolgreich. Ihre Keuschheit, die als entzückende Widerspenstigkeit interpretiert wurde, reizte ihre Verehrer umso mehr und trug wesentlich zur Verbreitung ihres Ruhms bei. Ein anderer Mäzen bot ihr zu Beginn des neuen Jahrhunderts an, sie nach London an die dortige Oper zu bringen und ihr in England alle Möglichkeiten einzuräumen, reichlich Geld zu verdienen, damit ihre Familie – ihre jüngeren Geschwister und besonders ihre kränkelnde Mutter – ein Auskommen hätten. Annalisa nahm dieses Angebot an, konnte sich aber in der fremden Umgebung nicht so schützen, wie sie es ihr in Italien mit den ihr bekannten Normen und Verhaltensweisen möglich gewesen war, und verlor durch einen Gewaltakt ihre so lange gehütete und von ihr hoch bewertete Unschuld.

Dadurch geriet sie, die so tief in ihrem Glauben verwurzelt war, in schwere Bedrängnis, denn sie betrachtete sich nun selbst als gefallene Frau und erlitt dadurch eine schwere psychische Krise. Aus dieser Krise jedoch ging sie mit der tragfähigen Erkenntnis heraus, dass ihre körperliche Keuschheit und ihr Vertrauen in die göttliche Gnade miteinander nicht in der unerbittlichen Weise verknüpft waren, wie sie es gelernt und geglaubt hatte. Sie vermochte dadurch ihre eigene enge Moralität hinter sich zu lassen; sie entdeckte die Freuden ihrer sinnlichen Natur, ohne sich sündig zu fühlen, und lebte noch bis zum Alter von 24 Jahren mit einem vollkommen integrierten Lebensgefühl. Sie hatte einen zärtlichen und ergebenen Liebhaber, sang wie ein Engel und erfreute sich ihres Daseins, bis sie, die hoch sensibel war, in dem kalten, nebligen Klima Londons eine Schwindsucht entwickelte, der sie bald erlag. Sie konnte dieses Leben loslassen, getröstet durch die Sterbesakramente und in der Gewissheit, von Gott geliebt zu sein.

Das Entscheidende an diesem Leben war die aus eigener seelischer Kraft vorgenommene Entknüpfung von Sexualität und Sünde, von freier Sexualität und keuscher Religiosität. Noch einmal hatte diese Seele in Gestalt eines schönen und begabten jungen Mädchens die Gelegenheit, dem ihrer »Weisen«-Seelenrolle gemäßen Bedürfnis nach Beachtung und Ausdruck zu entsprechen. Tanz und Gesang waren in diesem Leben besonders wichtig, und sie wurden zum Ausdruck einer sehr individuellen Form von Gottesdienst. Denn jede Übungsstunde und jeder Auftritt im Opernhaus wurde von dieser jungen Frau verstanden als ein Jubilieren zu Ehren Gottes.

Könnte man sagen, dass diese Seele sich drei Leben lang auf einen krönenden Abschluss des Inkarnationszyklus vorbereitet hat?

Insofern, als eine Seele einen längeren Werdegang überhaupt vorbereiten kann, mag dies so verstanden werden. Jedoch ergibt sich das eine aus dem anderen. Es ist nicht so, dass bereits nach dem letzten Leben auf der Stufe Alt 6 eine neue Stufe mit ihrem ganzen Entfaltungsbogen entworfen werden könnte. Zwischen den einzelnen Inkarnationen wird das im vorherigen Leben nicht ganz Erfüllte oder noch Ausstehende empfunden und gewertet. Danach wird die darauf folgende Inkarnationsmöglichkeit mit den ihnen innewohnenden Wachstumsmöglichkeiten energetisch gesucht. Selbstverständlich zielt eine Alte Seele Stufe 7 auf einen bestimmten endgültigen Kulminationspunkt hin, und selbstverständlich waren in der Rückschau diese ersten drei Leben auf eben dieser Stufe eine Vorbereitung auf das letzte Leben auf eurer Erde. Doch kann dies eben nur aus der Rückschau derart gesehen werden, nicht aus der Perspektive der Planung.

Nun wurde gesagt, das erste Leben Alt 7 sei sehr befriedigend gewesen. Dennoch entbehrte es des Kulminationserlebnisses. Beinhaltet das nicht eine Entscheidung? Denn die energetischen Voraussetzungen für den Kulminationspunkt scheinen doch im ersten Leben durchaus gegeben gewesen zu sein?

Von außen betrachtet mag dieses so scheinen. Wann genau jedoch eine Seele reif ist, nach der letzten Inkarnation in die neuartige Existenzform auf dem dritten Territorium der astralen Welt einzugehen und einen unter allen energetischen Aspekten vollkommenen Abschluss ihrer Entfaltungsstufe zu erreichen, ist nicht in einer linearen oder kausalen Weise zu begreifen. Auch kann es nicht pauschal für alle Seelen in gleicher Weise gesagt werden. In diesem speziellen Fall ging es aufgrund der Seelenfamilien-Aufgabe vor allem darum, Fülle und Üppigkeit mit Religiosität und Transzendenzerfahrung zu verbinden. Andere Seelen brauchen etwas anderes und mögen ihren Kulminationspunkt auch früher erreichen.

Das Verstehen und Beurteilen eines Einzellebens sollte unter zwei Gesichtspunkten vollzogen werden. Jedes einzelne Leben ist in sich vollkommen und absolut gültig. Nichts fehlt. Im Hinblick jedoch auf ein Wachstum, das erst aus der Gesamtheit der Abfolge aller Inkarnationen betrachtet werden kann, fehlt immer noch etwas – etwas noch nicht Gelebtes, etwas aber auch in der vorangegangenen Inkarnation nicht Lebbares. Jede Einkörperung bietet ihre eigenen und in dieser Hinsicht begrenzten Möglichkeiten, und doch bildet sie ein perfektes Ganzes. In der Abfolge dieser drei Leben kann beobachtet werden, dass im ersten Leben eine gewisse königliche Weltläufigkeit und Fülle fehlten, im zweiten Leben fehlte die Integration der Sexualität. Sie wurde sublimiert und gemieden. Das dritte Leben diente dazu, diese Vermeidung zu thematisieren und zu einer neuen Befreiung zu führen. Wohlstand war vorhanden, Breitenwirkung war vorhanden. Hier wurde also jeweils noch Fehlendes ergänzt, obgleich das vorangegangene Leben keineswegs mangelhaft war.

Es ist für mich schwer zu verstehen, was hier die Vollkommenheit im Sinne der Entwicklung beschreibt. Denn ich kann mir vorstellen, dass jedes Leben unter dem Aspekt des Übergeordneten Mängel aufweist und eine Vollkommenheit im Sinne des Abdeckens aller Bedürfnisse und Erlebnisse wohl nie erreicht wird. Lässt es sich irgendwie definieren, wann ein Abschluss, auch für einen ganzen Inkarnationszyklus, vorliegt?

Grundsätzlich könnt ihr davon ausgehen, dass am Ende des letzten Lebens eines gesamten irdischen Inkarnationszyklus alles Lebbare für diese individuelle Seele und ihre Seelenfamilie verwirklicht worden ist. Zuvor ist das nicht der Fall und kann nicht der Fall sein. Doch wir betonen: für diese Seele und für diese Seelenfamilie! Denn obgleich alle Aspekte menschlicher Existenz in jedem Inkarnationszyklus berührt werden, sind doch der Möglichkeiten so viele, dass keine einzige Seele sie allesamt ausschöpfen könnte. Die Inkarnationsmöglichkeiten einer ganzen Seelenfamilie mit ihren rund 100 000 Einzelinkarnationen bieten bereits eine ungeheure Fülle und Komplexität. Jedoch ist trotzdem – weil Inkarnationen im Ablauf der Zeit stattfinden –, absolut betrachtet, nicht alles lebbar und erlebbar. Die Seele in ihren Organisationen und Verbänden strebt eine möglichst vollständige Erfahrung an und muss sich trotz aller Möglichkeiten bescheiden. Doch sind die Möglichkeiten des menschlich Erfahrbaren so umfassend, dass niemand von euch sich Sorgen zu machen braucht, irgendetwas zu versäumen.

Also im Grunde kann man behaupten, alle Seelen, die sich auf diesem Planeten inkarnieren, gestalten zusammen eine überaus komplexe und abgerundete gemeinschaftliche Erfahrung.

So ist es.

Es wurde gesagt, dass diese Seele eine der letzten noch im Inkarnationszyklus befindlichen ihrer Seelenfamilie war. Wirkt sich diese Tatsache auf die Gestaltung der letzten Leben aus? Nach dem, was wir gehört haben, gehe ich davon aus, dass unter diesen Umständen eine spezifische Unterstützung durch die Familienanteile auf dem dritten Territorium möglich ist.

In jeder der Inkarnationen, von denen wir berichtet haben, spielt das Nehmen und Geben ohne Bedingungen eine wesentliche Rolle. Auch in dem dritten; denn wäre die junge Sängerin nicht von großmütigen Mäzenen gefördert worden, hätte sie keine Möglichkeit gehabt, ihre Bestimmung zu erfüllen. Es wurde von ihr stillschweigend erwartet, ihren Tribut in Form erotischer Gunsterweisungen zu zahlen. Dies tat sie nicht und erlebte so eine besondere Form des Gefördert- und Beschenktwerdens ohne die entsprechende allgemein übliche Gegengabe.

Du fragst nun nach der Funktion der Seelenfamilie innerhalb dieses Bezuges. Zum einen bewirkte die Seelenfamilie mit ihren vielen exkarnierten Geschwistern, dass der noch im Leben stehenden Seele die entsprechenden Möglichkeiten zur Erfüllung der gemeinsamen Aufgabe gewährt wurden. Sie sandte mit den ihr zur Verfügung stehenden Einflussmöglichkeiten die notwendigen Impulse zu den Vorstehern des jüdischen Waisenhauses, zu den süditalienischen Adeligen und so weiter. Jedoch tritt noch eines hinzu. Für eine Seele auf der Entfaltungsstufe Alt 7 besteht außerdem ein bedingungsloses Verhältnis von Beschenktwerden und Schenken zwischen der Seelenfamilie selbst und den inkarnierten seelischen Individuen. Der beständige, hoch intensive energetische Austausch zwischen den schon von Lebensangst befreiten Anteilen des seelischen Selbst und dem noch in den Zwängen des irdischen Daseins befindlichen Anteil ist von besonderer Intensität und Qualität. Der lebende Mensch stellt sein ganzes Sein in den Dienst der Seelenfamilie; die Seelenfamilie stellt ihr ganzes Sein in den Dienst des lebenden Menschen.

Zwar ist dies immer so, von der ersten Inkarnation bis zur letzten. Doch wird eine energetische Verschiebung der Möglichkeiten energetischer Einflussnahme deutlich, je mehr ehemalige seelische Individuen endgültig auf das dritte Territorium der astralen Bewusstseinswelt übergesiedelt sind. Da Letztere von den Einschränkungen irdischen Daseins endgültig befreit sind, verfügen sie über eine Erfahrung und ein Liebespotenzial, die unmittelbar auf die noch im Entfaltungszyklus befindlichen Seelengeschwister einwirken. Am Beginn eines Inkarnationszyklus haben alle Seelengeschwister die ihrem Zustand entsprechenden Ängste, und jene Liebe, die den Inkarnationszweck darstellt, ist noch zu lernen, sie wurde noch nicht entwickelt.

Die Frage war auch: Gestattet die Tatsache der vielen Seelengeschwister auf dem dritten Territorium jetzt besondere Leistungen der eingekörperten Seele?

Es gestattet besondere Leistungen, jedoch sind diese nicht zwingend oder gar vorgeschrieben. Sie ermöglichen sie. Allerdings kann eine Seele mit diesem Seelenalter ebenso ein vollkommen unauffälliges und dennoch vollgültiges letztes Inkarnationsgeschehen vollziehen, ohne auf diese Liebe verzichten zu müssen. Die besondere Wirkung wird nur sichtbar, wenn sie sich einmal auffällig manifestiert. All das, was euch nicht als besonders auffällt, weil es weder besondere Schlagzeilen macht, noch eine historische Wirkung zeitigt, nehmt ihr verständlicherweise nicht zur Kenntnis.

Könnt ihr uns das Ankommen auf dem dritten Territorium und die neuen Aufgaben, die auf die Seele dort warten, am Beispiel der Seele von Rajneesh erläutern?

Der Eintritt in das dritte Territorium der astralen Welt ist nicht zu verwechseln mit dem Übergang von der astralen Bewusstseinswelt in die kausale Bewusstseinswelt. Es geht also in dem vorliegenden Fall noch nicht um den Quantensprung der gesamten, wieder vereinigten Seelenfamilie von dem einen Seinsbereich in den nächsten. Auch die Verschmelzung und Vereinigung aller Seelen einer Seelenfamilie findet noch nicht endgültig statt, sofern mehrere oder auch nur eine einzige Seele einer Seelenfamilie sich noch im Zyklus der Inkarnationen befinden. Solange auch nur eine Seele ihr letztes Leben auf der Erde noch nicht abgeschlossen hat, wechselt eine Seele wie die, von der die Rede ist, in ihrem letzten Leben auf der Entfaltungsstufe Alt 7 auf dieses dritte Territorium, wo alle ihre endgültig exkarnierten Seelengeschwister sie empfangen.

Diese exkarnierten Seelengeschwister sind noch nicht bar aller ihrer Einzelidentität als Seelen. Wohl aber haben sie ihre Individualität als ehemalige Persönlichkeiten hinter sich gelassen. Wir sagten, sie sind noch nicht zu einem Ganzen verschmolzen, und dennoch bilden sie eine energetische Gemeinschaft, in die sich das neu hinzugekommene Mitglied der Seelenfamilie, das ebenfalls durchaus noch eine von anderen unterscheidbare Identität besitzt, ohne Widerspruch und ohne Schwierigkeiten einordnet.

Bereits das erste der Seelengeschwister einer Familie, das sich auf das dritte Territorium begeben hat, übernimmt neue Aufgaben, um seine noch lebenden und lebendigen Seelengeschwister in der physischen Welt und auf dem zweiten Territorium der astralen Welt zu leiten und zu behüten, wie es nur einer Seele möglich ist, die niemals wieder in die Welt der Dualität und des Konfliktes zwischen Angst und Liebe eintauchen wird. Von diesem Konflikt befreit, werden alle Seelengeschwister auf dem dritten Territorium eine neue Freiheit genießen und aus dieser Befreiung heraus je nach ihrer noch beibehaltenen Seelenrolle und je nach ihrem Seelenweg alle ihre Erfahrung, ihre Kenntnisse und ihre Liebe zur Verfügung stellen, damit es den anderen Mitgliedern ihrer Familie in seelischer Hinsicht gut geht, und damit tun sie auch sich selbst Gutes.

Sie haben nun die Aufgabe – und auch die Seele des ehemaligen Menschen Rajneesh erfüllt inzwischen diese Aufgabe –, dafür zu sorgen, dass jenen, die sich im Dienst ihrer Seelenfamilie, aber auch aus individualseelischem Impuls wieder und wieder inkarnieren, die passenden Gelegenheiten zuteil werden, mit Hilfe der Unterstützung von dem dritten Territorium ihre Schritte sicher zu setzen – und vor allem, dass sie sich der Inspiration durch ihre von Angst befreiten Geschwister sicher sein können.

Es darf davon ausgegangen werden, dass das letzte Drittel auch ausschließlich sehr Alte Seelen umfasst, wenn sich bereits zwei Drittel der Seelengeschwister auf dem dritten Territorium befinden. Diese noch im Körper befindlichen Alten Seelen haben eine Führung durch sie inspirierende Kräfte besonders nötig, da sie sich in einer Umwelt von wesentlich jüngeren Seelen in der Regel besonders einsam fühlen und sich an den ihnen zur Verfügung stehenden gesellschaftlich-spirituellen Normen nicht mehr ohne weiteres orientieren können.

Eine Junge Seele findet Führung im Rahmen menschlicher Normen und Gesetze. Im Rahmen gesellschaftlicher Vorschriften findet sie ihre Sicherheit und ihre Ausrichtung. Einer Alten Seele ist dies nicht mehr im selben Maß gegeben. Sie ist weitgehend auf sich selbst und auf die Weisungen ihres Selbst angewiesen. Diese Weisungen des Selbst sind gleichzusetzen mit den Weisungen durch die angstfreien Anteile der eigenen Seelenfamilie.

Wir möchten nachdrücklich darauf hinweisen, dass es nicht der selbstverständliche und übliche Ausgang eines gesamten Inkarnationszyklus einer Seelenfamilie ist, dass die letzten noch lebendigen Mitglieder großartige und in der Geschichte wirksame Taten vollbringen oder einen Einfluss ausüben, der der gesamten Menschheit zugute kommt. Wenn solches geschieht, handelt es sich um Ausnahmen. Die letzten Seelengeschwister einer Seelenfamilie haben gewiss eine besondere Ausstrahlung der Fülle und Liebe, doch fühlen sie sich selten berufen, im Rahmen einer großen Öffentlichkeit zu wirken. Und wenn sie es nicht tun, wird es wiederum aufgrund des Resonanzprinzips nur sehr wenige geben, die trotzdem ihre Ausstrahlung erkennen und genießen können.

Die Seele des ehemaligen Rajneesh hat in der Astralwelt keine spezifische Aufgabe, die nur dieser Seele aufgetragen wäre. Ihre Impulse gehen auf und ein in die Bedürfnisse der gesamten Seelenfamilie und in das, was gebraucht wird von allen ihren Mitgliedern, exkarniert oder inkarniert. Was nun gebraucht wird, ist in der Regel weder großartig noch spektakulär. Es wird denjenigen, die aus der physischen Perspektive die Vorgänge betrachten, oft nicht einmal auffallen. Nur weil eine Seele sich in einer Funktion inkarniert hat, die unter anderem ein Leben hervorbringt, wie es Rajneesh geführt hat, bedeutet dies keineswegs, dass sie nach ihrem letzten Ableben diese Funktion weiter erfüllt oder gar überhöht und sie noch übertrifft.

Sie wird unter dem Gesichtspunkt der Persönlichkeit und der persönlichen Wirkung betrachtet ein Nichts. Dieses scheinbare

Nichts geht auf in der Überfülle eines größeren überindividuellen Ganzen; und wenn dieses größere Ganze es für notwendig erachtet, seine Energie zu bestimmten Zwecken zu bündeln und in der physischen Welt eine Wirkung zu erzielen, die nur durch diese Bündelung erreicht werden kann, wird dies durchaus geschehen. Und wenn es notwendig ist für diese noch nicht auf der Kausalebene befindliche Seelenfamilie, sich mit anderen aus ihrer seelischen Sippe zusammenzutun, um ein erweitertes Energiefeld zu bilden, wird dies ebenfalls geschehen. So kann vieles beeinflusst und verändert werden, aber nur, wenn es dem Allganzen dient und nützlich ist.

Nach dem, was ich jetzt gehört habe, scheint es mir also nicht sinnvoll, von aufgestiegenen Meistern im Sinne einer Individualität zu sprechen, also einer Person, die nach dem Inkarnationszyklus als Individualität wirkt.

Wie wir schon sagten, gibt es in diesem Zustand keine Individualitäten mehr, wohl aber kann ein seelisches Kollektiv die Grundenergie einer ehemals inkarnierten Gestalt annehmen und verstärken, da sie eine der ihren war. Das energetische Feld einer Seelenfamilie ist zwar identifizierbar, aber es schillert. Es kann stärker oder schwächer wirken. Es kann nach der einen Charakteristik oder der anderen hin oszillieren. Aufgestiegene Meister, die Meister bleiben in genau der Persönlichkeit, die sie während ihrer letzten Inkarnation entwickelt haben, gibt es nicht. Wohl aber kann diese Energie, die während der letzten Lebenszeit viel erreicht hat, von der dazugehörigen Seelenfamilie, die sie ja auch schon zu Lebzeiten unterstützt hat, aufgenommen, verstärkt und in die physische Welt zurückprojiziert werden. Wenn ihr dieses Phänomen nun als einen aufgestiegenen Meister bezeichnen wollt, so sei euch dies unbenommen.

In Poona herrscht offensichtlich noch jetzt das Empfinden, dass die Energie des Meisters präsent ist.

Wenn ein Mensch wie Rajneesh mit der entsprechenden seelischen Unterstützung seiner Seelengeschwister vom dritten astralen Territorium in der physischen Welt ein Werk vollbringt, ein Werk von großem Ausmaß, so kann in der Regel davon ausgegangen werden, dass mit seinem physischen Tod die zu erzielende Wirkung noch nicht vollständig erreicht ist. Die einmal erzeugte Energie wird noch über lange Zeit nachwirken. Dazu bedarf es in nur geringem Maß einer Unterstützung durch die Seelenfamilie des verstorbenen Lehrers. Sie ist vorhanden und wird sich manifestieren, wenn es benötigt wird. Die Energie jedoch, die ein höchst entwickelter Mensch in seinen Mitmenschen erzeugt, wenn dieses so, wie es geschehen ist, angelegt war, bleibt erhalten, solange Mitmenschen diese Wirkung spüren. Im vorliegenden Fall ist sie keineswegs auf Poona oder andere Orte, an denen er gewirkt hat, beschränkt.

Ich habe eine Schwierigkeit mit dem Wort »Nichts«. Ich denke, das bedarf noch der Klärung. Ihr habt gesagt: Eine Persönlichkeit im Sinne eines Menschen ist nicht mehr vorhanden. Eine Identität im seelischen Sinne aber sehr wohl. Worauf richtet sich jetzt der Begriff des Nichts?

Auf das nicht mehr Vorhandensein einer Persönlichkeit. Während eines Inkarnationszyklus behält die Seele eines Verstorbenen, die sich zwischenzeitlich auf dem zweiten Territorium der astralen Welt aufhält, Anteile ihrer bereits geformten irdischen Persönlichkeiten bei. Sie hat also eine Identität und beinhaltet auch eine Vielzahl von ehemaligen Individuen. Die Seele auf dem zweiten astralen Territorium ist ein Sammelgefäß aller ihrer zuvor erzeugten individuellen Persönlichkeiten, ohne ihre seelische Identität zu verändern. Beides gehört zusammen und ergänzt sich. Am Ende ihrer irdischen Lebenszeit hat eine Seele eine Vielzahl von Persönlichkeiten entworfen, erkundet und ausgewertet. Nun entledigt sie sich dieses Schatzes, indem sie ihn energetisch an die Gesamtheit ihrer Seelenfamilie abtritt. Sie verschenkt diesen Schatz. Zurück bleibt ihre archetypische Identität als Einzelseele, als Fragment ihrer Seelenfamilie, aber ohne die Vereinzelung, die der Aufenthalt im Inkarnationszyklus mit sich bringt.

Wir sagten, das angesammelte Inkarnationsgut mit seinen kostbaren Erfahrungen wird der Gesamtheit aller Seelengeschwister zum Geschenk gemacht. Das letzte Lebenskleid wird mit allen anderen zuvor kreierten abgelegt. Zurück bleibt ein Nichts insofern, als keine Eigenschaft, kein Leben, keine individuelle Abspaltung mehr vorhanden ist. Wir können euch dies am besten mit einem Bild schildern. Ein Regentropfen, der in einen See fällt, wird sich mit dem Wasser dieses Sees vermischen. Er wird seine Individualität aufgeben, und doch werden seine Moleküle durchaus ihre Identität beibehalten. Sie werden den See mit ihrer besonderen Charakteristik anreichern.

Das Kollektiv auf dem dritten astralen Territorium besteht noch aus vielen Einzelseelen. In der kausalen Welt hingegen wird die Membran zwischen den Einzelseelen aufgelöst, sodass nur noch ein ungeteiltes Selbst existiert mit unterscheidbaren Charakteristika nach außen hin. Ein solches Selbst bleibt unterscheidbar von einem anderen. Wir zum Beispiel, eure Quelle, unterscheiden uns von anderen kausalen Lehrern. Wir besitzen eine Identität, jedoch keine Individualität, die auf der Persönlichkeit begründet wäre.

Ich meine aus Andeutungen verstanden zu haben, dass Rajneesh eine besondere Aufgabe hatte, eine Notwendigkeit erfüllt hat, deren Grund beschlossen liegt in dem Bedürfnis der Menschen, denen er sich zugewandt hat. Ist das richtig, und worum handelt es sich inhaltlich?

So wie es hier formuliert wird, ist es nicht richtig. Das Bedürfnis von Menschen ist nicht der einzige Motor für das, was eine Alte Seele wie die von Rajneesh in die Welt hineinzutragen hat. Wenn das, was eine Seele wie die seine aufgrund der energetischen Struktur und im Rahmen ihrer Seelenfamilien-Aufgabe anzubieten hat, auf ein Bedürfnis von vielen stößt und darin eine Resonanz findet, kommt ein Phänomen wie das der Neo-Sannyas-Gemeinschaft zustande. Es handelt sich um eine zeitweilige energetische Symbiose, ein Zusammenspiel von Geben und Nehmen, eine Befriedigung von Notwendigkeiten und Bedürfnissen auf beiden Seiten. Eine Seele wie die von Rajneesh könnte ihre eigenen Aufgaben nicht erfüllen, die eigenen Bedürfnisse nicht leben, wenn es nicht zahlreiche Menschen gäbe, die das bräuchten und nehmen wollten, was sie zu geben hat.

Die angesprochenen Faktoren können weder in diesem speziellen Fall noch in irgendeinem anderen Fall voneinander isoliert werden. Von der übergeordneten Warte aus gibt es niemals ein Bedürfnis, das unerfüllt bleibt – und niemals ein Angebot, das nicht irgendwo auf der Erde einem entsprechenden Bedürfnis entspricht.

Zuweilen geschieht es, dass ein Angebot einem Bedürfnis von vielen entspricht, dann wiederum dem Bedürfnis nur einiger weniger Menschen. Qualitativ besteht jedoch in der erzeugten Energie kein Unterschied. Manches Ergebnis einer energetischen Zusammenarbeit trägt historisch weiter oder schlägt größere Wellen in der Veränderung des kollektiven Bewusstseins; anderes wiederum wirkt im Hintergrund, ohne deshalb weniger wichtig zu sein.

Ich erinnere mich an eine Andeutung von euch, Rajneesh habe durch das Energiefeld, das er erzeugte, Seelengeschwister zusammengeführt. Ist das eine dieser Notwendigkeiten, wo etwas ineinander gegriffen hat?

Das Energiefeld, von dem du sprichst, das oft von Rajneeshs Schülern »Buddhafield« genannt wurde, ist nicht einseitig von Rajneesh erzeugt. Nicht er also stellte es zur Verfügung, sondern das Zustandekommen beruhte auf dem gemeinsamen Werk all jener, die sich aufgrund eigener Impulse bei ihm einfanden, und zusätzlich aufgrund seiner eigenen zentralen Anliegen. Wenn nun viele tausend Menschen zusammenkommen, getragen von vergleichbaren Sehnsüchten und gemeinsamen Absichten, wird es regelmäßig und fast selbsttätig dazu kommen, dass Angehörige ein und derselben Seelenfamilie, Seelengeschwister also aus verschiedenen Teilen der Erde, sich dort begegnen. Ihr gemeinsames Interesse führt sie dorthin. Und dies ist beileibe nicht nur bei so genannten »spirituellen« Themen der Fall. Es geschieht täglich allüberall. Die Gemeinsamkeit des Anliegens führt zu Begegnungen. Dieses Anliegen wiederum kann durch Einzelpersonen oder durch besonders aktive, energetisch stark wirkende Gruppen in einen formalen Rahmen gestellt werden, in dem Menschen sich begegnen können. Dies kann ebenso ein Ferienclub sein wie eine Parteiversammlung oder eine Expedition.

Es scheint, dass Rajneesh eine besondere Nähe zu Buddha empfunden hat. Gibt es einen konkreten Hintergrund für dieses Phänomen?

Rajneesh war ein Mensch. Und obgleich er als Mensch viel Liebe für alles besaß, konnte doch auch er sich nicht enthalten, einiges oder einige noch mehr als andere zu lieben. Und er liebte Buddha, weil er an seine Inkarnation als tibetischer, tantrischbuddhistischer Lama eine überaus positive Erinnerung hatte. Er liebte Buddha auch, weil dieser seiner eigenen Persönlichkeit und seinem Wunsch, in die Welt hineinzuwirken, besonders nahe stand. Und er liebte Buddha, weil dieser eine Religion ohne zentrale Gottheit begründet hatte. Und dieses Anliegen hatte Rajneesh ebenfalls. Nun haben wir einige Gründe genannt, die erklären könnten, warum Rajneesh besondere Zuneigung für Buddha empfand, doch eigentlich gibt es keinen Grund. Er liebte ihn. So war es. Und er gestattete sich, dieser Liebe Ausdruck zu verleihen.

Moses und die Entstehung
des Monotheismus

Wir beginnen heute mit einer möglichen Serie von Durchsagen zu Moses. Moses ist nicht nur für die Juden sehr wichtig. Die Forschung ist sich aber nicht sicher, inwieweit es diese Person historisch so gegeben hat. Daher zu Anfang die Frage, ob wir überhaupt sinnvoll von einer historischen Person Moses ausgehen können, die genügend wichtig und abgrenzbar ist, um im Rahmen des Buches zu erscheinen.

Wir müssen euch davon abraten, Moses als eine der Studien in dieses bislang sehr gehaltvolle und aussagekräftige Projekt aufzunehmen, und wir wollen euch unseren Standpunkt erläutern. Moses ist eine Gestalt, aber keine Person. Die Gestalt setzt sich aus etwa zehn unterschiedlichen historischen Personen zusammen, deren Handeln, Erleben und Wirken im Laufe der Geschichte zu einer Figur mythischen Gehalts verdichtet worden sind.

Euer Projekt hingegen kann nur dann sinnvoll sein, wenn ihr als Basis unserer gemeinsamen neuartigen Betrachtungsweise eine historisch gut nachgewiesene, greifbare und fassbare menschlich-historische Persönlichkeit zugrunde legt. Nur eine solche besitzt eine nachvollziehbare Matrix, eine Seelenfamilie, eine Aufgabe, ein Seelenalter und die entsprechenden Vor- und Nachexistenzen.

So sehr wir dies also bedauern, kann es mit einer Gestalt wie Moses kein solches Vorgehen geben. Auch der Versuch, zu mehr historischer Wahrheit vorzudringen, bliebe dem eigentlichen Anliegen des Buches, das darin besteht, seelische Hintergründe von Seelenalter, Entfaltungsaufgaben und Seelenmuster verständlich und plausibel zu machen, aus den genannten Gründen fremd.

Der Reiz des Buches wird darin liegen, dass ein Leser sich mit der Person, wie sie bislang historisch überprüfbar und bekannt ist, auf eine ungewöhnliche und mit einer neuartigen Tiefendimension versehene Art und Weise befassen kann. Das Verständnis, das bislang schon durchaus vorhanden war, kann dadurch eine neue Dimension hinzugewinnen. Das ist auch unser Anliegen. Ihr solltet also nur solche Figuren oder Persönlichkeiten wählen, deren Leben hinreichend dokumentiert ist.

Könnt ihr uns eine Erklärung geben, warum diese Gestalt Moses – und der mit ihr verbundene Monotheismus – so eine ungeheure Nachwirkung hat? Wie kommt das seelisch-energetisch zustande?

Wie wir bereits sagten: Nicht durch das Wirken einer einzigen Person, eines einzigen charismatischen Führers kommt solches zustande und auch nicht durch das Einwirken transzendenter Kräfte auf eine einzige solche Person. Der Monotheismus in dem euch bekannten jüdisch-christlichen Kontext ist nicht entstanden als Ergebnis eines einzigen Offenbarungsaktes, sondern über viele Jahrhunderte hinweg aus einem durchaus heterogenen Substrat.

Der Monotheismus in diesen vorderasiatischen Landstrichen ist entstanden aus einer allgemein seelischen Notwendigkeit heraus. Man könnte es eine Forderung der Psyche der dort inkarnierenden Seelen nennen, die sich über die Jahrhunderte verstärkt hat und sich am Ende durchsetzte.

Wir haben euch an anderer Stelle zugestimmt, dass der

Monotheismus in dieser frühen Form eine Jungseelen-Religion ist, denn hier geht es um die Kreation eines Gottesbildes, das den Bedürfnissen Junger Seelen vollauf entspricht – eines Gottesbildes nämlich, das alle Züge eines mächtigen, weltbeherrschenden, strafenden und letztlich unbegreiflichen, übermächtigen göttlichen Gegenübers aufweist, wobei sich dieses Gegenüber für die einen als Freund und für die anderen als Feind erweist. So braucht es die »Krieger«-Energie Junger Seelen.

Heißt das, in diesen Landstrichen in jenen Jahrhunderten haben sich verstärkt Junge Seelen inkarniert? Denn das scheint ja die Voraussetzung für die Entstehung des Monotheismus zu sein. Und bedeutet es zugleich, dass damit sozusagen eine kollektive seelische Planung verbunden ist?

Du verstehst Planung ein wenig zu eng. Vielmehr handelt es sich um Notwendigkeiten, die sich als planhaft erweisen. Es gibt niemanden, der einen Plan hat und ihn dann konsequent durchführt. Die Notwendigkeit bildet die Planhaftigkeit heraus. Es handelt sich um einen Vorgang von evolutivem Charakter. Die Kraft zur Gestaltung eines Neuen, Sinnhaften und den Gegebenheiten sich Anpassenden entfaltet sich aus den Bedürfnissen der Menschen heraus und findet in den transzendenten Energien dann ihre Entsprechung, wenn die Energien des Bedürfnisses und der Erfüllbarkeit sich berühren – dies jedoch nicht wie mit einem Donnerschlag von einem Tag auf den anderen, sondern als ein träger, aber dafür umso gründlicherer Prozess, der große Menschengruppen ergreift.

Nun könnte man sich vorstellen, dass die Jungen Seelen, die sich inkarnieren wollen, sich nicht einfach gleichmäßig über den Planeten verteilen, sondern sich in bestimmten Landstrichen geballt inkarnieren, um dort eine Mehrheit zu bilden.

Dies ist durchaus der Fall. Aber sie inkarnieren sich nicht zu dem Zweck und Ziel, ein neues Gottesbild zu entwerfen, sondern weil sie – und gerade für Junge Seelen gilt dies –, um ihre Entfaltungsaufgaben zu bearbeiten und zu erfüllen, große Gruppen von ihresgleichen brauchen. Die Junge Seele hat ein großes Bedürfnis nach Gruppenbildung, nach einem Zusammenschluss in einer Gemeinschaft, in der möglichst viele dasselbe wollen und dasselbe glauben. Deshalb inkarnieren sich Junge Seelen vorzugsweise dort, wo solches gegeben oder möglich ist, weil sie sich unter diesen Umständen am besten entfalten.

Aber das setzt doch eine Absprache unter diesen Seelen voraus. Das passiert doch nicht einfach, sondern ist eine Entscheidungskonsequenz der Seelen.

Es gilt ein Prinzip der Attraktion. Deine Vorstellung einer »Absprache« setzt mentale Prozesse voraus. Solche sind nicht vorhanden. Es geht um ein Prinzip der Anziehung. Bereits vorhandene Konglomerate Junger Seelen ziehen andere an. Sie wirken als Attraktoren.

Das macht Sinn. Und warum hat es sich dann gerade in dieser Gegend so folgenreich ausgewirkt, denn sicher gab es anderswo auf dem Planeten auch solche Konglomerate? Wieso hat sich die judäo-christliche Gottesvorstellung so weit verbreitet?

Es muss auf dem Planeten für die ihn bewohnenden Menschen eine Bandbreite an Möglichkeiten religiöser Orientierung und Erfüllung geben. Wie du wohl weißt, sind polytheistische und animistische Formen überall offen oder weniger offen verbreitet. Der Monotheismus mit der für Junge Seelen typischen Strenge, Unerbittlichkeit und Ausschließlichkeit hingegen bietet solchen Seelen Halt und Entfaltungsmöglichkeiten, die aus der Unverbindlichkeit der Kind-Seele herausstreben, um sich in einem eher rigiden Rahmen einen neuen Weg zu suchen.

So wie uns dein Gedankengang einsichtig ist, hätte eine solche monotheistische Religion auch an einem anderen Ort auf dem Planeten entstehen können. Die Attraktoren waren aber in Kleinasien und Europa ganz besonders stark. Und wie sich eine neue Tiergattung in einem bestimmten Klima und unter bestimmten ökologischen Bedingungen herausbildet, so bilden sich auch geistige Strukturen dann, wenn die umfassenden Bedingungen dafür vorhanden sind.

Und dazu gehört sehr viel mehr als das zahlenmäßige Vorhandensein Junger Seelen. Es gehören dazu bestimmte politische Strukturen, an denen sich das neue Gottesbild orientieren und seine Parallelen entwickeln kann. Es gehört dazu eine Familienstruktur, die durch Analogie das Gottesbild stützt, aber auch wirtschaftliche und klimatische Grundbedingungen gehören dazu, die ihre eigene Wirkung zeitigen.

Ich stoße da auf ein Grundproblem logischer Art in meinen Denkprozessen – und ich glaube, nicht nur in meinen eigenen Denkprozessen –, nämlich dass es mir so scheint, als sei in der Geschichte ein logischer Prozess am Wirken, der in Wirklichkeit in dieser Form, wie es sich mir jetzt darzustellen scheint, gar nicht existiert.

Er existiert nicht. Er kann im Nachhinein konstruiert werden, um das Bedürfnis nach Verständnis zu befriedigen. Aber von der Genese her betrachtet, folgen religiöse Grundstrukturen keiner Logik, keinem Plan, sondern nur einer sich aus sich selbst entwickelnden, zwingenden Notwendigkeit. Es handelt sich, wie wir sagten, um einen evolutiven Impetus, dem die betroffenen Wesen nicht widerstehen können.

Das ist interessant, weil der Mensch natürlich ein Wesen ist, das nach Sinn und Kausalerklärung sucht, und ihr jetzt eine tiefere Antwort gebt auf die Frage nach dem Sinn historischer Entwicklung, die einerseits weniger logisch klar vorstrukturiert ist, die andererseits aber eine tiefere Dimension von »Steuerung« offen legt.

Hier wie in vielen anderen Bereichen handelt es sich um sich selbst organisierende Systeme. Das Ergebnis einer solchen Selbstorganisation steht nicht fest, während sie sich bildet. Wir sagten, sie ist von vielen Faktoren abhängig und zugleich das Ergebnis des Zusammenspiels zahlreicher Faktoren. Aber sie ist nicht berechenbar in ihrem Ergebnis und enthält keine teleologische Ausrichtung. Die Zielsetzung ist nicht vorgegeben, weil ein Ziel nur von einem denkenden Hirn entworfen werden kann, nicht aber von einem System, dessen Teile sich neu ordnen, sich gegenseitig befruchten und etwas noch nie Dagewesenes kreieren.

Ich verstehe das jetzt besser, trotzdem scheint es aber zwei Ebenen zu geben. Nicht richtig ist die Annahme einer mentalen teleologischen Konstruktion; aber man kann andererseits sagen, es ist mit Sicherheit vorhersagbar, dass die Seelen, die sich hier auf der Erde inkarnieren, irgendwann das Jungseelen-Stadium erreichen und dann eine monotheistische Religion welcher Art auch immer herausbilden. Das ist doch vorhersagbar, oder?

Das ist allerdings vorhersagbar, aber es steht nicht fest, wann, wo und von wem.

Also gibt es doch eine Ebene der Vorhersagbarkeit und Gesetzlichkeit, die aber nicht so aussieht, wie man sich das traditionell vorstellt.

Du kannst zum Beispiel mit gutem Grund davon ausgehen, dass die zunehmende Zahl Reifer Seelen und auch die zunehmende Zahl Alter Seelen in eurer Zeit ihre religiöse Bedürfnislage entwickeln und deshalb mit Sicherheit eine oder mehrere noch niemals vorher da gewesene religiöse Grundrichtungen oder Grundformen entwickeln werden. Welcher Art diese aber sein werden ist nicht voraussagbar oder vorhersehbar.

Zur Übermittlung
dieser Seelenlehre

Dadurch, dass ihr uns diese Archetypenlehre gebt, steuert ihr als unsere Quelle diese ganze Sache mit. Also seid ihr Teil dieses ganzen Prozesses?

Wir sind ein Teil, aber ein infinitesimal kleiner.

Das verstehe ich nicht. Erläutert das bitte. Denn dadurch, dass ihr uns Menschen ein solches System zur Verfügung stellt, das sich weit ausbreiten könnte, nehmt ihr doch erheblichen Einfluss.

In der Tat: Wir nehmen Einfluss, und wir tun, was wir tun können. Aber wir wissen auch oder – besser gesagt – wir ahnen, dass wir im Hinblick auf das Ganze nur einen relativ kleinen Teil der Bevölkerung der westlichen Hemisphäre mit unseren Einsichten und Erläuterungen über die menschliche Seele erreichen werden. Die anderen brauchen sie nicht, und sie haben kein Interesse daran. Wir sind also nur für diejenigen wichtig und zuständig, die solches brauchen. Wie schon zuvor gesagt, bildet die Energie, die ein kollektives Bedürfnis hervorbringt, den Attraktor, der uns und unsere Möglichkeiten anzieht. Solange dieser Attraktor vorhanden ist, können wir das, was wir sagen wollen und wissen, vermitteln. Sobald er nicht mehr vorhanden ist, können wir nichts mehr über die Schwelle des Bewusstseins tragen. Und auch dort, wo das Bedürfnis nach unserem Wissen nicht existiert, haben wir keinen Zugang.

Aber uns geht es nicht um die vielen. Selbst wenn es nur einige Tausend oder einige Hunderttausend sind – und auch das ist aufs Ganze betrachtet nicht viel, jedoch für die energetische Neuprägung einer menschlichen Gemeinschaft nicht unwichtig und sogar möglicherweise historisch betrachtet von weitreichender Konsequenz –, ist dies für uns kein Grund, weniger oder mehr zu tun oder bewirken zu wollen. Wir sind keine Politiker. Wir streben nicht nach Einfluss und Macht. Wir wirken nur in der Berührung von Energie mit Energie, von Wunsch und Sehnsucht mit Bereitschaft.

Wir möchten dir ein Beispiel geben. Die Philosophie von Kant hat viele Menschen begeistert, berührt, beeinflusst und geprägt. Wie viele von diesen haben aber tatsächlich Kant gelesen? Das sind die allerwenigsten. Dennoch hat sein Denken weitreichende Konsequenzen. Allerdings wirst du in Afrika und auch in weiten Teilen Asiens vergeblich nach einem Einfluss von Kants Philosophie forschen. Bedeutet dies nun, dass die Entwicklung seiner weitreichenden Gedanken weniger wichtig war? Wir glauben nicht, dass dies der Fall ist. Für viele im 18., 19. und 20. Jahrhundert ist und bleibt Kant wichtig und richtungweisend. Und noch viel mehr Menschen wissen gar nichts von Kant, haben noch nicht einmal seinen Namen gehört, und sind dennoch von dem, was er erdacht hat, kollektiv betroffen.

Ähnlich wird es mit der Lehre von den sieben Grundenergien und den drei seelischen Welten mit ihren weitreichenden Verästelungen sowie der Seelenfamilie sein. Wer sie braucht, wird sie tief in sich aufnehmen. Die Kunde von einer solchen Denkform wird sich auf die eine oder andere Weise verbreiten. Vieles wird zu allgemeinem Gedankengut oder gar zu Gemeinplätzen werden. Die allerwenigsten werden sich so eingehend und persönlich damit beschäftigen, dass sie daran im spirituellen Sinne wachsen. Aber das ist nicht entscheidend.

Auch wir können im Übrigen nicht wirklich absehen, wie sich das, was wir euch in diesen Jahren geben, entwickeln wird. Denn wir sind nicht in der Lage, die Myriaden unterschiedlichster Faktoren in ihrem Zusammenspiel zu berechnen. Wir dürfen wohl aber sagen, wir sind es nicht, aber auch niemand anders. Weder menschliche noch übermenschliche Wesen haben diese Einsichtsfähigkeit.

Wir haben uns häufig gefragt, warum diese Lehre von der Seele nicht früher gegeben wurde. Ist die Erklärung dafür, dass die Attraktoren früher nicht vorhanden waren, die euch den Mund öffnen?

Genau so ist es. Warum sollten wir reden, wenn niemand uns versteht?

Es könnten ja ganz wenige sein, die euch verstehen. Diese bilden aber offensichtlich keinen ausreichenden Attraktor. Ist das richtig?

So ist es. Das Feld muss eine bestimmte Stärke aufweisen, bevor eine Resonanz ausgelöst wird.

Wenn wir also hier sitzen und ihr uns dies erzählt, ist dieser ganze Vorgang – ohne dass Varda und ich uns darüber im Klaren sind – davon abhängig, dass dieses Attraktorenfeld existiert?

Ja.

ANHANG

Die sieben universellen Grundenergien

Energie 1

Weich, behütend, zärtlich, harmonisch, einend, emotional, stumm, umfassend, unterstützend, langsam, einfach, innig, rührend, bescheiden, zurückhaltend, gelassen, heilend, nährend, aufnehmend.

Energie 2

Freudvoll, witzig, lebendig, verspielt, sprunghaft, fantasiereich, bildhaft, abgrenzend, kunstvoll, gegenüberstellend, mental, nachdenklich, gestaltend, ästhetisch, anregend, originell.

Energie 3

Kraftvoll, belebend, bewirkend, verteidigend, schützend, überzeugend, einordnend, mutig, ausdauernd, beharrlich, kämpferisch, schöpferisch, hingebungsvoll, lustbetont, handelnd, zielgerichtet.

Energie 4

Lehrreich, gründlich, achtsam, instinktsicher, wissend, entschlossen, klar, gerecht, neutral, distanziert, funktional, beobachtend, formgebend, praktisch, bewahrend, ordnend, ausgleichend, innehaltend.

Energie 5

Verbindend, ausdrucksvoll, kommunikativ, zufrieden, gütig, idealistisch, orientierend, gesellig, mitteilend, kollektiv, autoritativ, machtvoll, weise, gemütlich, üppig, großzügig.

Energie 6

Inspiriert, entgrenzend, begeisternd, vertrauensvoll, still, ernst, einfühlsam, barmherzig, empfindlich, verletzlich, charismatisch, sensitiv, leidenschaftlich, tröstlich, ergreifend.

Energie 7

Würdevoll, mutig, souverän, geduldig, wahrnehmend, unermüdlich, dynamisch, raumfüllend, strukturierend, integrierend, verantwortlich, bewegend, strahlend.

Archetypen der Seele

Seelenalter VII	Säugling-Seele	Kind-Seele	Junge Seele
Zentrum VI	emotional – sentimental + sensibel	intellektuell – vernünftelnd + nachdenklich	sexuell – verführerisch + schöpferisch
Mentalität V	Stoiker – resigniert + gelassen	Skeptiker – misstrauisch + nachforschend	Zyniker – herabsetzend + kritikfähig
Modus IV	Zurückhaltung – Hemmung + Zügelung	Vorsicht – Überängstlichkeit + Bedächtigkeit	Ausdauer – Unverrückbarkeit + Beharrlichkeit
Ziel III	Verzögern – Rückzug + Rückschau	Ablehnen – Vorurteil + Urteilskraft	Unterordnen – Unterwerfung + Hingabe
Hauptmerkmal II	Selbstverleugnung Angst vor Unzulänglichkeit – unterwürfig + bescheiden	Selbstsabotage Angst vor Lebendigkeit – selbstzerstörend + aufopfernd	Märtyrertum Angst vor Wertlosigkeit – selbstbestrafend + selbstlos
Seelenrolle I	Heiler Prinzip: Unterstützen – servil + dienend	Künstler Prinzip: Gestalten – gekünstelt + einfallsreich	Krieger Prinzip: Kämpfen – überwältigend + überzeugend
ENERGIE	1 Himmelblau	2 Zitronenfaltergelb	3 Blutrot

Reife Seele	Alte Seele	Transpersonale Beseelung	Transliminale Beseelung
		Nicht Teil des Inkarnationszyklus Beispiel: Sai Baba	Nicht Teil des Inkarnationszyklus Beispiel: Christus
instinktiv − unbedacht + spontan	**spirituell** − telepathisch + inspiriert	**ekstatisch** − sensitiv + mystisch	**motorisch** − hektisch + unermüdlich
Pragmatiker − stur + praktisch	**Idealist** − abgehoben + verschmelzend	**Spiritualist** − leichtgläubig + überprüfend	**Realist** − mutmaßend + wahrnehmend
Beobachtung − Überwachung + Klarsicht	**Macht** − Bevormundung + Autorität	**Leidenschaft** − Fanatismus + Charisma	**Aggressivität** − Streitsucht + Dynamik
Stillstehen − Erstarrung + Innehalten	**Akzeptieren** − Liebenswürdigkeit + Güte	**Beschleunigen** − Verwirrtheit + Einsicht	**Herrschen** − Diktatur + Führung
Starrsinn Angst vor Unberechenbarkeit − verbissen + entschlossen	**Gier** Angst vor Mangel − unersättlich + selbstzufrieden	**Hochmut** Angst vor Verletztwerden − selbstgefällig + stolz	**Ungeduld** Angst vor Versäumnis − unduldsam + waghalsig
Gelehrter Prinzip: Lernen/Lehren − theoretisierend + wissend	**Weiser** Prinzip: Mitteilen − redselig + ausdrucksvoll	**Priester** Prinzip: Trösten − übereifrig + barmherzig	**König** Prinzip: Führen − selbstherrlich + hoheitsvoll
4 Grasgrün	**5** Sonnengelb	**6** Ozeanblau	**7** Purpurrot

Die Entfaltungsaufgaben
der Reifen und Alten Seele und
Motto der jeweiligen Stufe

REIFE SEELE

Reif 1: Freiheit in Abhängigkeit erfahren
Stufe 1: Ich sammle neuen Mut

Reif 2: Anderen und sich selbst Unrecht vergeben
Stufe 2: Ich suche Stabilität

Reif 3: Einem schlechten Herrn treu dienen
Stufe 3: Ich werde unternehmungsfreudig

Reif 4: Aus Liebe auf Wesentliches verzichten
Stufe 4: Ich ernte die Früchte

Reif 5: Schicksal und Leben anderen anvertrauen
Stufe 5: Ich werde unruhig

Reif 6: Die Trennung von Unschuld und Schuld aufheben
Stufe 6: Ich brauche Ruhe und Harmonie

Reif 7: Möglichkeiten und Grenzen des Wollens erkennen
Stufe 7: Ich wende an, was ich gelernt habe

ALTE SEELE

Alt 1: Aus innerer Überzeugung
gegen die geltende Moral handeln
Stufe 1: Ich sammle neuen Mut

Alt 2: Sich selbst aufrichtige Bewunderung zollen
und dafür auf die Bewunderung anderer verzichten
Stufe 2: Ich suche Stabilität

Alt 3: Präzise Innenschau mit einer
aktiven Außenwirkung verbinden
Stufe 3: Ich werde unternehmungsfreudig

Alt 4: Das Wohl der Gemeinschaft
mit dem eigenen Wohl verbinden
Stufe 4: Ich ernte die Früchte

Alt 5: Unbeirrbar einen Weg verfolgen,
ohne das Ziel zu kennen
Stufe 5: Ich werde unruhig

Alt 6: Durch Sein wirken und auf Tun verzichten
Stufe 6: Ich brauche Ruhe und Harmonie

Alt 7: Empfangen, ohne zu schenken,
und schenken, ohne zu empfangen
Stufe 7: Ich wende an, was ich gelernt habe